Zwischen Apfelsinen, Motoren und Zement

Klaus Peter May

Zwischen Apfelsinen, Motoren und Zement

Im Einsatz auf den Weltmeeren

Mit 156 Abbildungen

Edition Temmen

Inhalt

Vorbemerkung

Zu meinem 70. Geburtstag machte ich eine Reise mit dem Museums-Frachtschiff »Kap San Diego« von Bremerhaven nach Bremen. Fast die gesamte Fahrzeit verbrachte ich im Maschinenraum, genoss das Stampfen der Hauptmaschine und das Hämmern der Hilfsdiesel. Die diensthabende Maschinencrew freute sich über mein großes Interesse und als ich den Männern von meinen Berufsjahren als Wachingenieur auf Motorschiffen erzählte, behandelten mich alle so, als ob ich zur Crew gehören würde.

Ich nahm diese Reise zum Anlass, um wieder einmal meine alten Tagebücher in die Hände zu nehmen, und fasste den mutigen Entschluss, diese Erlebnisse aus zwölf Jahren Seefahrtszeit (1962–1974) in Buchform zu veröffentlichen, denn sie erzählen von einer längst untergegangenen Arbeitswelt.

Viele Fotos und Erinnerungsstücke erleichterten das Auffrischen der alten Zeiten. Und wenn mich ehemalige Kollegen besuchten, dann wurde vieles, was bereits vergessen schien, wieder lebendig.

Mein Dank gilt daher allen meinen Freunden aus der Seefahrtszeit, insbesondere meinem langjährigen Weggefährten Lothar. Sie alle haben mich ermuntert und inspiriert, meine Erlebnisse niederzuschreiben. Außerdem bedanke ich mich ganz herzlich bei meiner Frau, die mir so viel Freiraum geschenkt hat, damit ich in aller Ruhe schreiben und recherchieren konnte. Dank gilt auch meiner Lektorin, Frau Frankenstein, die mit vielen Anregungen dem vorliegendem Buch den letzten Schliff verliehen hat.

Bremen, im September 2015

Klaus Peter May

Kohle über den Atlantik

Als Reiniger auf der MS »Kremsertor«

Ein Dreher geht an Bord

Meine Seefahrtszeit begann Mitte 1962 mit einer Bewerbung bei der Schlüssel Reederei in Bremen für den Maschinendienst. Aufgewachsen in Dessau, hatte ich 1957 eine Lehre zum Dreher aufgenommen und diese Ausbildung nach meiner Flucht in den Westen bei der Kurbelwellen- und Zylinderschleiferei Schlenger im westfälischen Hamm mit der Gesellenprüfung beendet. Seither war ich bereits als Facharbeiter bei den Firmen Krupp-Dolberg in Dortmund und Heinrich Scharf (Bergwerksausrüstung) in Bockum-Hövel beschäftigt gewesen, weshalb ich mir gute Chancen für den geplanten Wechsel vom Land aufs Meer ausgerechnet hatte. Tatsächlich kam schon bald die Nachricht, dass man mich, sofern ich das notwendige Gesundheitszeugnis beibringen konnte, für den Einsatz auf der MS »Kremsertor« vorgesehen habe. Das neu gebaute Schiff würde noch zur Ausrüstung bei der AG »Weser« in Bremen liegen.

In bestem Einvernehmen gab ich meine alte Stelle auf, packte meinen Koffer und machte mich per Bahn auf den Weg in eine neue Zukunft. Bei der Schlüssel Reederei in Bremen erfuhr ich dann, dass das Schiff an der Ausrüstungspier der AG »Weser« lag, wo die letzten Handgriffe an den Einbauten vorgenommen wurden. Das Wohnen an Bord war also noch nicht möglich und man riet mir, auf Abruf für einige Tage in eine Pension zu gehen. Am Ostertorsteinweg fand ich ein kleines Zimmer bei einer älteren Kapitänswitwe und konnte nun von dort aus die notwendigen Formalitäten erledigen.

Am nächsten Morgen fuhr ich zum Überseehafen, wo sich das Seemannsamt und die Heuerstelle (Heuerstall) befanden. Die ärztliche Untersuchung verlief ohne Beanstandung und schon bald hatte ich meine Gesundheitskarte erhalten. Im Heuerstall stellte man mir das Seefahrtsbuch mit der Nummer 1964 aus. Auch hier gab es keine größeren Probleme, weil man mir ja bereits über die Reederei ein Schiff zugewiesen hatte.

Auf dem Rückweg deckte ich mich noch im Steintor im Traditionsgeschäft »Von der Aa« mit praktischer Berufsbekleidung ein. Man hatte mir beispielsweise Maschinenschuhe aus Leder empfohlen, die ich später nach etlichen Blasen jedoch verfluchen und durch Sandalen aus ölfestem Plastik ersetzen sollte. Wegen des Schweißfußes mussten diese aber unbedingt mit Wollsocken getragen werden. Bepackt mit meiner neuen Ausrüstung, ging ich zurück in meine Pension, wo mir die Vermieterin einen Anruf der Reederei übermittelte. Bereits am nächsten Morgen sollte ich zur AG »Weser« kommen und mich an Bord der »Kremsertor« einfinden. Mit einem Koffer für die guten Sachen und einem Seesack für das Arbeitszeug machte ich mich also auf den Weg.

Schüttgutfrachter MS »Kremsertor«

Am Tor zur AG »Weser« lag eine Liste mit den Neuanmusternden aus. Der Pförtner erklärte mir kurz den Weg zur Ausrüstungspier und ich durfte das Werksgelände betreten. Und dann sah ich zum ersten Mal das Schiff! Mein erstes Schiff!

Groß und mächtig ragte es aus dem Wasser, für mich war es ein Riesenkasten. Mit 18.000 Ladetonnen war es in der Tat ein großes Schiff. Die MS »Kremsertor« war ein Massengutfrachter, ein sogenannter Bulkcarrier, mit einer Länge von 212 Metern und einer Breite von 21,5 Metern. Die Aufbauten befanden sich achtern, also am Heck des Schiffes. Direkt am Bug war das Bremer Wappen mit dem Schlüssel angebracht. Der Rumpf des Schiffes war schwarz, während die Aufbauten in weiß gehalten waren, die Rettungsboote leuchteten orangefarben. Das Deck war durchgehend und es gab nur kurze, kleine Masten, die, wie ich später lernte, zum Aufziehen und Schließen der McGregor-Luken benötigt wurden.

Beeindruckt stiefelte ich über die ausgefahrene Gangway an Bord und drängelte mich an den geschäftigen Menschen vorbei in die Aufbauten. Das Schiff hatte die Wohnräume für die gesamte Besatzung am Heck, wo es außerdem sechs Passagierkabinen gab. Auch die Maschinenanlage war im Achterschiff untergebracht. Sie sollte mich mit ihrem monotonen Stampfen fortan begleiten. Überall herrschte rege Betriebsamkeit, denn die Ausrüstung war so gut wie abgeschlossen und die Übergabe stand kurz bevor. Irgendwann hatte ich mich durchgefragt und landete beim Storekeeper, meinem zukünftigen Vorgesetzten namens Toni. Er zeigte mir meine Kammer, in der noch fleißig an den Einbauten gewerkelt wurde. Ein Tischler war gerade dabei, die beiden Kojen einzubauen. Bis zum Abend musste alles fertig sein, denn anderntags sollte die Probefahrt in die Nordsee stattfinden.

Ich deponierte meine persönliche Habe beim Storekeeper, zog mich um und betrat zum ersten Mal den Maschinenraum. Wie sollte man sich hier bloß durchfinden? Ich war völlig überwältigt von der großen Maschine, den vielen Rohrleitungen und technischen Anlagen. Die neue berufliche Herausforderung begann Gestalt anzunehmen! Hier und da wurde ich zur Hilfe herangezogen, um Materialien oder auch Ersatzteile zu übernehmen und entsprechend zu verstauen. Außerdem lernte ich den Store kennen, eine Werkstatt mit Drehbank, Hobelmaschine und Ständerbohrmaschine. Das war für mich vertrautes Terrain und auch in diesem Bereich sollte ich zukünftig arbeiten.

Der große Dieselmotor von Burmeister & Wain mit seinen sieben Zylindern war als Zweitaktmotor mit Auslassventil ausgelegt und leistete 7650 PS. Das auf dem Zylinderdeckel stehende Auslassventil hatte riesige Dimensionen und

Steckbrief MS »Kremsertor«

- **Baujahr:** 1962 bei der AG »Weser« in Bremen, 12.889 BRT, 7 Ladeluken (System McGregor)
- **Maschine:** 7650 PS, Zweitakter mit Auslassventil von Burmeister & Wain, Schwerölbetrieb
- **Angelaufene Häfen:** Hamburg, Newport News, Norfolk, Montreal/Sorel, Brake, Nordenham
- **Reeder:** Schlüssel Reederei, Bremen
- **Dienstzeit:** Oktober 1962 bis April 1963 als Reiniger
- **Besatzung:** 34 Mann, Passagiere: 6

maß mitsamt Kipphebel fast einen Meter. Überall im Maschinenraum wurde noch letzte Hand angelegt und Probeläufe verschiedener Aggregate durchgeführt, denn bis zum nächsten Tag musste alles funktionieren. Zwischenzeitlich schleppte ich kistenweise Bier in den Laderaum, der eigens für die Probefahrt mit Girlanden dekoriert sowie mit Tischen und Bänken ausgestattet worden war. Werftarbeiter, Mitarbeiter der Zulieferfirmen, Reedereimitarbeiter, eine Gesandtschaft aus Österreich, viele andere Gäste und natürlich die Besatzung sollten nach erfolgreicher Probefahrt an einer Feier teilnehmen.

Über den Schiffsnamen »Kremsertor« hatte ich mir auch schon Gedanken gemacht. Bald war zu erfahren, dass die österreichische Stadt Krems der Namensgeber war. Warum das? Die Bremer Schlüssel Reederei hatte sich mit dem österreichischen Stahlkonzern VÖST zusammengetan und ließ ihre neuen Schiffe aus dem dort erzeugten LD-Stahl (Stahlerzeugung nach dem Linz-Donawitz-Verfahren) bauen. Im Gegenzug transportierte die Reederei Kohle aus Virginia (USA) für die VÖST nach Hamburg, wo die Kohle in Güterwaggons geladen und an die Donau gefahren wurde. An der Donau wiederum verschiffte man die Kohle in Binnenschiffe und diese entluden sie direkt auf dem Werksgelände in Linz. Es ist kaum zu glauben, aber diese ganze Prozedur war immer noch billiger, als Kohle aus dem Ruhrgebiet anzukaufen.

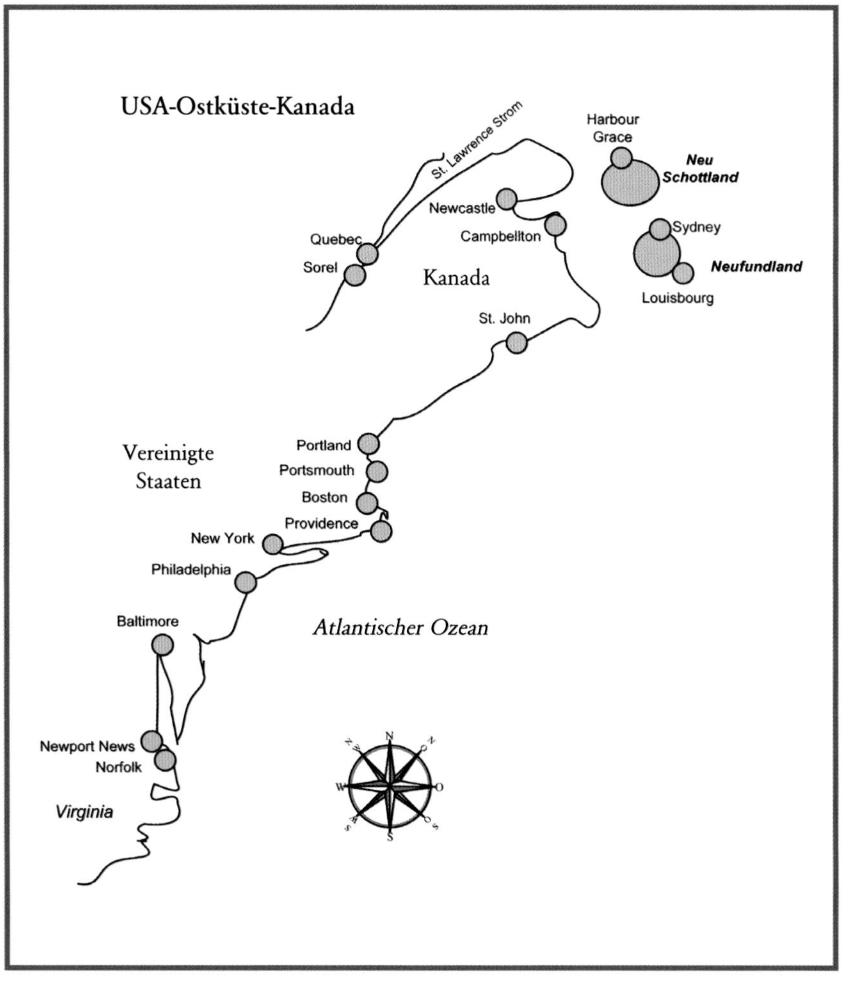

Der Storekeeper Toni war von der VÖST an Bord delegiert worden und auch der Schmierer Sepp kam aus Österreich. Er war zuvor bei der Donau-Dampfschifffahrts-Gesellschaft gewesen und wollte jetzt die Seefahrt kennenlernen. Sepp hatte die Angewohnheit, zu vorgerückter Stunde und meist nicht mehr ganz nüchtern, herzzerreißende Lieder in heimischem Dialekt vorzutragen, war aber ansonsten ein sehr netter und hilfsbereiter Kollege, der sich so wie ich erst an Bord zurechtfinden musste.

Aufgrund der bestehenden Abmachung zwischen Reederei und der VÖST war unser Fahrtgebiet der Nordatlantik! Wir sollten zwischen Hamburg und den beiden in Virginia liegenden Häfen Norfolk und Newport News Kohle fahren. Die Ausreise erfolgte mit leerem Schiff unter Ballast - nur die Ballast-Tanks waren mit Seewasser gefüllt, die Laderäume blieben leer. Das Schiff nahm deshalb fast jeden Wellenberg mit und schaukelte unablässig. Zurück nach Hamburg fuhren wir dann in deutlich ruhigerer Lage mit 18.000 t Kohle Frachtgut an Bord.

Am Abend konnte ich die Zwei-Mann-Kammer beziehen. Man händigte mir Bettzeug aus und ich verstaute meine Sachen in den Schubladen und Schränken. Eine Schublade für Wäsche, Socken und andere Kleinigkeiten gab es für jeden unter der Koje. In den Kojen selbst waren kleine Leselampen angebracht, außerdem gab es hier ein abnehmbares Brett, die sogenannte Schlingerleiste. Diese Leiste wurde zusätzlich oberhalb des vorhandenen Kojenbrettes aufgestülpt. So konnte man auch beim stärksten Rollen des Schiffes nicht aus der Koje fallen.

Jeder hatte einen Schrank für die Kleidung zum Hängen mit einer oberen Ablage und einer Schublade im unteren Bereich. Dazu kam für jeden ein Haken hinter der Kammertür. Für das Arbeitszeug gab es einen gesonderten Schrank im Umkleideraum bei den Duschen. In einer Ecke der Kammer, hinter der Tür, befand sich ein Waschbecken mit kleineren Ablagen. Die Kammertür konnte mittels Haken und Öse bedient werden, was die Belüftung des kleinen Raumes deutlich vereinfachte. Die Kammerwände selbst waren mit Kunststoffplatten ausgekleidet und wirkten recht wohnlich. Es war allerdings streng verboten, irgendwelche zusätzlichen Nägel oder Haken anzubringen. Wir probierten unser Glück später mit Saughaken, die aber schnell wieder von der Wand fielen.

Jungfernfahrt am 12. Oktober 1962 von der AG »Weser« aus

Probefahrt auf der Nordsee

Bei der Probefahrt am nächsten Morgen lag eine zum Greifen nahe Spannung in der von Öl, Farbe und Abgasen getränkten Luft. Die Garantie-Ingenieure von Krupp flitzten hin und her, maßen Kompression und Zünddruck und korrigierten diverse Einstellungen. Andere Monteure werkelten an den vielen Hilfsanlagen herum, darunter Kessel, Kompressoren und Hilfsdiesel. Die Elektriker prüften die vielen Schalter an der Hauptschalttafel, schalteten die Generatoren zu bzw. ab und ließen Pumpenmotoren, Lüftungsanlagen sowie andere Aggregate zur Probe laufen. Aber bis auf Kleinigkeiten, die schnell behoben werden konnten, ging alles gut und das Schiff wurde abgenommen. Bei der Heimreise kehrte allmählich Ruhe ein und es gab Gelegenheit für Fragen an die Garantieleute. Ich hörte meistens nur zu und speicherte das Gehörte wissbegierig ab.

Nach unserer Rückkehr an die Ausrüstungspier der AG »Weser« fanden sich alle Teilnehmer der Probefahrt im geschmückten Laderaum ein. Es folgten Ansprachen seitens der Werft und der Reederei, dann wurde gefeiert. Wir von der Besatzung organisierten uns einige Kisten Bier und zogen uns in unsere Unterkünfte zurück. Hier knüpfte ich erste Kontakte zu den neuen Kollegen und lernte meinen Kammer-Mitbewohner kennen, der aus Berlin kam und befahrener Reiniger war. Wir zwei waren also die Reiniger, so lautete

Kohle aus Virginia für den Hafen Hamburg-Harburg

Grundüberholung eines Hilfsdiesels zur Stromerzeugung

die Bezeichnung für den Einstieg in den Maschinendienst an Bord, wenn man eine Ausbildung im Metallhandwerk absolviert hatte. Nach geltendem Seefahrer-Ritus stand ihm angeblich die Unterkoje zu, weshalb ich mit der Oberkoje vorliebnehmen musste. Diese war natürlich gerade bei Seegang unangenehmer, außerdem war das Rein- und Rausklettern zunächst gewöhnungsbedürftig.

Am Morgen des 12. Oktober 1962 hieß es: Reise! Reise! Um 6.00 Uhr in der Früh war für mich Arbeitsbeginn. Jeden Tag fielen zwei Überstunden an, was bei einem Bruttolohn von 320 D-Mark auch gar nicht anders ging. Während der Überstunden musste ich die Flurplatten reinigen, Geländer schmirgeln und Messing putzen. Keine schöne Arbeit, aber alles hat seinen Preis. Auch während der normalen Arbeitszeit fielen eine Reihe von Reinigungsarbeiten an, die einfach zum Job dazugehörten. Die Schmieröl-Separatoren mussten beispielsweise täglich gereinigt werden, hinzu kamen immer wieder Reinigungsarbeiten zur Reinhaltung und Sicherung des Maschinenraums. Einmal täglich durfte bei besonders schmutzigen Arbeiten 1,60 D-Mark Schmutzgeld angeschrieben werden, was zu vielen Diskussionen mit dem Storekeeper führte. Der nämlich musste beim II. Ingenieur dafür geradestehen – und gespart wurde schon damals.

Ich war immer froh, wenn handwerkliche Aufgaben aus meinem Ausbildungsbereich anfielen, denn dann konnte ich an der Drehbank stehen und das Erlernte anwenden. Mein Geschick an der Drehbank sollte sich schnell herumsprechen und auf den nächsten Reisen wurde ich zunehmend mit Spezialaufträgen bedacht: So sollte ich Verbesserungen an den Maschinenanlagen vornehmen, Halterungen für Ersatzteile konstruieren und vieles mehr.

Ankunft in Amerika

Endlich erreichten wir Norfolk in Virginia, damals eine der größten Marinebasen der USA. Nach unserer Ankunft in der Chesapeake Bay mussten wir zunächst raus aus der Fahrrinne und auf Reede. Dann zogen die amerikanischen Kriegsschiffe mit rauschenden Bugwellen an uns vorüber: Flugzeugträger, Kreuzer, Zerstörer und Versorger. Die Chesapeake Bay wimmelte nur so von Militärschiffen und wir erfuhren erst jetzt von der Kuba-Krise, direkt und beinahe hautnah. Zu dieser Zeit gab es zwar Radios mit Kurzwelle, aber wer hatte schon so etwas? Jetzt stand die Welt am Abgrund und wir wurden vom Funker ständig mit neuen Nachrichten versorgt. Wir hofften inständig, dass es keinen Krieg geben würde, und waren alle ungemein erleichtert, als eine Eskalation des Konfliktes zwischen den Weltmächten im letzten Moment noch abgewendet werden konnte.

Erst als die amerikanische Kriegsflotte an uns vorbeigezogen war, konnten wir einlaufen. Aber von wegen gleich an Land gehen und Amerika bestaunen! Zu meinen Routineaufgaben gehörte es, nach jeder Überfahrt den Spülluftkanal zu reinigen. Die Spülluftschlitze mussten kontrolliert und der Kanal pieksauber mit Diesel ausgewaschen werden – bei 70 Grad

Resttemperatur im engen Spülluftkanal. Erst dann kam der Landgang.

Zu dritt bummelten wir ziellos durch die Kleinstadt Norfolk, die zwar alles in allem neu und fremdartig war, aber dennoch ein wenig enttäuschend. Na ja, Norfolk ist eben nicht New York. Das Amerika meiner Träume sollte ich erst später in den großen Städten an der Ostküste finden und so blieb das Gefühl der Enttäuschung noch für eine Weile erhalten. Trotzdem sprangen uns die auffälligen Leuchtreklamen und die reichhaltigen Angebote in den Geschäften sofort ins Auge. Was uns hier in Virginia besonders irritierte, war die unverändert strikte Anwendung der Rassentrennung, selbst im Hafen unter den Schauerleuten. Da gab es zum Beispiel Imbisshallen, Waschräume und Toiletten mit der Aufschrift »Only for white men«, dabei galt Amerika uns Deutschen doch in vielerlei Hinsicht als demokratisches Vorbild.

Bei einem späteren Aufenthalt in Newport News hatten wir auch ein interessantes Erlebnis: Im Rahmen einer Wanderausstellung war im örtlichen Waffengeschäft der Colt des berühmten Revolverhelden Wyatt Earp zu sehen. Auch wir wollten das gute Stück bestaunen und kamen mit dem Ladenbesitzer ins Gespräch. Als er hörte, dass wir »Germans« waren, bot er uns an, auf seinem nahe gelegenen Schießstand ein paar Schießübungen zu machen. Natürlich nahmen wir dieses Angebot begeistert an. Wir konnten mit verschiedenen Revolvern und Gewehren schießen, bezahlen mussten wir nur die Munition.

Bereits zwölf Stunden nach unserem Eintreffen in Norfolk waren wir dank der vollautomatischen Ladeanlage voll beladen. Die Beladung erfolgte aus Güterwagen, die über eine Beladungsanlage direkt über dem Laderaum entleert wurden. Zur besseren Verteilung der Kohlen im Laderaum liefen eine Art Flügelräder. Sie schleuderten die Kohlenstücke gleichmäßig in alle Ecken des Laderaumes. Das Schiff lag voll beladen wesentlich besser in der See und so war die Heimreise nach Hamburg-Harburg in puncto Schiffsbewegungen deutlich angenehmer.

An der Kohlenpier in Hamburg

In Hamburg-Harburg an der Kohlenpier war unsere Liegezeit länger als in Norfolk. Gut zwei Tage lagen wir hier zum Löschen unserer Ladung. Die Tage waren angefüllt mit viel Arbeit und nur selten kam ich tagsüber kurz an Land. Aber der Friseur und auch der Schiffshändler kamen an Bord, so konnte man wenigstens das Notwendigste erledigen. Am Abend gingen wir dann häufig in die Hafenkneipe »Kap Hoorn«, eine verräucherte und verruchte Bude, so wie man sich eine Seemannskneipe vorstellt. Hier ging es in jeder Beziehung hoch her, weshalb der nächste Morgen oftmals ein Grauen an Kopfschmerz und Müdigkeit war. Doch pünktlich um 8.00 Uhr war Arbeitsbeginn, auch im Hafen – es sei denn, man hatte Urlaub genommen. Die Schmierer und Assistenten gingen ihre Wachen und wir »Tagelöhner«, das heißt das wachfreie Personal, hatten meist gegen 18.00 Uhr Feierabend.

In meiner Freizeit spielte ich mit dem Bootsmann und dem Zimmermann, auch »Blau« genannt, häufig Skat. Der Bootsmann war ein großer, kräftiger Zwei-Zentner-Mann, der zu Jähzorn neigte, während der Zimmermann ein kleinwüchsiger, fuchsgesichtiger Geselle war. Wenn das ungleiche Paar zu Inspektionsgängen über Deck ging, reizte das so manchen aus der Besatzung zum Lachen. Allerdings erst dann, wenn der Bootsmann außer Reichweite war.

Da ich noch unerfahren war, ging der Bootsmann beim Skatspiel recht nachsichtig mit mir um. Er knurrte und fluchte lediglich, wenn ich einen Fehler gemacht hatte. Dem Zimmermann hingegen sah er gar nichts nach. Das ging sogar so weit, dass er handgreiflich wurde und dem armen »Blau« hin und wieder eine Ohrfeige gab. Der fiel dann mitsamt seinem Stuhl gegen die Verschalung der Kammer, woraufhin ihn der Bootsmann am Hemdkragen zurückzog und »Weitermachen!« knurrte. Der Zimmermann maulte beleidigt, der Bootsmann redete ihm gut zu, tätschelte seine Wange und weiter ging es bis zum nächsten heftigen Krach. Die Matrosen weigerten sich in Kenntnis der Sachlage, mit dem Bootsmann Skat zu spielen, und so waren wir drei für einige Zeit zwangsweise ein Team.

Bordroutine

Der Atlantik zeigte sich bei unseren Reisen von allen Seiten. Es gab ruhiges Wetter mit herrlichen Sonnenuntergängen, bei denen sich das Licht im Weiß der Aufbauten glutrot widerspiegelte. Dann gab es Tage, an denen sich riesige Wellenberge vor uns auftürmten, an Deck krachten und das gesamte Schiff erzittern ließen. Ein gewisses Unbehagen schlich sich ein - hoffentlich würde der LD-Stahl aus Österreich halten! Der Regler der Maschine orgelte ununterbrochen, um die Drehzahl den eingestellten Vorgaben entsprechend anzugleichen. Stand man am Heck, waren die riesigen Wellenberge förmlich mit Händen zu greifen. Sie drohten das Schiff von hinten zu überrollen, doch im letzten Moment ging es einem Korken gleich wieder nach oben und ritt die Seen ab.

Häufig hielt das stürmische Wetter tagelang an, was unendlich ermüdend war. Man musste sich zu allen Handlungen zwingen, fühlte sich unwohl und dennoch mussten alle Aufgaben erledigt werden. Das war das wahre Seemannsleben! Es war geprägt von dem permanenten Bemühen, sich gegen die Naturgewalten des Meeres zu stemmen und dabei seinen Dienst fehlerfrei zu versehen - zum Wohle aller Besatzungsmitglieder und zur Erhaltung der größtmöglichen Sicherheit an Bord.

In den Messen wurden während der Schlechtwetterperioden die Schlingerleisten an den Tischen hochgeklappt. Auf den Tischen lag ein feuchtes Laken, damit Geschirr und Besteck an Ort und Stelle blieben. Tauchte das Schiff tief in die See und wurde von Brechern überrollt, dann half auch das nichts. Die Wucht der Wassermassen erfasste es wie eine Riesenfaust, einen Moment lang schien es, als ob das Schiff aufstoppte, bevor es mit einer Riesengeschwindigkeit wieder ins nächste Wellental hineintauchte. Während der Ballastfahrten rüttelte das Schiff die Besatzung wieder und wieder bis an die Grenzen des Erträglichen durch.

Weihnachten 1962 verbrachte ich zum ersten Mal weit weg von zu Hause und auf dem Meer. An Heiligabend zogen wir uns alle etwas festlicher an, bevor es in die Mannschaftsmesse zum Abendessen ging. Hier hatte der Kochsmaat einen kleinen Weihnachtsbaum geschmückt, den wir bereits in Hamburg übernommen hatten. Für kurze Zeit durften auch die »Assis« den Maschinenraum verlassen und die Ingenieure gingen alleine Wache.

»Vortrinken« für den Landgang: Meine Kollegen und ich freuten uns immer sehr auf die freie Zeit

Die Kombüse hatte für den heutigen Abend ein besonderes Menü zusammengestellt. Weil unser Koch zuvor im Bremer Park Hotel gearbeitet hatte, war das Essen spitzenmäßig. Auf eine Suppe folgten Steaks nach Wunsch mit allem Drum und Dran, zum Abschluss gab es noch Nachtisch und Eis. Außerdem wurden den ganzen Abend über Punsch und Weihnachtsgebäck ausgeteilt. Der Kapitän hielt eine kurze Rede und wünschte allen ein frohes Weihnachtsfest und wir saßen viel länger als sonst üblich bei Gesprächen in der Messe beisammen.

Die üppigen Mahlzeiten widersprachen allerdings dem geltenden Verpflegungssatz, seitens der Reederei und des Kapitäns hagelte es Kritik. Zum großen Bedauern der Mannschaft zog der Koch schon bald die persönlichen Konsequenzen - er musterte ab, um wieder an Land zu arbeiten.

Zwischenfälle an Bord

Bereits auf unserer ersten Reise gab es unvorhergesehene Probleme. Am Bug des Schiffes, unter Back, hatte man für Notreparaturen eine kleine Schmiede mit Esse und Amboss installiert. Dieser Raum wurde aber gleichzeitig als Farblast genutzt. In den Regalen waren fein und ordentlich die 20 kg schweren Farbeimer einsortiert. Durch das ständige Stampfen des Schiffes in den riesigen Wellenbergen hatte sich, von allen unbemerkt, der Amboss aus seiner Halterung gerissen. Irgendwann brachen unter seiner Wucht die Regale zusammen, die Farbeimer krachten herunter und die Deckel lösten sich. Erst als wir in Norfolk ankamen und eine Inspektion machten, entdeckten wir die ganze Bescherung. Man kann sich kaum vorstellen, wie wir geschuftet haben, um die ausgelaufenen und zum Teil schon ausgetrockneten Farben wieder zu entfernen. Wir füllten etliche leere Ölfässer und kippten sie dann - wie damals üblich - zur Entsorgung über Bord.

Ein weiterer Zwischenfall ereignete sich im Maschinenraum und ging auf mein Konto. Glücklicherweise blieb er aber ohne schlimme Folgen. An der Kesselanlage war eine Zuleitung zum Brenner verstopft und wir wollten das Leitungsstück finden, an dem der Verschluss saß. Dazu wurde der Kopf eines Ventils bei abgeschalteter Pumpe abgeschraubt. »Halten Sie einen Lappen über die Leitung und Sie werden schon spüren, wenn Öl kommt. Dann rufen Sie mich!«, sagte der III. Ingenieur zu mir. Es dauerte und dauerte, aber nichts passierte. Der »Dritte« kam also, beugte sich zu mir herunter und fragte: »Kommt noch nichts?« »Nein«, antwortete ich und entfernte demonstrativ den Lappen. In dieser Sekunde schoss ein Strahl heißes, schwarzes Schweröl aus der Leitung - direkt auf den »Dritten«. Der fluchte natürlich wie ein Berserker, arbeitete nach notdürftiger Reinigung jedoch weiter, weil es ja seine Wache war.

Nach Feierabend schlich ich reumütig nach oben in seine Kammer und nahm eine Flasche Whisky mit. Ich entschuldigte mich, wir tranken einen Whisky und erleichtert ging ich in meine Kammer zurück. Der »Dritte« war auch in der Folgezeit nicht nachtragend. Später haben wir zusammen eine pfiffige Vorrichtung konstruiert, mit der wir die Muttern am Zylinderdeckel über den elektrischen Seilzug und entsprechende Umlenkungen lösen konnten.

Auch unsere zweite Reise im Ballast über den Atlantik verlief nicht ohne Schwierigkeiten. Es gab großen Ärger mit den Ballasttanks, denn die dicke, teerartige Bitumen-Beschichtung der Tankinnenwände hielt nicht und blätterte ab. Die Filter vor den Ballastpumpen waren daher ständig verstopft. Jetzt war guter Rat teuer. Der »Alte« lockte uns schließlich mit der Aussicht auf einen doppelten Überstundenzuschlag bei Seegang in die Tanks. Hier sammelten wir die abgefallenen Bitumen-Stücke auf und in einer Eimerkette wurde das Zeug aus den Tanks an Deck und weiter über Bord befördert. Es war eine furchtbare Arbeit, in den Tanks durch die Mannlöcher zu kriechen, die Eimer mitzuschleppen und sie vollzumachen. Dazu kamen noch das immerwährende Stampfen des Schiffes und die spärliche Beleuchtung durch

Hand- bzw. Kabellampen. Der restliche Schlamm in den Tanks trug sein Übriges dazu bei, dass wir uns bei dieser Arbeit absolut unwohl fühlten. Doch irgendwann war es geschafft und auch die kleineren Reste des Bitumens wurden mit der Zeit durch ständiges Reinigen der Filter entfernt.

Bei einer der nächsten Reisen zwischen USA und Hamburg gab es eine neue Order. Diesmal sollten wir von Kanada aus Getreide als Schüttgut nach Nordenham fahren. Na, endlich mal was anderes! Die Laderäume unseres Selbsttrimmers wurden besonders gründlich gereinigt, um Getreide aufnehmen zu können. Die Reise führte uns den gewaltigen St.-Lorenz-Strom hinauf, vorbei an Quebec nach Sorel. Das Maschinenpersonal schummelte sich mit Ausreden an Deck, was häufig toleriert wurde. Manchmal wurde auch angemahnt, dass man schließlich nicht auf Lustfahrt unterwegs sei. Und hin und wieder wurden Arbeiten an Deck oder in den Schornsteinaufbau verlegt, sodass beide Seiten mit ruhigem Gewissen leben konnten.

Das Laden verlief zügig und bald waren wir auf Heimreise zum Löschen in Nordenham und Brake. Unterwegs sollte im Maschinenschacht Farbe gewaschen werden, wobei es zu einem bemerkenswerten Zwischenfall kam. Die Maschinen liefen ruhig und alles ging seinen gewohnten Gang. Plötzlich fing der Hilfsdiesel an zu stottern, das Licht flackerte und erlosch, das Stampfen der Hauptmaschine erstarb und es herrschte gespenstische Ruhe im Schiff. Nur die Notbeleuchtung gab ihr schwaches Licht über die Batterien ab. Die Taschenlampen der Maschinenwachen blitzten an allen Ecken, laute Zurufe und Flüche hallten durch den Maschinenraum.

Was war geschehen? Im Schacht liefen an den Wänden die Drahtseile für die Sicherheitsventile an den Tagestanks zur Notabschaltung bei Gefahr und Feuer herunter. Beim Seegang hatte sich wohl einer von uns beiden Reinigern gegen die Seile gelehnt und die Sicherheitsventile fielen zu. Der II. Ingenieur hatte den Fehler schnell gefunden und alsbald kamen alle Maschinen wieder in Gang. Für meinen Kollegen und mich bedeutete das bedauerlicherweise, dass wir für die Maschinencrew eine Kiste Bier und eine Flasche Whisky ausgeben mussten. In Anbetracht unserer schmalen Heuer war das eine durchaus schmerzliche Strafe und so hielten wir beim Trinken tüchtig mit.

Passagiere an Bord

Passagiere fuhren fast bei jeder Reise mit. Manchmal waren es Mitarbeiter der VÖST, die eine solche gewissermaßen als Prämie für gute Leistungen von ihrer Firma geschenkt bekamen. Sie waren völlig unerfahren und hatten von der Seefahrt keine Ahnung, weshalb sich die Besatzung gerne einen Spaß mit ihnen erlaubte. Einmal überredeten sie einen Gast sogar, die Angelrute bei voller Fahrt auszuwerfen – zur Freude des Publikums.

Ein anderes Mal reiste eine hochschwangere Frau mit uns nach Hamburg, weil sie ihr Kind im heimatlichen Deutschland zur Welt bringen wollte. Bereits vor der deutschen Küste, noch etliche Meilen von Hamburg entfernt, setzten jedoch die Wehen ein. Nach Rücksprache mit Norddeich Radio wurde ein Seenot-Rettungskreuzer gerufen, der wenig später bei uns eintraf. Das Wetter war zum Glück gut und es herrschte wenig Seegang. Problemlos konnte die Frau an Bord des Rettungskreuzers gebracht werden und mit Höchstgeschwindigkeit fuhr dieser weiter nach Cuxhaven. Später erfuhren wir, dass die Geburt gut verlaufen war, und freuten uns mit der jungen Mutter.

Auf einer weiteren Atlantiküberquerung hätte meine unbedarfte Kontaktaufnahme zu einem weiblichen Passagier beinahe das Ende meiner Seemannskarriere eingeläutet. Bei schönem Wetter und nach Feierabend entspann sich von Deck zu Deck ein Gespräch zwischen uns. Sie stand ein Deck höher und meinte, dass es sich bei dem Wind leichter unterhalten ließe, wenn ich ein Deck höher käme. Unüberlegt tat ich das auch, wir redeten noch ein Weilchen über alles Mögliche, dann ging jeder wieder seiner Wege.

Ein romantischer Sonnenuntergang – die schöne Seite der Seefahrt

Als ich in die Mannschaftsunterkunft zurückkam, erwartete mich bereits der 1. Steward und raunzte: »Sofort zum Kapitän kommen!« Nichts ahnend ging ich nach oben auf die Brücke und wurde sogleich angebrüllt, was ich mir einbilde, als einfaches Besatzungsmitglied mit Passagieren zu sprechen? Das sei strengstens verboten. Ich sei daher fristlos entlassen und müsse in Hamburg von Bord geben! »Einen Sack geben« heißt das in der Seemannssprache. Ich war wie vor den Kopf geschlagen, aber diskutiert wurde nicht. Das Wort des Kapitäns galt.

Bedrückt schlich ich zum Storekeeper und erzählte ihm von meinem Missgeschick. »Mal sehen«, meinte der, »vielleicht kriegen wir das wieder hin. Muss mit dem ›Chief‹ sprechen.« Das geschah dann auch, natürlich ohne mein Beisein. Der Storekeeper übermittelte mir, dass der »Chief« nicht auf mich verzichten wolle. Der Kapitän lenkte ein und beließ es bei einer Ermahnung. Also fuhr ich weiter mit.

Auf zu neuen Ufern

Nordenham und Brake, die kleinen Hafenstädte an der Weser, gaben außer dem abendlichen Landgang nicht allzu viel her. Man konnte Besorgungen machen und etwas Aktuelles zum Lesen einkaufen, um die nächste Reise erträglicher zu machen. Einige Besatzungsmitglieder musterten ab, weil sie die Reisen mit der MS »Kremsertor« als anstrengend und langweilig empfanden. Ich selbst blieb noch für eine Kohle-Reise an Bord und musterte dann in Hamburg ab, um mir ein Schiff mit einem interessanteren Fahrtgebiet zu suchen. Die MS »Kremsertor« ging kurz darauf nach Rotterdam, wo Autodecks eingebaut werden sollten. Um die Wirtschaftlichkeit des Schiffes zu erhöhen, wollte man zukünftig mit Autos in die USA fahren und auf dem Rückweg Kohle transportieren.

So machte ich also einige Tage Urlaub in Bremen, wohnte im Seemannsheim und lernte die Hansestadt genauer kennen. Bremen gefiel mir sehr gut und langsam verfestigte sich der Gedanke, hier in nächster Zeit Fuß zu fassen und Bremer Bürger zu werden. Das Ziel sollte zumindest eine angemietete Wohnung sein. Das Seemannsheim war zwar in Ordnung und man wurde gut versorgt, aber von der Atmosphäre hier war es immer ein wenig wie an Bord. Zudem sammelten sich immer mehr private Habseligkeiten an, die ich nicht auf jeder Reise mitschleppen wollte. Zwar würde ich ein Zugereister sein, aber in welcher Stadt wäre ich das nicht gewesen?

Unter dem Hansakreuz nach Indien

Durch den Suez mit MS »Kybfels«

Schwergutfrachter MS »Kybfels«

Nach drei Wochen Landurlaub in Bremen wollte ich endlich wieder zur See fahren und Geld verdienen. Also ging es mit der Straßenbahn hinaus zum Überseehafen. Dort im Heuerstall bot man mir eine Fahrt mit dem Schwergutfrachter MS »Kybfels« der DDG »Hansa« aus Bremen an. Die DDG »Hansa« hatte sich auf Schwergutschiffe in den Fahrtgebieten Persischer Golf, Indien und Pakistan spezialisiert. Mit dem bordeigenen Stülcken-Schwergutbaum konnten die Schiffe der »Hansa« Schwergut bis zu 165 Tonnen selbstständig an Land setzen, darunter Lokomotiven, kleine Schiffe, Schlepper, Fähren, Maschinenanlagen, Kräne und Ähnliches mehr. In den unterentwickelten Häfen der Fahrtgebiete wäre das Löschen dieser Ladungen ohne den sogenannten Stülckenmast gar nicht möglich gewesen.

Wegen der ständigen Hitze in den Fahrtgebieten war das Fahren bei der Hansa in dieser Zeit nicht sonderlich beliebt bei den Seeleuten. Außerdem waren Landgänge nur in den europäischen Häfen interessant, denn sobald der Suez-Kanal durchschifft war, wurde es in den Häfen beinahe langweilig und auf den Flüssen kam es zu langen Liegezeiten, bei denen ein Landgang sowieso unsinnig gewesen wäre. Besonders unbeliebt war daher die Persien-Fahrt. Aber die »Kybfels« sollte nach Indien, Pakistan und Ceylon fahren. Für mich Grund genug, um Ja zu sagen und hier anzumustern.

Allerdings entpuppte sich die »Kybfels« als ein »richtiges Arbeitsschiff«: In all meinen Jahren als Seefahrer habe ich kein zweites Schiff mit einem derartig hohen Arbeitsaufwand kennengelernt. Man konnte diese Maschinenanlage eigentlich nur hassen. Andererseits habe ich hier aus der Notwendigkeit heraus sehr viel gelernt. Meine praktischen Erfahrungen als Dreher sowie meine Kenntnisse aus der Kurbelwellen- und Zylinderschleiferei konnte ich an den vorhandenen Maschinen sehr sinnvoll einsetzen.

Am 3. Mai 1963 ging die Reise von Hamburg aus los. Zunächst einmal fuhren wir nach Bremen und von dort nach Rotterdam. Der Rumpf der »Kybfels« war in dem berühmten »Hansagrau« gestrichen, die Aufbauten in weiß gehalten. Am Bug prangte das Bremer Wappen mit dem Schlüssel und den Schornstein zierte das schwarze Hansakreuz auf weißem Grund, begrenzt von einem roten Streifen oben und unten. Diese Schornsteinmarke war unter den Seeleuten eine Zeit lang auch als »Hungerkreuz« in Verruf. Bei unserer Reise traf das allerdings nicht zu.

Das Schiff hatte die Brücke mittschiffs, hier wohnten der Kapitän und die nautischen Offiziere. In den Aufbauten achtern waren die technischen Offiziere sowie die Besatzung von Deck und Maschine untergebracht. An Deck fiel insbesondere der mächtige Schwergutbaum auf, der leistungsfähiger war als die herkömmlichen Ladegeschirre.

In Rotterdam gab es die erste außergewöhnliche Deckladung: einen Tiger im Käfig! Dieser sollte nach Dünkirchen gebracht werden und wurde auf der Reise von den Matrosen versorgt, was das vom Seegang schläfrig gewordene Tier gelassen hinnahm. Bei der zweiten bemerkenswerten Deckladung handelte es sich um eine Motorfähre, die für Chittagong in Pakistan bestimmt war. Der größte Teil

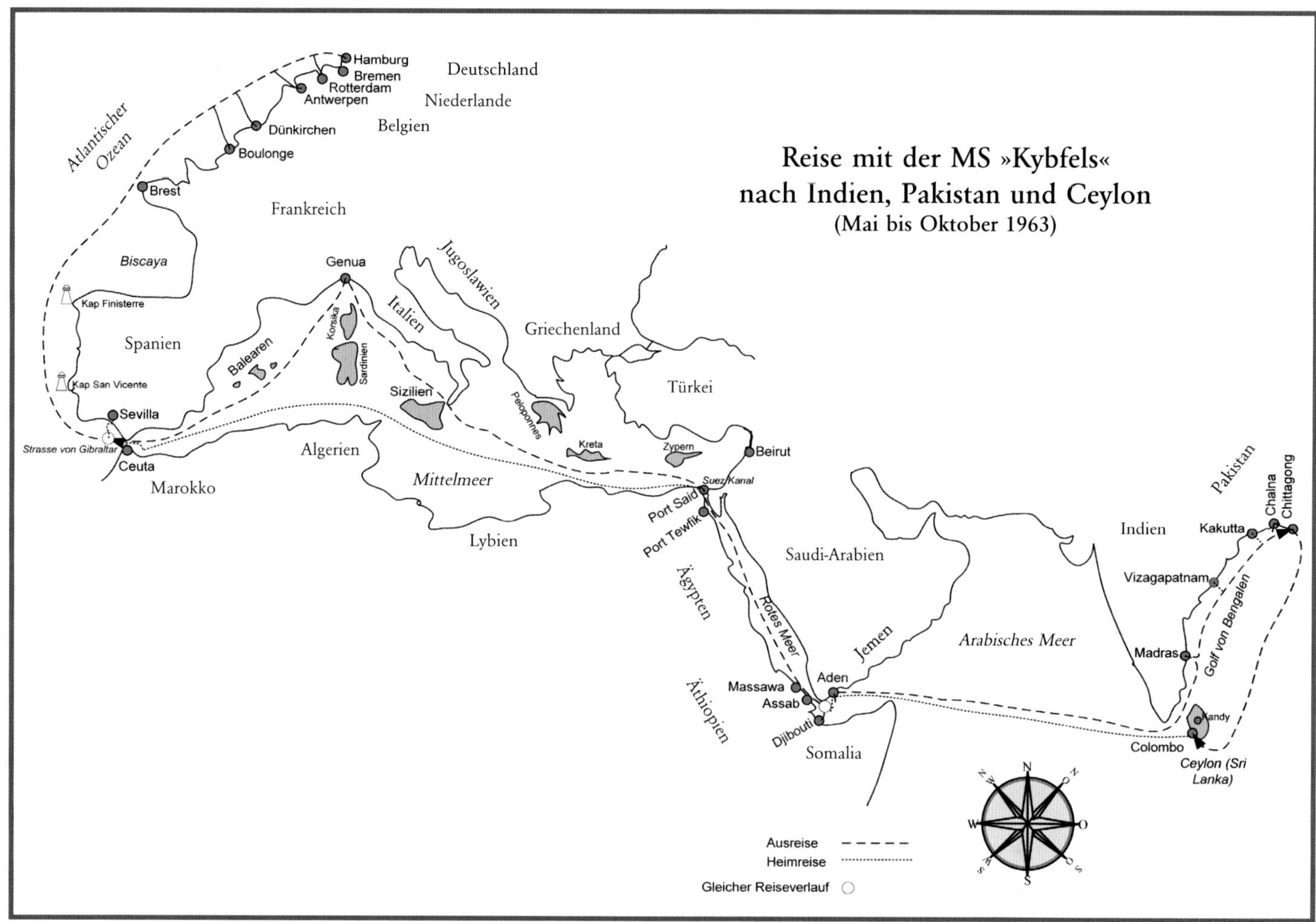

unserer Ladung bestand jedoch aus Maschinenteilen für ein Stahlwerk, das unter deutscher Beteiligung in Rourkela (Indien) errichtet wurde. Diese Fabrikteile sollten in der südindischen Hafenstadt Madras gelöscht werden.

Arbeitsalltag im Maschinenraum

Die Maschinenanlage der »Kybfels« bestand aus zwei Hauptmotoren mit jeweils 4000 PS. Hierbei handelte es sich um die legendären doppeltwirkenden Zweitakt-Dieselmotoren von MAN, welche auf ein Vulcan-Getriebe wirkten. Während der Reise liefen die Motoren im Schwerölbetrieb, aber auf der Revierfahrt und zum Manövrieren konnte auf Marinediesel umgestellt werden. Das war auch notwendig, um den sicheren Betrieb der Maschinen zum Starten zu gewährleisten. Die Verbrennungsluft für die Motoren wurde über Filter und Spülluftventile direkt aus dem Maschinenraum angesaugt, was hier zu fast unerträglichen Luftverhältnissen führte. Außerdem wurde sogar ein geringer Unterdruck im Maschinenraum erzeugt.

Der Schwerölbetrieb führte nicht nur zu häufigen Ausfällen der Maschinen, sondern verursachte auch einen erheblichen Schmutzanfall, über den man nur schwer Herr werden konnte. Wir hatten ständig Probleme mit unserem Arbeitszeug, was durch die Schwerölrückstände stark verschmutzt wurde. Häufig lief nur eine der beiden Maschinen, weil die andere mal wieder einen Kolbenfresser, verstopfte Düsen oder einen anderen Defekt hatte. Vor allem die Einspritzdüsen machten uns zu schaffen, insbesondere die an der Unterseite des Zylinderdeckels.

Steckbrief MS »Kybfels«

- **Baujahr:** 1954 bei der AG »Weser«, Werk Seebeck, 10.646 tdw, Brücke mittschiffs
- **Maschine:** 2 x 4000 PS, doppelwirkender Zweitakter von MAN, Typ D5 Z 53/80 mit Schwerölbetrieb, Spülluftpumpen, Vulcan-Untersetzungsgetriebe
- **Angelaufene Häfen:** Bremen, Hamburg, Rotterdam, Antwerpen, Dünkirchen, Boulogne, Genua, Port Said, Port Tewfik, Massawa, Aden, Madras, Vishakhapatnam, Kalkutta, Chalna, Chittagong, Colombo, Djibouti, Assab, Suez, Sevilla
- **Reeder:** DDG »Hansa« Reederei, Bremen
- **Dienstzeit:** Mai bis November 1963 als Reiniger
- **Besatzung:** 59 Mann, Passagiere: 11

Aufgrund ihres enormen Gewichts waren sie nur schwer auszuwechseln. Erst bekam man sie wegen der Verschmutzung nicht aus der Deckelaufnahme (Kanone) heraus und beim anschließenden Einbau musste man sie nach oben gedrückt halten. Ein Assistent (»Assi«) hatte sich beim Einbau sogar den Unterarm gebrochen.

Ich konstruierte daher eine Vorrichtung, die Abhilfe schaffen sollte. Mithilfe der vorhandenen Werkstattausrüstung, einer Drehbank und einer Ständerbohrmaschine gelang es zur Freude aller Beteiligten, die Arbeit durch den Einsatz einer Hebelvorrichtung zukünftig wesentlich zu erleichtern.

Auch das »Kolbenziehen« war eine häufig notwendige Maßnahme als Folge des Schwerölbetriebes. Immer wieder gab es »Kolbenfresser«, oder aber am Doppelboden (Unterseite der Zylinder) lief eine Kolbenstange heiß, die ersetzt werden musste.

Ruhige Phasen gab es in diesem Schiffsbetrieb nur selten, sie waren aber wichtig für die Erholung. Die Schiffsingenieure einschließlich des »Leitenden« waren jedoch allesamt sehr erfahren und konnten mit ihrem guten Fachwissen alle Situationen meistern. Das Zusammenleben erleichterte nicht zuletzt ein gutes Verständnis für die Mannschaft des Maschinenbetriebes.

Dazu zählte beispielsweise die Geste des III. Ingenieurs, der es uns Reinigern auch erlaubte, die Maschinen einmal starten zu lassen. Das war eine gute Motivation, denn den Riesenmotor zum Leben zu erwecken und ihn mit 30 Bar Druckluft zum Stampfen zu bringen, das hatte natürlich schon etwas. Den Anlassvorgang mit dem typischen MAN-Handrad konnte man leicht erlernen und in meinem späteren Berufsleben habe ich das noch tausendfach getan.

Unser Arbeitsalltag war davon bestimmt, dass die Materialien des 1954 gebauten Schiffes nicht allzu langlebig waren. So rotteten beispielsweise die Ventile der Ballasttanks an den Spindeln und Gewindebuchsen. Durch die Hebelvorrichtung für die Düsen war der »Chief« auf mich aufmerksam geworden. Er fragte mich, ob ich auch neue Spindeln und Buchsen anfertigen könne, um damit das Öffnen und Schließen der Ballastventile sicherzustellen? Ich sagte zu und im nächsten Hafen wurde entsprechendes Rot- und Graugussmaterial bestellt. So konnte ich einen Großteil meiner Arbeitszeit mit der Herstellung von Trapezgewindespindeln und passenden Graugussbuchsen verbringen. Weitab von dem täglichen Einerlei mit dem hohen Schmutzanteil, der mich so anwiderte.

Vom Mittelmeer in den Suez-Kanal

Bald waren wir im Mittelmeer und kamen nach Genua. Es war Zeit für Landgänge und einen ausführlichen Rundgang durch den Hafen mit seinem markanten Leuchtturm. Von dort aus bot sich eine großartige Aussicht auf die Altstadt, auch waren einige Hochhäuser auszumachen. Mehr als 35 Jahre später sollte sich hier für mich ein Kreis schließen: In Genua nämlich kam 1963 mein späterer Schwiegersohn zur Welt und seine Eltern wohnten in einem der Hochhäuser, die ich damals schon fotografiert hatte.

In Genua musste ein Teil der Besatzung noch gegen Gelbfieber geimpft werden und das machte der Hafenarzt. Allerdings nicht mit den heute üblichen sterilen Einmalspritzen. Stattdessen wurde eine verhältnismäßig große Spritze einmal gefüllt und der Inhalt auf drei Leute verteilt. Die blutige Nadel des Vordermannes wurde also übergangslos in die Schulter des Nachfolgenden gestoßen.

Nachdem wir einige deutsche Ingenieure von Krupp, die für das Stahlwerk in Rourkela arbeiten sollten, als Passagiere an Bord genommen hatten, ging unsere Reise weiter nach Osten in Richtung Suez-Kanal. Auf dem Weg dorthin wurde die berüchtigte »Suez-Glatze« jedem Mitglied der Besatzung verpasst, das zum ersten Mal durch den Kanal fahren sollte. Der Matrose Hannes, von dem ich später noch berichten werde, verbürgte sich für mich und so blieb ich von dem Ritual, das natürlich mit viel Alkohol verfestigt wurde und zur Erheiterung der gesamten Crew beitrug, vorerst verschont.

In Port Said lagen wir zunächst auf Reede und es wurde ein Konvoi zur Durchfahrt des Suez-Kanals zusammengestellt. Während der Liegezeit fand ein reger Warentausch mit den arabischen Händlern statt. Gegen Zigaretten wurden beispielsweise Sitzkissen aus Kamelleder oder handgewebte Decken getauscht. Die Händler kamen mit ihren Booten längsseits, durften aber nicht an Bord kommen. So wurde folgende Taktik ausgemacht: Von Bord kam eine Schmeißleine, in deren Mitte sich ein Korb befand. So konnte die Leine unten im Boot festgehalten werden, während die Ware nach oben verteilt wurde. Umgekehrt lief es natürlich genauso. Auf beiden Seiten fand unter Flüchen und Verwünschungen ein reges Feilschen statt.

Der Bootsmann ersann schließlich einen listigen Plan, wie die Sicherheit der Ware mit Hilfe der Schmeißleine zu unterlaufen war:

Schnurgerade durch den Suez-Kanal

Händler vor der Suez-Kanal Passage in Port Said

Kurz bevor unser Konvoi in Fahrt ging, schlich er zum Bullauge des Kältemaschinenraumes, öffnete es und kappte die Schmeißleine unterhalb des gefüllten Warenkorbes, welcher sich im Aufwärtsgang befand. Unsere Schiffsschraube begann bereits zu drehen, sodass die Händler unter wütendem Geheul mit ihren kleinen Booten Reißaus nehmen mussten.

An Bord war die Freude über die gelungene List groß, dieser Wettstreit war zu unseren Gunsten ausgegangen. Das war allerdings nicht immer so. Meistens wurden wir im Orient von den Händlern überlistet. Sei es durch mindere Qualität oder, wie fast immer, durch überhöhte Preise.

Dann fuhren wir durch den ersten Abschnitt des Kanals in den Großen Bittersee. Hier in Ismailia wurde der Lotse gewechselt und wir warteten den entgegenkommenden Konvoi ab. Aufgrund des Zeitmangels konnten keine Waren getauscht oder gehandelt werden. Schnurgerade verlief der Kanal durch die Wüste. Immer mal wieder eilte ich an Deck, um mich umzusehen. Hin und wieder standen einige Fellachen am Ufer des Kanals und winkten verhalten zu uns herüber. Nur das Ufer und die dahinterliegende Wüste waren zu sehen. Sand - so weit das Auge reichte. Wie viel Mühe und Anstrengung muss es gekostet haben, diesen Kanal zu bauen!

Tropische Hitze

Nachdem wir den Suez-Kanal durchquert hatten, erreichten wir bei Suez das Rote Meer. Als Erstes liefen wir Aden im Jemen an, um unsere Treibstoffvorräte zu ergänzen. Der nächste Hafen war Massawa, damals Äthiopien, heute Eritrea. Massawa gilt als eine der heißesten Städte der Erde mit einer jährlichen Durchschnittstemperatur von plus 27 Grad. Im Sommer wird es sogar bis zu 50 Grad warm, wegen der hohen Luftfeuchte bringen auch die Nächte wenig Abkühlung. Trotzdem nächtigten damals viele Menschen unter freiem Himmel auf den Straßen. Zu groben Späßen aufgelegt, kippten wir nach einem ausgiebigen Bar-Besuch einige von ihnen samt Liegen um und amüsierten uns schadenfroh über die Flüche der unsanft Geweckten.

Unsere Reise brachte uns durch tropische Gewässer weiter nach Indien. Die Seewassertemperatur stieg bis auf 32 Grad und es gab teilweise Probleme mit der Kühlung unserer Maschinen. Die Hitze im Maschinenraum war jetzt fast unerträglich, mit etwa 50 Grad war es brüllend heiß! Unsere Schweißtücher waren ständig in Gebrauch und die Kombüse stellte uns »Kujambel« zur Verfügung: kaltes Wasser mit einem Schuss Fruchtsaft.

Unsere Schweißtücher waren aus einem grobmaschigen Baumwollgewebe mit verstärktem Rand gefertigt, sie konnten den abgewischten Schweiß schnell aufnehmen und waren leicht auszuwaschen. Wickelte man sie um den Kopf, verhinderten sie das Eindringen von Schweiß in die Augen und somit das lästige Brennen. Jeder besaß mehrere von ihnen, weil ständig einige zum Trocknen über die Handläufe im oberen Bereich des Maschinenraums bei der Kesselanlage gehängt wurden.

Die Kesselanlage wurde benötigt, um das Schweröl in den Tanks zu erwärmen, damit es flüssig wurde und gepumpt werden konnte. Diese Anlage stellte natürlich eine zusätzliche Wärmequelle in dem ohnehin schon überhitzten Maschinenraum dar.

Nachdem ein Hilfsdiesel ausgefallen war, stand eine Überholung an, die zwischen den anderen in Betrieb befindlichen Aggregaten durchgeführt werden musste. Eine höllische Tortur, bei der wir uns immer wieder bei den Arbeitsgängen abwechseln mussten, denn die Temperatur zwischen den Hilfsdieseln lag bei mehr als 70 Grad. Nach etwa 20 Minuten intensiver Arbeit wurde es einem schwummrig vor Augen und dann nichts wie raus, unter den Lüfter und schluckweise kaltes Wasser oder »Kujambel« trinken!

Bei der Überholung wurden alle Zylinderdeckel abgeschraubt und in der Werkstatt gereinigt, die Ventilführungen erneuert und die Ventile eingeschliffen. Die Kolben wurden herausgenommen, ebenfalls gereinigt und mit neuen Kolbenringen versehen. Im Anschluss an den Ölwechsel wurden die Filter für Öl und Brennstoff erneuert. Irgendwann war endlich alles geschafft und der Probelauf verlief erfolgreich. Mit viel Schweiß und Ausdauer hatten wir bewiesen, wozu ein Mensch unter Extrembedingungen fähig ist.

Die Hitze im Maschinenraum hatte einen Vorteil: Hier trockneten unsere Arbeitsklamotten schnell – und die mussten natürlich ständig gewaschen werden. Die verdreckten Kleidungsstücke wurden zunächst in einem großen Topf eingeweicht, dann mit einem elektrischen Kocher zum Sieden gebracht. Der heiße Topf wurde in den Waschraum geschleppt, die Hosen und Hemden nacheinander auf die Bodenfliesen geworfen. Nun wurde mit einem Fuß das Wäschestück festgehalten, während man mit einem Schrubber in rascher Folge das mehrfach gewendete Wäschestück bearbeiten musste. Zum Schluss wurde alles mit einem Schlauch abgespült und zum Trocknen in den Maschinenraum gehängt. Unsere Wäsche mit dem vom Schiffshändler angepriesenen »Clorax« einzuweichen, erwies sich allerdings als schlechte Idee: Schon nach wenigen Wäschen lösten sich die Nähte der Wäschestücke auf und wir mussten die Klamotten über Bord entsorgen.

Auch ein zweites Problem, das Reinigen unserer Hände und Arme von den Schwerölrückständen, versuchten wir mit »Bordmitteln« zu lösen. Wir mischten dazu die vorhandene Handwaschpaste mit sauberem Schmieröl und setzten Sägespäne hinzu. Mit dieser Mischung, die langsam verrieben und dann mit heißem Wasser abgespült wurde, gelang uns eine einigermaßen vertretbare hautschonende Reinigung. Um ein Eindringen der Rückstände in die Poren (besonders an den Oberschenkeln) zu vermeiden, zogen wir – trotz der großen Hitze – manchmal zwei Hosen übereinander an.

Kollege »Sleepy« mit der obligatorischen Suez-Kanal- Frisur

Ein weiteres Ärgernis waren die Kakerlaken an Bord. Es gab keinen Ort, an dem die Biester nicht waren. Hunderte tummelten sich vor allen Dingen nachts in der Pantry und in der Messe. Findige Leute stellten selbst gebaute Kakerlaken-Fallen auf. Ein leeres Glas wurde mit ein wenig Kaffeesatz aufgefüllt und am oberen Rand mit Honig eingeschmiert. Bald war das Glas zu einem Drittel voller Viecher und die wurden dann mit kochendem Wasser abgebrüht. Es war teilweise so schlimm, dass man beim Schmieren einer Brotscheibe mit der einen Seite des Messers die Kakerlaken wegstreichen musste, um dann schnell mit der anderen Seite den Aufstrich aufzubringen. Entsetzlich, aber wir haben alle überlebt!

Besonders ekelhaft war eine Sorte von Kakerlaken, die etwas größer als ihre Artgenossen waren. Beim Krabbeln entlang der Kammerwände erzeugten sie ein schabendes Geräusch, auf das wir sofort mit einer Spraydose oder einem Wurfgeschoss reagierten. Wir nannten diese riesenhaften Kakerlaken nach dem sowjetischen Panzer »T-34«. In Kalkutta angekommen, wurden wir aufgrund der Kakerlaken-Massenplage sogar ausgegast. Mit allerdings nur mäßigem Erfolg, wie sich später herausstellen sollte.

Landgang in Kalkutta: Ich vor dem Hauptportal der Kings Memorial Hall

Millionenstadt Kalkutta

Kalkutta, die heute siebtgrößte Stadt Indiens, liegt am Flussdelta des Ganges. Hier hatten wir eine längere Liegezeit, weshalb wir durch das Stadtzentrum streifen und einige Tempel besuchen konnten. Sehenswert war auch das in einem schönen Park gelegene Victoria Memorial, ein ganz aus Marmor errichtetes Denkmal zu Ehren von Königin Victoria von Großbritannien. Im Park traten gegen entsprechendes »Bakschisch« (Geschenk) Schlangenbeschwörer auf. Ein buntes Volksgemisch war hier auf den Beinen, doch die vielen Bettler wurden uns mit der Zeit mehr als lästig und forderten uns zu manch einer unwirschen Handlung heraus.

Bei unserem Bummel konnten wir aus respektvoller Entfernung eine Leichenverbrennung am Flussufer beobachten. Schon zuvor war uns aufgefallen, dass größere Reisigbündel am Ufer verkauft wurden. Weitere Einzelheiten blieben uns allerdings verschlossen. Wir sahen nur den Feuerschein und den aufsteigenden Rauch, alles andere blieb unserer Fantasie überlassen. Am nächsten Morgen entdeckten wir einen von Menschenhand gezogenen zweirädrigen Karren, auf dem augenscheinlich über Nacht Verstorbene transportiert wurden. Aber wohin?

Später las ich in dem Buch »Hallo Sahib« (Roman von Karl Eskelund, 1956) aus der Bordbücherei, dass womöglich die »Türme des Schweigens« das Ziel waren: Hier werden die Toten nach einer rituellen Handlung in einen von Priestern bewachten Turm gelegt, wo sich die Geier sofort an ihr hässliches Werk machen. Je nachdem, ob zuerst das rechte oder das linke Auge des Verstorbenen ausgehackt wird, entscheidet sich der weitere Verlauf seiner Inkarnation innerhalb des indischen Kastenwesens.

Ein sehr bedrückendes Erlebnis spielte sich direkt vor dem Eingang des Seemannsheims ab. Hier lag ein kranker Mann mit einer großen Wunde an der Brust, an seiner Seite ein kleines Mädchen. Er bettelte um Bakschisch und wir gaben ihm auch etwas. Am nächsten Abend lag derselbe Mann tot an seinem Platz und das kleine Mädchen kauerte noch immer bei ihm. Bei den Zuständigen im Seemannsheim erntete unser Bericht nur ein Achselzucken, angeblich will man sich kümmern. Als wir das Seemannsheim verlassen, sind beide Menschen verschwunden. Das ist Indien im Jahre 1963.

Zwei unserer Matrosen hatten sich mit der landesüblichen Kleidung samt Schuhwerk ausgestattet und wanderten mit dieser Verkleidung durch die Tempel. Sie wurden aufgrund ihres Aussehens sehr freundlich behandelt und kehrten mit aschebestrichenen Gesichtern voller Erlebnisse zurück. Ein Matrose brachte sogar eine Schlange mit an Bord, was zu hitzigen Diskussionen führte - schließlich landete das Tier außenbords.

Als wir an einem Sonntag morgens durch die Straßen der großen Stadt gingen, staunten wir nicht schlecht, als wir an einem geöffneten Hydranten einer ganzen Familie bei ihrem Waschritual zusehen konnten. Alle waren völlig nackt und wuschen sich, vermutlich weil das Wasser kostenfrei geliefert wurde.

In Kalkutta ließen sich die Seeleute gerne eine Tätowierung machen, denn hier gab es wahre Künstler dieses Metiers. Einer der Matrosen ließ sich sogar einen riesigen Adler auf den Rücken tätowieren. Häufig wurde dabei die Farbe Rot verwendet, was ich zuvor noch nie gesehen hatte. Damals beschloss ich, mir weder hier noch anderswo eine Tätowierung zuzulegen, denn die Endgültigkeit einer solchen »Verzierung« schreckte mich ab. Tatsächlich habe ich diesen Entschluss durchgehalten und bis heute nicht bereut.

Ich möchte an dieser Stelle ein paar Worte dazu sagen, mit welcher Einstellung wir damals den Menschen und ihrer Kultur in der uns fremden Welt begegnet sind: Rückblickend muss ich feststellen, dass wir uns im Allgemeinen der einheimischen Bevölkerung gegenüber sehr überheblich verhalten haben. Die Inder, Pakistani und viele andere behandelten uns als »weiße Europäer«. Ihren respektvollen Umgang mit den einst britischen Kolonialherren übertrugen sie auch auf uns. Das nahmen wir Seeleute so hin und in den meisten Fällen war es uns auch nicht unangenehm. Ja, dieser Respekt verlieh uns sogar ein wenig Sicherheit, wenn wir an Land in Quartiere gingen, die man heute als äußerst unsicher bezeichnen würde.

Aus heutiger Sicht waren wir chauvinistisch, denn wir hatten die Angewohnheit, jeden Einheimischen gleich welchen Landes einfach »Kanaker« zu nennen. Wir taten dies, ohne viel zu überlegen, freilich nie in einer menschenverachtenden Art oder womöglich noch verknüpft mit Tätlichkeiten. In Afrika sprachen wir respektlos von »Kohlensäcken« oder »Bimbos« - und auch dieser Ausdruck bürgerte sich fest in unseren Wortschatz ein.

Ein Relikt aus der Kolonialzeit: Der Marmor-Palast Kings Memorial Hall

Im Land der Gegensätze

Unsere Reise führte uns weiter nach Madras. Hier lagen wir einige Tage im Hafen. Am Abend fuhren wir bei Dunkelheit mit einer Rikscha ins Seemannsheim. Während der Fahrt beschlich uns ein beklemmendes Gefühl: Vor uns sahen wird den schweißtriefenden Rikscha-Fahrer und auf den Straßen viele kleine Feuer, an denen sich die Einheimischen ihr Essen zubereiteten und Geschäfte abwickelten. Es gab kein elektrisches Licht, nur den Feuerschein, die fremden Geräusche und hin und wieder unterdrückte menschliche Rufe. Wir waren froh, bald im Seemannsheim zu sein, auch wenn keine wirklich bedrohliche Situation entstanden war. Aber die gespenstische Stimmung auf den nächtlichen Straßen von Madras wird mir immer im Gedächtnis bleiben.

Wir löschten hier auch unsere Ladung für das indische Stahlwerk Rourkela, das mit deutscher Unterstützung und durch die Firma Krupp gebaut wurde. Die mitgereisten Ingenieure aus Deutschland, die in Genua zu uns gestoßen waren, gingen jetzt von Bord, um weit im Inneren des Landes zu arbeiten.

In Indien und auch in Pakistan fielen uns besonders die grellbunt bemalten Lastwagen auf. Meist hochbetagt und mit qualmendem Auspuff, verpesteten sie unter lautem Hupen die Umgebung. Zündaussetzer und lautes Knallen riefen bei den Umstehenden zu unserer Verwunderung viel Beifall hervor. Überhaupt war der Straßenverkehr geradezu chaotisch. Zwischen den Lastwagen fuhren kleine dreiräderige Lieferfahrzeuge, eine Kombination aus Motorroller und Ladefläche. Die Rikscha-Fahrer flitzten in lebensgefährlichen Slaloms zwischen all den anderen Fahrzeugen hindurch – und erstaunlicherweise kam es verhältnismäßig selten zu Unfällen. Dazu herrschte ein ohrenbetäubender Lärm, es war unbeschreiblich und man muss es einfach erlebt haben!

Weiter ging die Reise nach Vishakhapatnam in Indien, wo wir Stahlkonstruktionen für eine Schiffswerft löschten. Die Stadt hatte einen wunderschönen Strand, an den wir an einem arbeitsfreien Sonntag gingen. Als wir jedoch eine Leiche in der Brandung treiben sahen, verzichteten wir zunächst auf das Schwimmen. Bald darauf wurde die Leiche auf den Strand gespült. Es war ein Mann mittleren Alters, der nur einen Lendenschurz trug; vielleicht ein Fischer, der bei rauer See über Bord gespült worden war. Wir machten einige Einheimische auf den Toten aufmerksam und gingen ein gutes Stück weiter zum Baden. Auf unserem Rückweg lag der Tote unverändert im Sand; allerdings hatte man ihm den Lendenschurz und damit das letzte Stück menschlicher Würde gestohlen.

Mit Stangeneis gegen die Hitze

Auf dieser Reise machte die tropische Hitze uns allen zu schaffen. Die Klimaanlagen liefen auf Hochtouren und so weit möglich hielten wir wenigstens unsere Unterkünfte kühl. Die Kälteanlage bedurfte in diesem Fahrtgebiet einer erhöhten Überwachung und Aufmerksamkeit. Das dort produzierte Stangen-Eis wurde einmal täglich gezogen und war besonders nach Feierabend heiß begehrt. Es war in erster Linie für die »Kühlschränke« in den Pantrys und für die Kombüse bestimmt, aber nur selten kamen alle Eisstangen an. Wir bettelten alle um ein wenig Eis für einen »coolen Drink«. Für ein Bier wechselte dann schon einmal eine halbe Stange Eis den Bestimmungsort und landete bei der Besatzung.

Die sogenannten Kühlschränke waren mit Blech ausgeschlagene Behälter, in deren Unterseite das Stangeneis geschoben wurde. Die Kühlung hielt meistens bis zur nächsten Eisbestückung die Lebensmittel frisch, sodass sich die Wachgänger zu Beginn ihrer Wache stärken konnten.

Mittlerweile mussten wir unseren Vorrat an Beck's Bier ergänzen. Wir erhielten echte Exportware von der Bremer Brauerei, in edle Holzkisten verpackte Literflaschen. Mit einer Blechschere musste man zunächst die Stahlbänder, die um die Kisten gelegt waren, durchschneiden. Dann galt es mit einem kleinen Brecheisen oder großen Schraubendreher den Kistendeckel aufzustemmen. Erst dann gelangte man an das edle Beck's.

In Pakistan erreichten wir als Erstes den Hafen Chittagong im heutigen Bangladesch. Auf dem Wasser lagen Hunderte von Hausbooten, auf denen ein geschäftiges Treiben herrschte. Hier konnte man alles Erdenkliche kaufen oder tauschen. Von Boot zu Boot schlingernd, konnte man die gesamte Stadt auf dem Wasserweg erforschen. Die Seeleute nannten diese schwimmende Stadt den »Entensteg«.

Vor allem nachts, wenn auf den Booten nur spärliche Lichter brannten und man sich über den schwimmenden Untergrund zu seinem Ziel hangelte, beschlich uns ein mulmiges Gefühl. Bei Streitigkeiten wäre man hier rettungslos verloren gewesen, denn kein Hahn hätte nach einem verschwundenen Weißen gekräht. Auch ich war heilfroh, wieder zurück an Bord zu sein, nachdem ich einen Elefanten aus Ebenholz erstanden hatte, den ich heute noch besitze.

In Chittagong wurde auch die aus Rotterdam mitgebrachte Fähre mit bordeigenem Geschirr ihrem eigentlichen Element, dem Wasser, übergeben. Beim Löschvorgang kam es zu einem großen Menschenauflauf. So eine Deckladung war eine kleine Sensation. Hunderte von Menschen wohnten dem Vorgang bei und klatschten begeistert Beifall, als die Fähre schließlich im Wasser schwamm.

Wieder auf Fahrt, unterbrach manch ein unterhaltsamer Zwischenfall die oft eintönige Reisezeit. So gab es in unserer Maschinencrew einen Reiniger, der sich durch häufige Müdigkeit auszeichnete. Hatte er Arbeit an entlegenen Orten im Maschinenraum, beispielsweise am Kessel, konnte man davon ausgehen, ihn nach kurzer Zeit schlafend vorzufinden. Sein Spitzname war daher »Sleepy«. Eines Tages war »Sleepy« mal wieder müde geworden, allerdings infolge überhöhten Alkoholgenusses, und schlief tief und fest in einem Lagerraum in der Nähe der Werkstatt. Wir schleppten ihn in seine Kammer, stellten die Klimaanlage ab und drehten stattdessen die elektrische Heizung auf volle Leistung. Zusätzlich legten wir ihm in seiner Koje noch zwei Wolldecken über und verließen die bereits überhitzte Kammer. Irgendwann kam »Sleepy« zu sich, raste wie irre aus der Kammer und fühlte sich tagelang äußerst unwohl. Von da an war er sehr vorsichtig beim Genuss von Alkohol.

Weiter ging unsere Reise nach Chalna, heute ebenfalls zu Bangladesch gehörig. Hier lagen wir mitten auf einem breiten Flussarm, der zum Ganges-Delta gehörte, auf Reede. Der Fluss trieb mit enormer Strömung dem Golf von Bengalen zu. Das Löschen ging nur langsam voran und wir vertrieben uns die Zeit, indem wir leere Flaschen über Bord warfen. Auf dem Fluss schipperten zahlreiche Boote, die größtenteils mit bettelnden Kindern besetzt waren. Bei ihnen waren unsere Flaschen sehr begehrt und sie versuchten möglichst viele von ihnen zu erhaschen, bevor sie in den Fluten zu versinken drohten. Dabei beobachteten wir, wie ein älterer Mann den Kindern die geborgenen Flaschen abverlangte und diese in seinem Boot stapelte. Er schlug die Kinder immer dann mit seinem Ruderblatt, wenn ihnen eine Flasche entgangen war. Dieses gestrenge Vorgehen rief unsere Missbilligung hervor. In Unkenntnis der Sachlage und nicht vertraut mit den Eigenheiten dieses Landes, starteten wir eine Strafaktion.

Wir hatten noch einige verrottete Seeventile in der Maschine. Eines davon holten wir an Deck und brachten es nach vorne auf die Back. Nun lockten wir mit Flaschen den »Alten« mit seinem Boot genau unter unseren Steven. Lotrecht ließen wir dann das schwere Ventil in sein Boot fallen. Das Ventil schlug wie eine Bombe durch das Boot und in wenigen Augenblicken saß der Alte zu unserer großen Freude bis zum Hals im Wasser.

Nun aber begann eine große Rettungsaktion. Alle Boote eilten heran, um das Boot des Alten und die Flaschen zu bergen. Wütendes Geschrei und drohende Gebärden aller Einheimischen, einschließlich der Kinder, ließen uns dann doch nachdenklich werden. Als Wiedergutmachung legten wir zwei leere Ölfässer in ein herbeigerufenes Boot und packten noch einige Päckchen Zigaretten dazu. Im Nachhinein wurde uns schon klar, dass wir uns besser nicht in die herrschenden Landessitten hätten einmischen sollen.

Drei Wochen Liegezeit in Colombo

Die nächste Ladung löschten wir in Colombo, gelegen im damaligen Ceylon und heutigen Sri Lanka. Dort luden wir auch Süßöl, weshalb wir insgesamt drei Wochen in diesem Hafen liegen sollten. So hatten wir in unserer Freizeit auch reichlich Gelegenheit, uns Land und Leute anzusehen.

In Colombo konnte man wertvolle Souvenirs aus Ebenholz, Elfenbein und Gold kaufen. Bei meiner schmalen Heuer von 380 D-Mark brutto reichte es allerdings nur für einen kleinen Elefanten aus Rosenholz, der umgerechnet weniger als 10 D-Mark gekostet hat. Fast jeden Abend besuchten wir den englischen Seemannsclub »Flying Angel«. Dort fühlten wir uns wohl, nahmen einige Drinks und dann ging es zurück an Bord.

Eines Abends bot man uns vom Club aus für das kommende Wochenende eine Inselrundfahrt mit dem Besuch der Heiligen Stadt Kandy an. Hier war eine Übernachtung vorgesehen und erst am nächsten Tag sollte es zurück nach Colombo gehen. Das Angebot gefiel meinem Freund Hannes und mir sowie zwei anderen Kollegen. Wir trugen uns daher

Die Aufbauten der MS »Kybfels«. Auf Deck ist eine Motorfähre geladen

in die ausliegende Liste ein. Pünktlich wurden wir am Samstagmorgen von Bord der »Kybfels« mit einem VW-Bus abgeholt und los ging eine äußerst interessante Reise über die Insel.

Nachdem wir Colombo verlassen hatten, gelangten wir in das Hochland der Insel und kamen zu einer riesigen Teeplantage. Bei der anschließenden Besichtigung bekamen wir nähere Einblicke in die Teeproduktion. Besonders angetan aber waren wir von den alten englischen Maschinen, die über Transmissionswellen von einer Dampfmaschine angetrieben wurden. Mit den anhängenden Maschinen wurde der geerntete Tee gerollt, gefiltert, gesiebt und getrocknet. Die Teegewinnung entpuppte sich als ein aufwendiges Herstellungsverfahren, das hier auf Ceylon mit billigen Arbeitskräften und einträglichen Gewinnen für die Plantagenbesitzer betrieben wurde.

Weiter ging es durch das wunderschöne, mit Teeplantagen reich gesegnete Hochland auf schmalen, nur wenig befahrenen Straßen. Wir staunten nicht schlecht, als sich ein Leguan von mehr als einem Meter Länge auf der Fahrbahn sonnte. Nur widerwillig gab er den Weg für uns frei und beendete sein Sonnenbad.

Kandy zählte etwa 100.000 Einwohner und war Hauptstadt des letzten singhalesischen Königreiches, bis es 1815 von den Briten erobert wurde. Hier befindet sich der sogenannte Zahntempel (Dalada Maligawa), Aufbewahrungsort einer heiligen buddhistischen Reliquie, von der gesagt wird, es handele sich um einen Zahn Buddhas. Alljährlich findet Mitte August eine große Wallfahrt zum Tempel statt, wenn die Reliquie ausgestellt wird. Man erzählte uns, dass aufgrund der herrschenden Enge immer wieder Pilger von Elefanten totgetrampelt werden, die den Zug begleiten.

Wir bekamen zunächst in einem Boardinghouse unsere Zimmer zugewiesen. Anschließend bummelten wir durch einen wunderschön angelegten Park mit allen tropischen Pflanzen Ceylons. Dann schloss sich der Besuch des »Tempels des Zahnes« an. Der vergoldete Reliquienschrein blieb natürlich verschlossen und wir bewunderten stattdessen die Deckenmalerei des Tempels. Sie stellt Buddha dar und egal zu welchem Platz des Tempels sich der Besucher bewegt, folgen ihm die Augen des Heiligen. Hier im Tempel, abgeschirmt vom Lärm der Straße, kam man doch ein wenig zur Ruhe und konnte die besondere Stimmung der Pilgerstätte auf sich wirken lassen. Weihrauch hing in der Luft, und alle Besucher zeigten sich sehr beeindruckt.

Von der offiziellen Stadtführung in englischer Sprache habe ich leider nur einen Teil verstanden, denn in der Schule hatte ich drei Jahre Russisch lernen müssen. Wir beschlossen den Abend mit einem gemeinsamen Abendessen und ein, zwei Gläsern Gin Tonic.

Am nächsten Morgen, nach einem englischen Frühstück, fuhren wir durch die wunderschöne tropische Landschaft zurück nach Colombo. Unterwegs kamen wir an einem kleinen Fluss vorbei, in dem gerade Elefanten getränkt und gebadet wurden. Wir schauten zu und wurden gefragt, ob wir mal auf einem großen Elefanten reiten wollten? Auf ein Zeichen seines Führers packte mich der Elefant mit seinem Rüssel und schon saß ich auf dem Rücken des Ungetüms. Er lief einige Schritte, wandte sich um, strebte dem Fluss zu und ging zielstrebig in diesen hinein. Ich saß nun mit meinen normalen Ausgehklamotten oben, während der Führer »Bakschisch, Bakschisch« rief und mir seine Hand entgegenreckte. Um trocken zu bleiben, blieb mir nichts anderes übrig, als ihm einige Rupien zu geben. So war ich wegen dieser List ein wenig sauer, blieb aber trocken.

Wir lagen noch ein weiteres Wochenende in Colombo und das gab zwei Kollegen und mir Gelegenheit, zum legendären Hotel »Mont Lavinia« zu fahren. Das Hotel ist im Kolonialstil erbaut und liegt in einer wunderschönen Bucht direkt am Indischen Ozean. Noch heute wird das »Mont Lavinia« in deutschen Reisekatalogen angeboten. Wir fuhren mit der Eisenbahn, gezogen von einer Dampflok, am Ufer des Meeres entlang. Überall klebten Menschen an den Waggons, selbst auf dem Dach saßen wagemutige Einheimische. Unsere Anwesenheit wurde durch freundliches Winken und für uns unverständliche Zurufe gewürdigt. Die Waggons waren offen, also nicht verglast, und so sorgte der Fahrtwind für eine erfrischende Kühle im Abteil. Die Strecke führte fast immer am Stillen Ozean entlang und wir konnten das Ufer und die Strände sehen.

Als wir am Hotel ankamen, stand allerdings eine hohe Dünung in der traumhaften Bucht. Das störte uns in unserem jugendlichen Leichtsinn jedoch wenig und trotz der Warnungen des Hotelpersonals stürzten wir uns in die Fluten. Die Folgen ließen nicht lange auf sich warten. Einer unserer Assistenten kämpfte beim Zurückschwimmen gegen die Wellen an und schrie entkräftet um Hilfe. Zu zweit schwammen wir an ihn heran und schleppten ihn und uns an Land. Total erschöpft blieben wir eine längere Zeit am Strand liegen. Das war noch einmal gut gegangen und an diesem Tag mieden wir erst einmal das Wasser. Daran änderte auch das Schulterklopfen der Einheimischen angesichts unserer Rettungstat nichts.

Wir wanderten am Strand entlang, warfen mit Steinen nach Kokosnüssen in den Palmen, öffneten diese mühsam, schlürften die Milch und aßen das frische Fruchtfleisch. Erst nach dem wunderschönen Sonnenuntergang fuhren wir wieder mit dem Zug nach Colombo zurück. Das war ein Tag gewesen, an dem man gerne Seemann war, weil die Umgebung des fremden Landes fast paradiesisch anmutete. Für ein paar Stunden waren das Bordleben und die harte Arbeit vergessen. Glücklich kehrten wir am späten Abend zurück an Bord.

Auch an unserem letzten Wochenende im Hafen von Colombo sollten wir ein Abenteuer erleben. Gemeinsam beschlossen mein Kollege Fritz und ich, dass wir durch den Hafen an die Außenmole schwimmen wollten. Dort lag nämlich ein havarierter Liberty-Frachter mit starker Schlagseite. Durch das Fernglas konnten wir herabhängende Taue ausmachen, die uns helfen sollten, an Deck zu klettern.

Wir schwammen also durch das klare Wasser des Hafens, denn hier fand ein regelmäßiger Austausch über die große, natürliche Zufahrt zum Ozean statt. Am Schiff angekommen, erschraken wir erst einmal beim Anblick Tausender von kleinen Krebsen, die mit ihren eckigen Augen an der Bordwand klebten. Springend und hüpfend gelangten wir zu den Aufbauten. Schließlich war das Stahldeck von der Hitze glühend heiß - und wir waren natürlich ohne Sandalen gekommen.

Wir konnten nicht Besonderes entdecken und machten uns nach einer Ruhepause auf den Rückweg. Auf halber Strecke holte uns ein Ruderboot mit Einheimischen ein und sie zerrten uns an Bord. Warum wir so verrückt wären, hier zu schwimmen, schließlich sei das Hafenbecken mit Haien verseucht! Zurück an Bord gab es noch eine zweite Strafpredigt vom Kapitän. Nichtsdestotrotz: Diese drei Wochenenden in Colombo voller Erlebnisse - und einer guten Portion Glück dazu - sind mir bis heute in erfreulicher Erinnerung geblieben.

Kurs Europa

Von Colombo aus liefen wir Djibouti am Golf von Aden an. Auf einer Insel vor der Stadt machten wir beim Einlaufen unzählige Zelte aus. Schnell sprach sich herum, dass auf dieser Insel französische Fremdenlegionäre lebten. Wir löschten Stückgut und abends ergab sich die Gelegenheit, an Land zu gehen. Gemeinsam mit einem Passagier, der mit uns nach Europa reiste, besuchte ich eine Hafenkneipe. Wir tranken ein Bier und kamen mit deutschen Fremdenlegionären ins Gespräch, die uns darum beneideten, bald wieder in der Heimat zu sein.

Der nächste Hafen war Assab am Roten Meer im heutigen Eritrea. Wir hatten hier nur wenig Ladung, nutzten aber die Zeit, um eine größere Reparatur an einer unserer

Schon damals trist:
die Bunkerstation Aden im Jemen

Hauptmaschinen vorzunehmen. Eine Kolbenstange musste abgedreht werden, für die unsere bordeigene Drehbank zu klein war. Einer unserer Ingenieure fuhr daher mit dem Agenten in einem kleinen LKW nach Asmara in eine große Maschinenfabrik. Kurz vor Abfahrt entschied der Kapitän sehr zu meinem Leidwesen, dass der Ingenieur doch ohne meine fachliche Unterstützung als Dreher fahren sollte. Schade, denn ich wäre gerne ins Landesinnere gereist.

Am Abend gingen wir in dieser heißen Stadt an Land und fanden ein tolles Tanzlokal. Während man in einem parkähnlichen Garten bei schwacher Beleuchtung saß und Gin Tonic trank, schlugen die Wellen leicht ans Ufer und schwappten ein wenig auf die Tanzfläche. Die Musik spielte sanfte Rhythmen und es war einfach romantisch, zumal auch die anwesenden Frauen sehr entgegenkommend waren. Eine warme Nacht mit einem traumhaften Sternenhimmel und dem Kreuz des Südens. So etwas vergisst man nicht. Dass um uns herum gnadenlose Armut herrschte, ließen wir nicht an uns herankommen. Wir waren ganz auf unsere Bedürfnisse konzentriert. Was konnten wir auch schon an diesen gesellschaftlichen Verhältnissen ändern?

Unsere Heimreise führte uns wieder in den Golf von Suez, wo in Suez der Konvoi zur Suez Passage zusammengestellt wurde. Ohne besondere Vorkommnisse fuhren wir durch den Kanal und steuerten als ersten Hafen Sevilla in Spanien an. Wir waren also zurück in Europa und irgendwie fühlten wir uns wieder heimisch - nach all den Monaten in der Hitze und in der doch verhältnismäßig fremden Welt am Indischen Ozean und Roten Meer.

In Sevilla gab es Gelegenheit zu einem ausführlichen Stadtbummel mit dem Matrosen Hannes, der während der Reise zu einem wahren Freund geworden war. Wir besichtigten unter anderem die berühmte Kathedrale. Hannes war ein groß gewachsener, gut aussehender Mann und kam aus Bremen. Hier wohnten seine Eltern und Brüder, die ebenfalls zur See fuhren.

Nach unserer Reise besuchte ich Hannes einmal zu Hause und lernte auch einen seiner Brüder kennen. Zu dritt gingen wir dann abends in das stadtbekannte »Café Brema« in Oslebshausen. Hier gab es Tischtelefone, eine damals neu aufgekommene Möglichkeit, um Damen telefonisch zum Tanz aufzufordern. Wir genossen den Abend sehr, da auch wir etliche Anrufe entgegennehmen konnten und so einige nette Damen kennenlernten. Das Heimbringen erfolgte mit dem Taxi, man war sich ja einig, und mit einem guten Frühstück am nächsten Morgen war die Bekanntschaft besiegelt.

Hannes hatte während der Reise das damals wohl bekannteste Tonbandgerät TK 40 von Grundig dabei. Im Laufe der Reise waren die Spulen zwar etwas lädiert vom häufigen Gebrauch, aber es verging keine Party, bei der das Gerät nicht zum Einsatz kam. Die Lieder kannten wir fast alle schon auswendig. Besonders im Sinn geblieben ist mir Hildegard Knefs Song »Für mich soll's rote Rosen regnen«.

Hier in Sevilla kam ich das erste Mal mit dem herrlichen spanischen Wein in Berührung. Schwer und süß war der »Lacrima Christi« - und für unsere Verhältnisse enorm preiswert. Für wenige Peseten wurde das Glas gefüllt, dazu gab es noch Teller mit Erdnüssen oder anderen Kleinigkeiten. Alsbald tat auch der schwere Wein seine Wirkung und wir mussten zurück an Bord.

Nach dem Verlassen Sevillas ging unser Kurs in Richtung Nordeuropa und es breitete sich langsam Vorfreude auf die Ankunft in Hamburg aus. Längst war mir klar geworden, dass ich keine zweite Reise mit der »Kybfels« machen wollte. Die angelaufenen Häfen waren sicher interessant, aber die enorm anstrengende und vor allem schmutzige Arbeit in der Hitze - nein, das musste kein zweites Mal sein.

Zum Landurlaub nach Bremen

Nachdem wir kurze Stopps in Boulogne, Antwerpen und Rotterdam eingelegt hatten, um Stückgutladung zu löschen, kamen wir endlich in Hamburg an. Auch das Angebot der Reederei, wonach ich die nächste Reise als Storekeeper fahren könnte, hielt mich nicht an Bord. Das wäre eine große Beförderung gewesen, denn schließlich hätte ich damit die Fahrzeit als Motorenwärter in der Hierarchie übersprungen. Nein, auf diesem Schiff wollte ich nicht länger bleiben. Mit dem Taxi fuhr ich zum Hauptbahnhof und trat von dort die Eisenbahnfahrt nach Bremen an. Hier mietete ich mich wie damals üblich in ein Doppelzimmer im Seemannsheim ein, ohne den Mitbewohner vorher gesehen zu haben.

Das Seemannsheim liegt im Stephani-Viertel in Wesernähe und ist mit der Straßenbahn, Haltestelle Doventor oder Faulenstraße, gut zu erreichen. In wenigen Minuten ist man von dort aus zu Fuß im Stadtzentrum, ohne ein Verkehrsmittel oder Taxi zu benötigen. Das gefiel mir an Bremen besonders gut, man konnte alles zu Fuß erreichen.

In den nächsten Tagen regelte ich einige persönliche Dinge, musterte ordnungsgemäß beim Seemannsamt in Bremen ab, kleidete mich neu ein und genoss vor allen Dingen meinen Landurlaub. Im Seemannsheim konnte man auch gut zu Mittag essen, was ich gerne tat. Die vielen Wurstbuden in der Stadt sorgten für das Abendessen, bevor dann das eine oder andere Bierchen den Abend beschloss. Zur Stammkneipe entwickelte sich bald der »Felsenkeller« von Johnny Müller am Doventor. Hier verkehrten viele Seeleute und man war nie allein. Auch die hier anwesende Damenwelt mochte die Gesellschaft der oft rauen Seeleute und die Abende waren nie langweilig.

Eine besondere Alternative war das »Remmer«, ein Keller-Lokal im Stadtzentrum, in dem das berühmte dunkle, starke Remmer-Bier ausgeschenkt wurde. Zur Mittagszeit strömten aus den umliegenden Firmen und Geschäften die Angestellten zum Essen, nach Feierabend kamen viele von ihnen erneut auf ein Bier. Hier konnte man viele unterschiedliche Menschen kennenlernen und an Unterhaltung fehlte es nie. Kam man allerdings nach einigen Bierchen wieder nach oben an die frische Luft, so hatte man arg mit der Wirkung des starken Bieres zu kämpfen.

Zum Mittagessen gab es noch zwei weitere Seemannskneipen am Überseehafen: »Bruno Mosig« mit seinem Eisbein und Sauerkraut und gleich nebenan »Mutti Weiß« mit bürgerlicher Küche. Die Abende im Überseehafen endeten meistens im »Golden City«. Das war ein Lokal mit allem Drum und Dran nach Seemanns-Art. Es gab alle möglichen Getränke, Seeleute, Hafen- und Werftarbeiter und eine reiche Auswahl leichter Mädchen. Und genau darum ging es hier ja meistens. Es gab noch weitere Etablissements in dieser Gegend. In der Leutweinstraße zum Beispiel die »Bambus-Bar«, in der ich auch so manches Bier getrunken habe.

Alles geht einmal zu Ende, auch die schöne Zeit an Land. Das Geld geht zur Neige und es wird wieder Zeit, ein normales Leben mit Arbeit zu leben. Also auf und dem Heuerstall einen Besuch abstatten, um nach einem Schiff zu fragen! Ich nahm mir dabei vor, unbedingt auf das Fahrtgebiet des neuen Schiffes zu achten. Meine Einstellung war: Es gibt noch so viel in der Welt zu sehen. Neben der Arbeit und dem Geldverdienen gehört das Unterwegssein ja unbedingt zum Beruf des Seefahrers dazu!

Trampfahrt über die Meere

Unterwegs mit Stückgutfrachter MS »Hugo Retzlaff«

Stückgutfrachter MS »Hugo Retzlaff«

Nachdem ich mich entschieden hatte, wieder zur See zu fahren und nicht alle Ersparnisse auszugeben, ging es mit der Straßenbahn zum Überseehafen. Dort meldete ich mich im sogenannten »Heuerstall« im Hafenhaus. In einem völlig verqualmten Raum von etwa 30 m² warteten etwa 20 Seeleute, die laut redeten und miteinander stritten. Zwei Lords verließen gerade die Heuerstelle und wedelten demonstrativ mit ihren Seefahrtsbüchern zum Zeichen dafür, dass sie ein Schiff bekommen hatten.

Weil ich die Fahrt auf einem weiteren Schiff der DDG »Hansa« abgelehnt hatte, bot mir der Heuerbaas einen kleinen Frachter auf weltweiter Trampfahrt an. Die Reederei sei zwar noch neu, meinte der an beiden Unterarmen stark tätowierte Heuerbaas, aber in Ordnung. Er riet mir zu, das Angebot anzunehmen. Erneut musterte ich auf einem Schiff als Reiniger an, aber diesmal schon befahren - und das hieß auch mehr Verdienst. Zur damaligen Zeit waren das 380 D-Mark monatlich.

Im Büro der Reederei »Retzlaff« an der Contrescarpe erfuhr ich dann, dass mein Schiff »Hugo Retzlaff« heißt und am nächsten Tag in Hamburg einlaufen würde. Das Schiff sollte in die Stülcken-Werft gehen, weil sich bei der letzten Eisfahrt in der Ostsee die Spanten und Platten am Heck zum Teil verbogen hatten. Alles musste erneuert werden, damit der »Germanische Lloyd« als Schifffahrtsklassifikationsgesellschaft die sogenannte »Eisklasse« - die geprüfte Eistauglichkeit - erteilen konnte.

Ich erhielt meine Fahrkarte und schon am nächsten Morgen, am 11. November 1963, reiste ich mit der Bahn nach Hamburg. Vom Bahnhof aus ging es per Taxi durch den alten Elbtunnel, einer technischen Sensation aus dem Jahre 1911, die ich nun das erste Mal kennenlernen sollte. Um lange Ein- und Ausfahrtswege zu vermeiden, hatten die Konstrukteure große kastenförmige Aufzüge entwickelt, in die man mit dem Auto oberirdisch einfahren konnte. Dann ging es hinunter auf eine Sohle unterhalb der Elbe, wo der eigentliche Tunnel begann. Knapp 500 m verlaufen die zwei gefliesten Röhren unter der Elbe, dann fährt man mit einem zweiten Aufzug wieder nach oben ans Tageslicht.

Wenig später hatte ich die Stülcken-Werft erreicht. Mein Schiff lag noch an der Pier und sollte am nächsten Tag eingedockt werden. Die »MS Retzlaff« entpuppte sich als kleinerer Frachter mit zwei Luken und grau gestrichenem Rumpf, die weißen Aufbauten befanden sich achtern. Damit war der Frachter um einiges kleiner als die Schiffe, auf denen ich bisher gefahren war, aber dafür sollte es etwas Neues sein.

An Bord herrschte rege Betriebsamkeit, weil ein großer Teil der Besatzung abgemustert hatte und sich im Aufbruch befand. Nachdem ich mich beim »Chief« gemeldet hatte, zeigte mir der Steward meine neue Kammer. Mein Mitbewohner war ein zurückhaltender und introvertierter Typ, wie sich schon beim ersten Gespräch herausstellen sollte. In der Mannschaftsmesse traf ich auf weitere zukünftige Kollegen, darunter auch Lothar, der mir sofort sympathisch war. Wir teilten zwei offenkundige Gemeinsamkeiten, denn

Lothar kam ebenfalls aus der DDR und er war eine Reise vor mir auf der »MS Kybfels« gefahren. Seit zwei Monaten war er an Bord der »MS Hugo Retzlaff« und hatte die Eisfahrt mitgemacht. Die zweite Koje in Lothars Kammer war noch frei und wir waren uns schnell einig, dass ich in seine Kammer umziehen sollte. Eine sehr gute Entscheidung, wie sich bald herausstellen würde.

Wie geplant, gingen wir am nächsten Tag ins Dock. Die Stromversorgung lief jetzt über die Werft, nur die Trinkwasserpumpen waren in Betrieb. Es war Ruhe an Bord - bis die Werftgang anfing zu arbeiten, um die verbeulten Platten und Spanten auszuwechseln. Wir konnten ohnehin nicht arbeiten und hielten uns in den Kammern auf, wo der höllische Lärm ein wenig erträglicher war. Außer kleineren Hilfsdiensten, wie beispielsweise Auf- und Abschließen des Stores, lag für uns erst einmal nichts an.

Lange Liegezeit in Hamburg

Maximal vier Tage waren für die gröbsten und Lärm erzeugenden Arbeiten vorgesehen, die rund um die Uhr andauerten. Da an Nachtruhe ohnehin nicht zu denken war, gingen wir abends immer an Land. Hier lockten St. Pauli und die Reeperbahn. In den vielen kleinen Seitenstraßen gab es eine Unmenge von Kneipen, die es zu entdecken galt, zumal da sie preisgünstiger waren als die Kneipen an der Amüsiermeile Reeperbahn. Auf diese Weise wurden wir Stammgäste in der »Dakota-Bar«, wo es flotte Mädchen vor und hinter dem Tresen gab. Da wir regelmäßig auftauchten, entwickelte sich bald ein freundschaftliches Verhältnis. Aufgrund des Lärms und der Unruhe an Bord unseres Schiffes war an eine Mitnahme der Mädchen, auch »Dockschwalben« genannt, allerdings gar nicht zu denken. So

Steckbrief MS »Hugo Retzlaff«

- **Baujahr:** 1958 als »Edertal« für die Hamburger Reederei J.A. Reinicke bei der Werft Sietas in Hamburg Neuenfelde, 2800 BRT/4300 tdw
- **Maschine:** 2000 PS, 10-Zylinder Viertakt-Tauchkolbenmotor von MAN, Typ 40/60
- **Angelaufene Häfen:** Hamburg, Stettin, Glasgow, Las Palmas, Teneriffa, Rijeka, Venedig, Torrevieja, Malmö, Göteborg, Lübeck, Antwerpen, Rostock, Wismar, Middlesbrough, Grimsby, Memel, Leningrad, Marseille, Lissabon, Norrköping, Leixoes, Sfax (Tunesien), Alexandria, Bayonne, Bordeaux, Gela (Sizilien), Liverpool, Tarent, IJmuiden, Istanbul, Helsinki, Turku, Mäntyluoto, New York, Philadelphia, Baltimore, Boston, Norfolk, Providence, Cadiz, Sevilla, Malaga, Bilbao, Cartagena, Alicante, Barcelona, Tarragona, La Valetta (Malta), Tunis, Algier, Benghazi
- **Reeder:** Retzlaff Reederei, Bremen
- **Dienstzeit:** November 1963 bis August 1965 als Reiniger und Motorenwärter
- **Besatzung:** 21 Personen, Deck: Kapitän, I. und II. Wachoffizier, Funker, Bootsmann, 4 Matrosen, Service: Koch, Kochsmaat, Steward

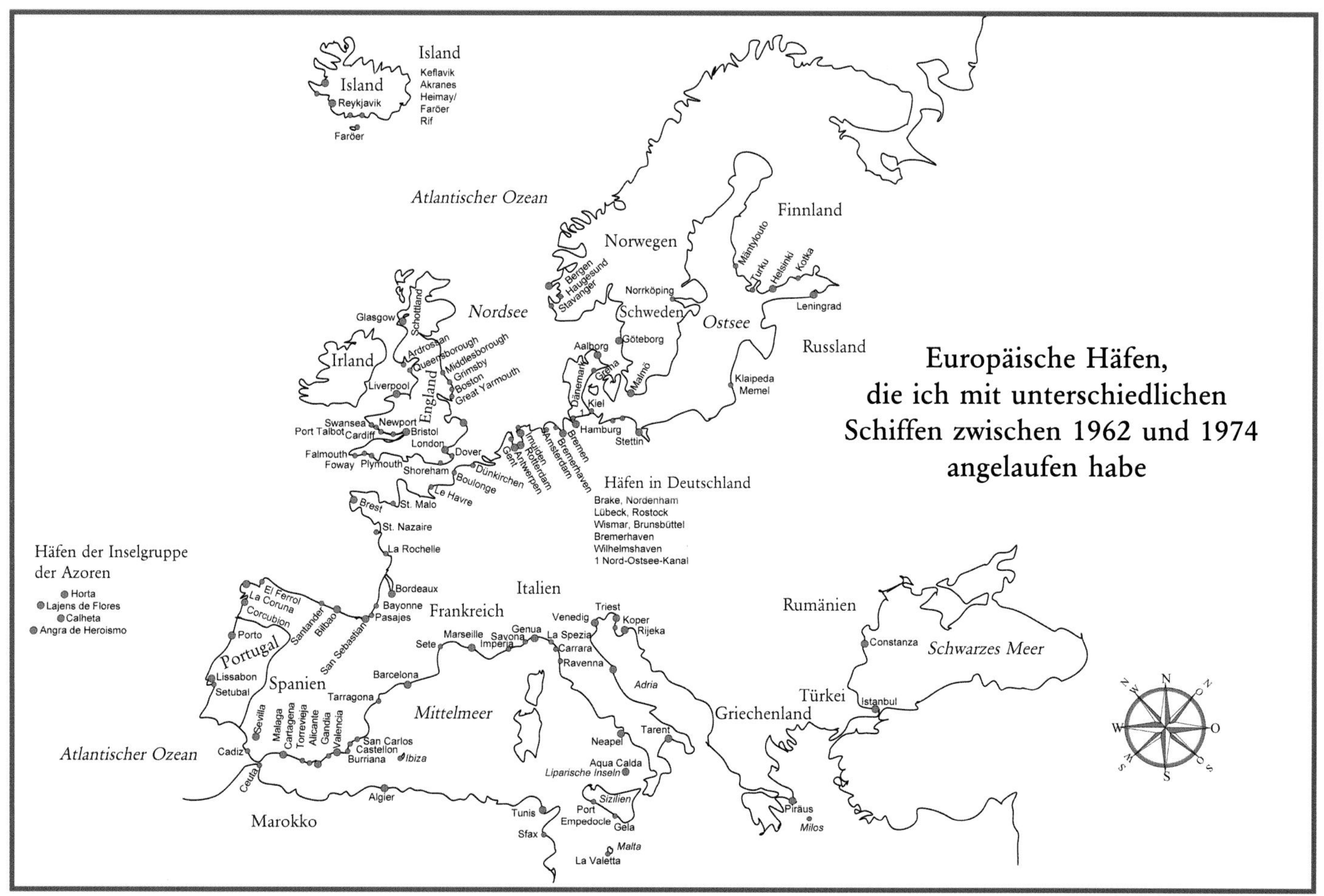

Europäische Häfen, die ich mit unterschiedlichen Schiffen zwischen 1962 und 1974 angelaufen habe

blieb uns nur der Gang in kleine Hotels auf St. Pauli übrig, um den Damen näher zu kommen.

Zwischenzeitlich waren die Spanten gerichtet und die Platten verschweißt, aber die Werftingenieure hatten bei ihren Messungen festgestellt, dass an unserem Achterschiff die Ausrichtung von Maschine, Drucklager und Schwanzwelle nicht mehr in der Flucht war. Während das Schiff im Wasser lag, mussten zahlreiche Maschinenbauteile zur Neuausrichtung des Hauptmotors von Hand eingepasst werden. Diese Arbeiten würden mindestens eine Woche Zeit in Anspruch nehmen. Wir wurden also ausgedockt und lagen an der Pier. An der Maschine und deren Ausrichtung wurde unterdessen intensiv gearbeitet.

Für uns bedeutete das etwas mehr Ruhe im Schiff und weitere Liegezeit in Hamburg. Die Folgen machten sich schon bald in unserem Geldbeutel bemerkbar... Der »Alte« tat sich allerdings schwer damit, einen Vorschuss auszuzahlen, denn schließlich hätten wir immer noch das Weite suchen können und die Reederei wäre dann ihrem Geld hinterhergelaufen. Also war trotz Landgangs eisernes Sparen angesagt. Mittlerweile blieben unsere Damen über Nacht an Bord und brachten zum Trinken so mancherlei aus ihrer Bar mit. Es ging uns also relativ gut in diesen Tagen.

Dann kam die nächste Hiobsbotschaft: Die Ausrichtung des Hauptmotors und des Getriebes mussten noch einmal komplett von vorne gemacht werden. Man sprach von einem Werftfehler. Für uns hieß das, wir brauchten Vorschuss! Zum Glück kam ein Monatswechsel dazwischen, sodass wir Grund genug hatten, einen Nachschlag zu fordern. Die lange Liegezeit war schließlich nicht unser Verschulden. In begrenzter Form hatte man Verständnis für unsere Lage und zahlte uns einen Vorschuss aus – Bedingung war unsere Zusage, dass wir selbstverständlich an Bord verbleiben.

Die Pförtner bei der Stülcken-Werft hatten mittlerweile die Anweisung erhalten, den Damenbesuch nur noch mit Vorlage einer vom Wachoffizier unterzeichneten Erlaubnis an Bord zu lassen. Der zweite Offizier war jedoch nur für die Hafenzeit an Bord, weil er sein Patent an der Hamburger Seefahrtsschule machte und Semesterferien hatte. Ihm konnte nicht viel passieren und so wurden die Erlaubnisscheine zur Verwunderung der Pförtner sehr großzügig ausgestellt. Dementsprechend war an Bord die Hölle los. Es gab Streit unter den »Dockschwalben«, Eifersuchtsszenen und alkoholische Exzesse. Eine lustige Episode aus dieser (Warte-)Zeit ist mir in Erinnerung geblieben: Unser Schmierer hatte mit einer »Dockschwalbe« einen entsprechenden Obolus vereinbart, diesen aber am folgenden Morgen nicht gezahlt. Die Dame ging wütend von Bord, aber Rache ist bekanntlich süß. Als der Schmierer Wochen später seinen guten Anzug anziehen wollte, erlebte er eine Überraschung. Die Dame hatte beide Hosenbeine des guten Anzugs abgeschnitten!

Allmählich kippte die Stimmung unter uns Seeleuten: Bloß raus auf See, zur Ruhe kommen und keinen Vorschuss mehr aufnehmen müssen, denn inzwischen hatten wir alle schon kräftig unsere Heueransprüche überzogen. Die nächsten Wochen würden wir sozusagen umsonst arbeiten. So schön die Zeit auch war, aber knapp drei Wochen im Hafen und jeden Abend an Land, das hält kein Seemann lange durch!

Die offizielle Anmusterung mit dem Stempel im Seefahrtsbuch erfolgte am 27. November. Glücklich und von vielen guten Wünschen begleitet, verließen wir einen Tag später endlich Hamburg. Die Normalität des Schiffsbetriebes kehrte rasch wieder ein, aber die Storys aus der langen Liegezeit sollten uns auch auf den nächsten Reisen begleiten. Die Abenteuer wurden immer wieder neu erzählt und mit Einzelheiten ausgeschmückt. Wir hatten zwar alle Schulden von mindestens einer Monatsheuer, aber dafür hatten wir in Hamburg tolle Tage und Nächte verlebt.

Startschuss für die Trampfahrt

Mit einem Frachter auf Trampfahrt zu sein, das bedeutet, dass man nie wusste, was das Ziel der nächsten Reise war und welche Ladung für welchen Hafen die Makler ausgesucht hatten. Die Ankunft des Agenten im Hafen wurde daher mit großer Spannung erwartet. Der Agent brachte die Post mit und teilte dem Kapitän das nächste Reiseziel sowie die Art der Ladung mit. Wie ein Lauffeuer verbreiteten sich dann diese Neuigkeiten an Bord, lösten Freude oder auch Missfallen aus. Überbringer der Nachrichten war meistens der Steward, weil er dem Agenten gleich nach seinem Eintreffen einen Kaffee oder auch einen Drink servierte. Der Steward machte dabei sehr lange Ohren.

Unser erstes Ziel war Glasgow in West-Schottland, unsere Ladung waren Stahlrohre für Stettin in Polen. Stettin galt damals unter Seeleuten als Paradies, weil hier auf dem Schwarzmarkt westliche Devisen zu einem hohen Kurs gegen Zlotys eingetauscht werden konnten. Mit dem erhaltenen »Vermögen« konnten wir im wahrsten Sinne des Wortes die Puppen tanzen lassen. Es gab nur ein Problem: Es durften keine Devisen eingeführt werden. Wir mussten unser Geld also herausschmuggeln, denn beim Verlassen des Hafengeländes wurde man regelrecht auf Devisen gefilzt.

Unsere Kammer mit der schon erwähnten TK von Grundig

Ich hatte die Idee, meine englischen Pfund mit meinem Seefahrtsbuch herauszuschmuggeln. Das Seefahrtsbuch war durch einen damals üblichen blauen Kunststoffumschlag mit der Aufschrift »Seefahrtsbuch« geschützt. Zwischen Hülle und Seefahrtsbuch klemmte ich meine Geldscheine. Das Büchlein musste zuerst auf den Schreibtisch der Beamten gelegt werden, dann begann die Durchsuchung. Weil nichts gefunden wurde, bekam ich mein Seefahrtsbuch zurück und konnte die Kontrolle mit guten Wünschen der Beamten passieren. Ich freute mich riesig über das Gelingen meiner List.

Das bekannteste Etablissement in Stettin war das »Kaskada«. Schon bald gab es die ersten Kontakte mit den dort anwesenden Damen, die wir zunächst zu einem Drink einluden. Bei der Damenwahl war äußerste Vorsicht geboten, denn Eifersucht und die Gier nach unseren Devisen waren groß, was so manchem deutschen Seemann zum Verhängnis wurde. Plötzlich konnte die Polizei kommen, weil die Dame behauptete, man habe »polnisches Schwein« oder Ähnliches gesagt. Ein solches Vergehen führte unweigerlich in den Knast und viele Seeleute haben hier Monate abgesessen.

Kollegen hatten mich vorgewarnt und ich hielt mich entsprechend zurück, bis ich glaubte, die richtige Begleiterin gefunden zu haben. Schließlich musste man eine gehörige Portion Vertrauen für das kommende Abenteuer aufbringen. Das Geld durfte ja nicht wieder zurück an Bord gelangen und so übergab ich für die Dauer der gesamten Liegezeit sechs englische Pfund vertrauensvoll an meine Herzdame. Nach einer schönen Nacht gab es ein herrliches Frühstück, frisches Bier wurde mit der Milchkanne aus der Gaststätte geholt. Ein Taxi brachte mich pünktlich zu Beginn der Spätwache um 14.00 Uhr wieder an Bord. Abgesprochen war, dass ich hier gegen 22.30 Uhr wieder abgelöst würde. So ganz sicher war das nicht, denn wer einmal an Land war, vergaß schnell Zeit, Raum und Pflichten. Voller Anspannung sehnte ich das Ende der Bordwache herbei. Aber meine Ablösung kam pünktlich, das war schon mal die halbe Miete. Erwartungsvoll passierte ich dann das Zolltor - und siehe da, ein Taxi wartete bereits auf mich und meine Auserwählte empfing mich so, als ob ich Monate weg gewesen wäre. So ging das drei Tage und Nächte, weshalb mir Stettin immer in guter Erinnerung geblieben ist.

Unsere nächste Reise führte uns zu den Kanarischen Inseln, nach Las Palmas und Santa Cruz de Teneriffe. Diese schönen Ziele waren damals sehr beliebt unter uns Seeleuten, denn schon mit wenigen Peseten konnten wir hier »Vino tinto« trinken. Kleine Leckereien wie Erdnüsse und Gebäck gab es auf kleinen Tellern gratis dazu. Von Las Palmas blieb mir die Aktion einiger skandinavischer Seeleute in Erinnerung, die in einen großen Springbrunnen vor dem Hafentor reichlich Seifenpulver geschüttet hatten. Der Wind trieb schnell große Schaumwolken durch die Gegend und die meisten Leute reagierten erheitert über diesen Streich.

Im Maschinenraum

Die Arbeit auf »MS Hugo Retzlaff« gestaltete sich im Vergleich zu meinen Vorgängerschiffen als recht angenehm. Die 10-Zylinder MAN-Maschine lief mit Marinediesel. Die anfallenden Wartungsarbeiten und der Schmutzanfall hielten sich gegenüber dem mir bekannten Schwerölbetrieb in Grenzen. Meine Arbeit machte mir zum ersten Mal richtiggehend Spaß. Die 8–12-Wache hatte ich gemeinsam mit dem I. Ingenieur übernommen, der mir immer mehr Verantwortung übertrug und mich für den Maschinenwachdienst schulte. Die Tagestanks mussten mit separiertem Marinediesel gefüllt werden, der Schmieröl-Separator wurde ständig überwacht, ebenso der laufende Hilfsdiesel. Die IVO-Öler zum Schmieren der Laufbuchsen an der Hauptmaschine durften niemals leer werden und die Luftflaschen für die Anlassluft hatten immer 30 Bar anzuzeigen. Bis hin zum Schreiben des Maschinentagebuchs gab es zahlreiche Aufgaben, die sorgfältig und verantwortungsbewusst erledigt werden mussten.

Bald sah ich meinen »Chief« nur noch bei der Wachabnahme und bei Übergabe. Die meiste Zeit verbrachte er oben auf der Brücke oder in seiner Kammer. Liefen irgendwelche Alarme auf, so kam er selbstverständlich in den Maschinenraum geeilt. Den größten Teil der

Ventile wechseln am Hauptmotor mit dem III. Ingenieur

Wache aber überließ der »Chief« vertrauensvoll mir. Das spornte mich an und machte mir Freude, vor allem wenn alles gut gelaufen war.

Mein Kumpel Lothar ging unterdessen die 4-8-Wache mit dem II. Ingenieur und so hatte jeder genügend Freiraum in unserer Zwei-Mann-Kammer. Um richtig Geld zu verdienen, törnten wir nach jeder Wache noch mindestens zwei bis vier Stunden zu. Weshalb sollten wir schlafen oder gelangweilt in der Kammer hocken, wenn es Geld zu verdienen gab? Sofern das Wetter und die See es zuließen, wurden in der Zeit des »Zutörnens« Reinigungs- und Reparaturarbeiten übernommen. Mit vorbehandeltem »Twist« (weißer Putzwolle) wurden z.B. Rückstände und Schmutz von den Schotten oder Maschinenteilen gewaschen. Auf einen weißen Voranstrich zur besseren Deckung folgte mit Hochglanzlack der Schlussanstrich. Unser »Zweiter« behielt es sich vor, diesen Lack selbst vorzubereiten: Um ein weißes Strahlen zu erzeugen, wurde 20 l weißer Farbe ein Schnapsglas mit blauer Farbe zugesetzt und gut verrührt. Zu diesem Zweck hatten wir einen Metallstab mit einer Art Schiffsschraube aus Kupferblech versehen. Der Stab wurde in die Ständerbohrmaschine gespannt und mit langsamster Drehzahl der Maschine wurde der Eimer aufgerührt.

Immer zu Blödsinn und Streichen aufgelegt, passierte dann einmal das Folgende: Der »Zweite« rührte mal wieder seine Eimer auf und zwischenzeitlich war »Smoke time«, also eine kurze Rauchpause. Er stellte seine Bohrmaschine ab und ging aus dem Store nach oben in die Messe. Flugs legten wir den Keilriemen der Bohrmaschine um auf höchste Drehzahl und erwarteten aus sicherer Entfernung den »Zweiten«. Nichts ahnend stellte der nach seiner Rückkehr die Bohrmaschine wieder an und wurde über und über mit weißer Farbe vollgespritzt. Wir lachten uns halbtot, während er fluchend aus dem Maschinenraum flüchtete. Nach diesem Erlebnis rührte der »Zweite« keine Farbeimer mehr um, das machten wir dann immer selbst.

Freund Lothar am MAN-Fahrstand

Wiedersehen mit der Familie

Inzwischen hatte ich mich mit Lothar richtig gut angefreundet, dass er wie ich aus der DDR kam, machte uns erst recht zu Verbündeten. Sein Vater wohnte in Bad Dürrenberg in Sachsen-Anhalt, also gar nicht so weit weg von Dessau, wo wiederum meine Mutter lebte. Bei der Arbeit ergänzten wir uns fast perfekt. Lothar hatte Kupferschmied gelernt und konnte sehr gut schweißen und hartlöten, während ich die Maschinen wie Drehbank und Bohrmaschine bediente. Somit konnten wir viele Reparaturen selbstständig ausführen und den anderen Kollegen das Farbewaschen oder Streichen überlassen. Vom Reinigen der Separatoren, die das Schmier- und Dieselöl von Schmutzteilchen freihielten, blieben wir ebenfalls weitgehend verschont.

Unsere Trampfahrt führte uns auch nach Wismar und Rostock. Für Lothar und für mich ganz besondere Reisestationen, denn wir traten wieder in Verbindung mit unseren Eltern und wollten uns in Rostock treffen. Beinahe sechs Jahre hatten wir uns nicht mehr gesehen. Von der Schiffsleitung bekamen wir grünes Licht und »Landgang« zugesichert. Ich hatte zwischenzeitlich erfahren, dass mein Opa mit Magenkrebs in einer Klinik in Kühlungsborn lag. Obwohl es uns Seeleuten verboten war, die Stadt Rostock zu verlassen, wollte ich unbedingt zu meinem Opa in die Klinik, denn ich hatte ihm viel zu verdanken. Mit Geld kann man bekanntlich einiges erreichen und für 50 Westmark fand ich einen verständnisvollen Taxifahrer, der mich trotz des Risikos nach Kühlungsborn und wieder zurück fuhr.

Mit einem weiteren 10-Mark-Schein umging ich im Krankenhaus die festen Besuchszeiten und konnte endlich Wiedersehen mit meinem Opa feiern. Als Präsent hatte ich eine Spieluhr aus Holland dabei, die zu Opas Entzücken die Melodie »Tulpen aus Amsterdam« spielte. Während ich von meinen Abenteuern an Bord und an Land berichtete, bestärkte er mich in der Ansicht, dass mein Weggang aus Dessau für mich die richtige Entscheidung gewesen sei. Als ich mich schon bald von ihm verabschieden musste, konnte ich nicht ahnen, dass er so schnell sterben würde. Die Nachricht von seinem Tod erreichte mich später auf See durch ein Telegramm meiner Mutter über Norddeich Radio. Ich war damals sehr niedergeschlagen und brauchte einige Zeit, um den Tod meines Opas zu überwinden.

Zurück in Rostock empfing mich ein Telegramm meiner Mutter, auch Lothars Vater hatte telegrafiert: Am nächsten Tag wollten sie mit dem Zug nach Rostock reisen, um den Tag gemeinsam mit uns zu verbringen. Am darauffolgenden Tag sollte ich auch meine Oma wiedersehen und ein wenig Zeit mit ihr verbringen. Mein Onkel Werner, der mit seiner »SS Wismar« im Hafen vor Anker lag und auf einen Liegeplatz wartete, zeigte hingegen wenig Interesse an einem Treffen. Aufgrund lang zurückliegender familiärer Streitigkeiten blieb es bei einem Telefonat über Kurzwelle.

Alltag an Bord und an Land

Von Rostock ging es nach Torrevieja im Südosten von Spanien an der Costa Blanca, wo wir Salz für die Fischindustrie in Malmö und Göteborg luden. Das hier aus dem Meer gewonnene Salz war recht grobkörnig, aber gerade deshalb besonders gut zum Salzen von Frischfisch geeignet. Das Schüttgut Salz bot in unseren Augen ein ideales Versteck zum Schmuggeln des günstig erworbenen spanischen Rotweins, den wir in Skandinavien weiterverscherbeln wollten. Das wussten allerdings auch die Zöllner in Malmö. Mit langen Stangen durchwühlten sie unsere Salzladung – und wurden zu unserem Leidwesen bald fündig, was sie zu noch mehr Arbeitseifer anspornte. Schließlich hatten die Zöllner alle »Schätze« gefunden und unser »Alter« war froh, dass sie es dabei beließen und ihn nicht mit einer hohen Geldstrafe zur Verantwortung zogen.

Im Anschluss bedienten wir einige Häfen an der Ostküste Englands und lernten bei unseren Landgängen die »Mekka-Dancing-Clubs« kennen. Das waren Discos mit Live-Musik, in denen knallharte Rockbands auftraten und wilde Tänzer unterwegs waren. Wir fühlten uns dort ungemein wohl, zumal wir immer wieder ein Fläschchen Schnaps einschmuggeln konnten, um unsere Drinks - und natürlich die der Damenwelt - trinkbar zu machen. Oft wurden diese Drinks an Bord weiterkredenzt, sodass eine bunte Kojen-Gesellschaft entstand. Wir machten uns beliebt und kamen auf diese Weise mit der Welt der Engländerinnen in Berührung.

Endlich kamen wir wieder einmal nach Deutschland. Auf der Fahrt nach Lübeck redete unser Bootsmann von nichts anderem als von seinem Appetit auf einen leckeren Räucheraal. An Land hatte er auch bald zwei Aale erstanden, kam aber an einem Bordell an der Trave nicht vorbei. Er verhandelte augenscheinlich hart: Tausche Aale gegen käufliche Liebe. Als wir uns spätnachts wieder an Bord trafen, bedauerte er den Verlust seiner Aale, die er so gerne verspeist hätte und die nun einer Dame aus dem leichten Gewerbe munden würden.

Unsere Verpflegung an Bord war durchweg gut, aber es kam natürlich immer auf den jeweiligen Koch und seine Helfer an. Der Kochsmaat war entweder Bäcker oder Schlachter, je nachdem, welche Ausbildung der Koch absolviert hatte. Auf diese Weise deckte jeder seinen erlernten Bereich ab. Der tägliche Verpflegungssatz lag damals pro Person zwischen 2,80 D-Mark und 3,20 D-Mark. Für diesen Betrag gab es oft schon zum Frühstück ein warmes Essen, auf Wunsch Eier oder eine heiße Frikadelle. Es folgten ein reelles Mittagessen und am Abend meistens Brot mit Aufschnitt und Käse. Zweimal die Woche bekamen wir sogar morgens frische Brötchen.

Auf jeden Fall musste der Koch gut wirtschaften können und allen Proviant verwerten. Der Kapitän hatte seinerseits im Interesse der Reederei ein Auge darauf, dass der vorgegebene Satz nicht überschritten wurde. Wir, die Leute aus der Maschine, äußerten uns schon mal kritisch den aufgetragenen Speisen gegenüber, denn wegen der schlechten Luft im Maschinenraum und dem permanenten Geruch des Dieselöls war der Appetit oft begrenzt. Die Matrosen dagegen, die ständig an der frischen Luft waren, hatten immer Kohldampf und ihre Kritik hielt sich in Grenzen.

Oben:
Traumhafte Stimmung auf See

Unten:
Salzladung mit »Hugo« in Sfax (Tunesien)

Und dann war da noch der sogenannte »Seemannssonntag«. Das war der Donnerstag jeder Woche. An diesem Tag gab es häufig Schweinebraten mit Rotkohl als traditionell besonders gutes Essen. Woher die Tradition des Seemannssonntags kommt, weiß man nicht genau. Eine Erklärung stützt sich auf folgende historische Begebenheit: Die Schiffsprediger des 18. Jahrhunderts, vor allem in Hamburg, nahmen ihren Dienst bei der Marine sehr ernst, kein Tag verging ohne kirchliche Andacht. Den Seeleuten war das nur recht, denn solange sie beteten, brauchten sie nicht zu arbeiten. Die

Schon einmal Mode: Glatzköpfe

körperliche Arbeit an Bord war schwer, im Hafen wie auch auf See. Doch auf Dauer störte das häufige Beten den Dienstbetrieb an Bord und so erließ der Hamburger Senat in den »Artikelsbriefen« von 1727 folgende Weisung an die Schiffsprediger: »Wenn das Schiff im Hafen lieget und das Volk frisch Wasser hohlet, auch andere Arbeit zur Rückreise verfertigen muss, alsdann soll der Gottesdienst nur am Sonntage und am Donnerstage abserviert werden!«

Unsere nächste Reise führte uns ins Adriatische Meer mit einem ersten Stopp in Venedig. Hier hatten wir die Möglichkeit, für einige Stunden durch die imposante Lagunenstadt zu streifen und ihre wichtigsten Sehenswürdigkeiten zu bestaunen. Im Anschluss liefen wir die Hafenstadt Rijeka im damaligen Jugoslawien an. Es war Wochenende und wir konnten an Land. Hier besaßen wir schon bald dicke Päckchen mit Dinar-Banknoten, denn in Titos Republik durften an Ausländer nur kleine Scheine abgegeben werden. Mit unserem umgetauschten Geld kamen wir in den Tanzlokalen prima zurecht, der Slibowitz floss in Strömen und irgendwann fanden wir uns in einer privaten Wohnung wieder. Alles war sehr geheimnisvoll, denn die Polizei schien allgegenwärtig.

Am nächsten Tag führten die Mädchen Lothar und mich in die Berge zu einer kleinen Gaststätte, wunderschön gelegen hoch über dem Meer. Unter Weinranken aßen und tranken wir hier mit den Einheimischen und fühlten uns wie Könige. Die herrliche Landschaft und der Blick aufs Meer versetzten uns in Ferienlaune. Der Abschied, von dem wir alle wussten, er würde für immer sein, fiel schwer. Wir waren schließlich als Trampfahrer unterwegs, nur selten fuhr man da denselben Hafen mehrmals an.

Im August 1964 wurde ich in Marseille umgemustert und zum »Motorenwärter« befördert. Das gab mehr Geld und wirkte sich auch auf die Bezahlung von Überstunden aus. Es hatte sich für mich also gelohnt, aktiv am Schiffsbetrieb teilzunehmen und die entsprechenden Leistungen zu erfüllen. Die Reise von Rotterdam nach Marseille aber hatte es in sich.

Orkanfahrt nach Marseille

Nachdem wir die Straße von Dover passiert hatten und am Ausgang des englischen Kanals angekommen waren, sollte sich das Wetter zusehends verschlechtern. Die See kam direkt von vorn, und während der Freiwache wurde ich in meiner Koje durch einen lauten Knall und das Geräusch von rauschendem Wasser geweckt. Als ich aus der Koje steigen wollte, schwammen bereits in Augenhöhe meine Badelatschen im Wasser. Ich sprang ins eiskalte Nass und war sofort hellwach. Hastig riss ich meine Kleider vom Haken an der Innenseite der Kammertür und öffnete diese gegen den Wasserdruck, denn im Betriebsgang stand das Seewasser natürlich genauso hoch wie in der Kammer. Ich eilte zum Aufgang und weiter in Richtung Offiziersmesse, wo sich bereits einige Besatzungsmitglieder der Freiwache versammelt hatten. Aber auch hier oben war alles durchnässt. Was war passiert?

Ein Riesenbrecher hatte unser Schiff bei einer Kursänderung von achtern überrollt und die beiden Teakholztüren, welche die Wohnräume zum Poopdeck hin abschlossen, einfach aus der Türschalung gerissen und sie den ganzen oberen Betriebsgang entlang bis zur Offiziersmesse geschleudert. Weil die Fenster der Offiziersmesse bereits mit Panzerblenden verschlossen waren, gingen wir zur Brücke hinauf, um etwas zu sehen. Niemand hatte etwas dagegen und so fand sich hier oben nach und nach die gesamte Crew ein - abgesehen von der Maschinenwache - und blickte gespannt auf das tosende Meer.

Das Schiff tauchte mit dem Steven in die See und die Brecher rasten über Deck, stiegen bis über die Lukenoberkanten und höher, jagten dem Brückenaufbau entgegen, krachten dagegen und türmten sich steil nach oben, überfluteten schließlich die Brückenfenster, um dann über die beiden Nocks zum Heck hinunterzustürzen. Wieder und wieder kamen die Wogen über Deck und nahmen sogar an Stärke noch zu. Die Maschinendrehzahl war auf »ganz langsam voraus« eingelegt. Der Regler jaulte auf und ab, während er versuchte, die geringe Drehzahl zu halten. Wir hielten das Schiff in den Wind und ritten den Orkan ab, dabei kamen wir keine Meile voran. Den Leuchtturm Alderney sollten wir zwei Tage in Sichtweite haben.

Dann wurde unsere Situation plötzlich kritisch. Mit lautem Knall drückte eine gewaltige See unsere Verschanzung an der Backbordseite auf Höhe der Brücke in Richtung mittschiffs ein. Das schützende Schanzkleid riss ab, weil die Schweißnähte an Deck durchgerostet waren. Es pendelte noch mehrmals hin und her, bevor es gänzlich weggespült wurde. Fatalerweise wurden bei diesen Pendelbewegungen die über Deck liegenden Entlüftungsrohre für die Brennstoff- und Ballasttanks an Backbordseite unterhalb des Rückschlagverschlusses ebenfalls abgerissen. Auch die an der Lukenkante befestigte Gangway wurde über Bord gespült.

Unser vordringliches Problem waren aber die nun offenen Lüftungsrohre, denn hier konnte das Seewasser eindringen und den Treibstoff unbrauchbar machen. Wir reagierten schnell und pumpten den Treibstoff in die Steuerbordtanks. Einen Teil brachten wir jedoch nicht mehr unter und den wollten wir aus Sicherheitsgründen retten. Also runter in unsere Werkstatt. Aus Hartholzstücken, die der Bootsmann in der achteren Taulast hatte, mussten konische Stopfen auf der Drehbank gedreht werden. Das war natürlich meine Aufgabe und trotz der heftigen Schiffsbewegungen gelang es mir, die benötigten Teile binnen kürzester Zeit anzufertigen.

Raues Wetter!

Dann kam die Stunde des Bootsmanns: Angeseilt mit einem Hammer und ausgerüstet mit den hölzernen Stopfen, hastete er genau in dem Moment an Deck, als das Schiff gerade zur Steuerbordseite überholte. Die Stopfen passten und mit wuchtigen Schlägen schlug er den ersten ein. Dann musste er wieder zurück und die nächste See abwarten. Als das Schiff beim nächsten Mal nach Steuerbord krängte, konnte er einen weiteren Tank mit dem nächsten Stopfen verschließen. Die Aktion konnte ein weiteres Mal wiederholt werden - und die Gefahr war gebannt!

Wir waren alle sehr erleichtert und der Bootsmann konnte stolz auf sich sein. Aber auch ich hatte meinen Teil zum Erfolg beigetragen. Der »Chief« ließ es sich nicht nehmen, die gelungene Zusammenarbeit zu loben. Denn zwischen Deck und Maschine gab es immer ein wenig Konkurrenz: Die einen wurden als »Decksaffen« beschimpft, die anderen als »Schwarze Gesellen« tituliert. Aber in dieser kritischen Aktion herrschten Eintracht und Frieden.

Der Orkan hielt noch einige Stunden an und ließ nur langsam an Heftigkeit nach. Obwohl wir jetzt aus dem Zentrum heraus waren, hatten wir noch einige Tage mit Sturm zu kämpfen, bevor die Schäden an Deck notdürftig behoben werden konnten. Auf jeden Fall mussten wir nach dem Löschen der Ladung in die Werft. Die Verschanzung musste erneuert werden, außerdem die Entlüftungsrohre. Und natürlich musste eine neue Gangway her.

Wir passierten Kap Finisterre an der Westküste von Galicien und das portugiesische Kap St. Vincent mit seinem Kloster, bevor wir die Straße von Gibraltar erreichten. Nach der Passage hatte sich die See endgültig beruhigt. Wir konnten unsere Fahrt mit normaler See-Routine fortsetzen und in Marseille zu Ende bringen.

Landgang in Lissabon

Das Schiff hatte dann eine Ladung für Lissabon, ein damals bei den Seeleuten ähnlich beliebter Hafen wie Stettin. Bei unserer Ankunft in der Tejo-Mündung hatte ich wachfrei und verbrachte die Zeit an Deck. Während der Revierfahrt auf dem Tejo fiel zunächst Belém mit seinem spätmittelalterlichen Hieronymus-Kloster besonders ins Auge. Dann folgte das »Denkmal der Entdeckungen« und wenig später an der Hafeneinfahrt der Torre de Belém, der die Glanzzeit des portugiesischen See- und Handelsimperiums versinnbildlicht. Wenig später kam die noch im Bau befindliche Hängebrücke »Ponte 25 de Abril« in Sicht, ein gewaltiges Bauwerk, das schließlich 1966 eingeweiht werden konnte. Besonders auffällig war die riesige steinerne Christus-Statue am gegenüberliegenden Flussufer.

Der Landgang durch die Altstadt von Lissabon war für uns ein besonderes Erlebnis. Im engen Labyrinth der schmalen Gassen des Stadtteils Alfama gab es gleich mehrere Bars, in denen ausschließlich Seeleute und leichte Mädchen verkehrten. Hier fand wirklich jeder Topf seinen sprichwörtlichen Deckel und kaum einer von uns wachte am nächsten Morgen an Bord auf. In der »Texas Bar« hing als Besonderheit ein ausgedientes Rettungsboot unter der Decke, darin spielte eine kleine Kapelle ununterbrochen zum Tanz auf. Mir hatte es die Bar »Atlantico« gleich um die Ecke angetan und so oft ich später nach Lissabon kam, startete ich meine Rundgänge immer von hier aus. Neben Stettin war Lissabon mein Lieblingshafen. Lieber ging ich in anderen Häfen Wache und sparte mein Geld für den Besuch dieser Stadt, die in Linienfahrt später häufig das Ziel unserer Reisen war.

Die Brücke des 21. April in Lissabon während der Bauzeit

Während der Liegezeit kostete es uns regelmäßig enorme Überwindung, zu den vorgeschriebenen Hafenwachen an Bord zu gehen. Sehnsüchtig wartete der Wachegehende an Bord auf das Erscheinen des ablösenden Kollegen - und wurde oft genug enttäuscht. Wer die erste Hafenwache hatte, war im Grunde genommen angeschmiert. Später regelten wir das unter uns, weil ja jeder seinen Lieblings-Hafen und so seine Vorlieben hatte. Auch mein Freund Lothar war ein Fan von Lissabon, was uns etliche Monate später allerdings zum Verhängnis werden sollte...

Abenteuer Ägypten

So verging die Fahrtzeit an Bord von »MS Hugo Retzlaff« fast wie im Fluge. Bald hatten wir Ladung für Alexandria in Ägypten: Eisenbahnschienen. Das spektakuläre Löschen nahm endlos viel Zeit in Anspruch. Eine Schiene wurde jeweils mit einem eigenen Geschirr aus dem Laderaum gehievt und auf zwei quer zum Schiff liegende Schienen abgelegt. Diese Schienen wiederum wurden mit einem rechts und links vorauseilenden »Schmierer«, der einen Eimer mit Schmieröl und Pinsel bei sich führte, zum Gleiten gebracht. War die Schiene herabgeglitten, so wurde sie von etwa 30 Leuten unter lautem Rufen zu einem Stapel an die Pier geschleppt und dort abgelegt.

In unserer Freizeit schlenderten wir an einem lauen Abend durch ein gepflegtes Viertel von Alexandria, als hinter einer hohen Mauer Musik erklang. Neugierig blieben wir an einem Tor stehen und blickten in einen mit bunten Lichterketten geschmückten Innenhof. Bald kam ein Einheimischer und fragte, wer wir seien und was wir hier wollten. Wir gaben uns als Deutsche zu erkennen und entgegneten, dass wir nur zufällig vorbeigekommen sind. Er bedeutete uns zu warten und kam bald zurück. Sein Chef hatte uns eingeladen, bei der Hochzeit seines Sohnes dabei zu sein. Im Innenhof hatte man schnell einen Tisch für uns bereitgestellt und bei Unmengen von süßen Kuchen und Limonade beobachteten wir das nun folgende Spektakel. Zauberer, Schwerttänzer, Feuerschlucker und Sänger führten ihr Können vor. Den Höhepunkt aber gab der Auftritt der Bauchtänzerinnen ab. Nach jedem Tanz präsentierten sie sich dem Bräutigam und dieser steckte Geldscheine in ihre Büstenhalter. Gegen Mitternacht klebte unser Mund nach Genuss der vielen süßen Sachen so sehr, dass wir nur noch zurück an Bord und zu einem kalten Bier wollten. Es war ein unvergesslicher Abend, den wir per Zufall erleben durften.

Fein gemachte Landgänger fahren von Reede aus an Land

Wie so oft in den Häfen besuchten wir auch den Seemannsclub in Alexandria. Hier war der Bremer Pfarrer Busch tätig, der uns für das kommende Wochenende eine geführte Tour per Bus nach Kairo und zu den Pyramiden anbot. Mit fünf Leuten sagten wir sofort zu, regelten die Wachen an Bord und wurden pünktlich zum vereinbarten Termin an der Pier abgeholt. Unser erstes Ziel in Kairo war das Nationalmuseum. Neben vielen anderen Kostbarkeiten konnten wir auch die Totenmaske des Tutanchamun und Fundstücke aus der Grabkammer der Cheops-Pyramide bestaunen. Im Keller des Museums lagerten unzählige Mumien, die gerade von Studenten näher untersucht und inventarisiert wurden.

Als Seemann und Tourist in Gizeh (Ägypten)

Unser Mittagessen nahmen wir auf dem Dachgarten des Hilton Hotels ein. Das Essen schmeckte vorzüglich und mit breitem Lächeln verkündete uns Seemannspastor Busch anschließend, dass wir gerade mit großem Appetit Kamelgulasch verzehrt hätten. Diese Enthüllung schockierte allerdings niemanden wirklich und so gestärkt machten wir uns auf den Weg zur Muhammed-Ali-Moschee, eine der großen Moscheen von Kairo. Am Eingang zogen wir unsere Schuhe aus und bestaunten die vielen Teppiche, die kleinen Kuppeln, das Grab von Muhammad Ali, alte Öllampen sowie die alabasterverkleideten Wände im Inneren. Von der auf einem Berg gelegenen Moschee hat man einen herrlichen Blick über die Stadt Kairo.

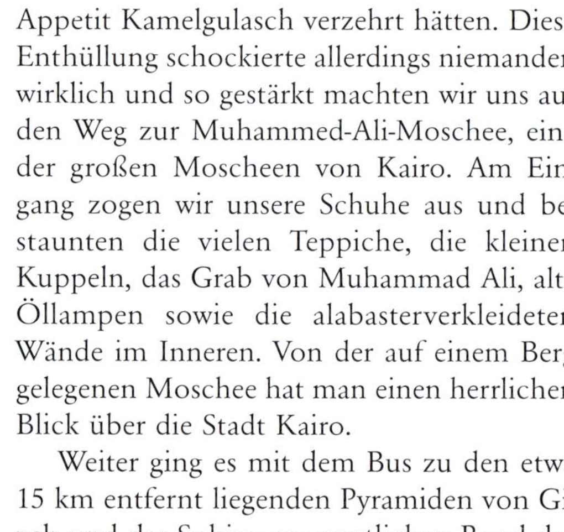

Weiter ging es mit dem Bus zu den etwa 15 km entfernt liegenden Pyramiden von Gizeh und der Sphinx am westlichen Rand des Niltals. Vom Busparkplatz aus konnte man ein Stück des Weges zu den Pyramiden auf einem Pferd oder Kamel zurückzulegen. Ich entschied mich für das Kamel, während Lothar ein Pferd vorzog. Bald bemerkte ich, dass das Tier bei jedem Schritt zusätzlich zu seinem ohnehin schaukelnden Gang ein wenig einknickte. Die Ursache hierfür war schnell entdeckt: Der Kameltreiber hatte am unteren Ende seines Bambusstockes einen Nagel angebracht, mit dem er die Kniegelenke des

Mit der Seemannsmission auf einem Ausflug von Alexandria aus nach Gizeh und Kairo

Tieres malträtierte. Er blickte zu mir hoch, hielt die Hand auf und bettelte um Bakschisch. Wegen dieser Frechheit langte ich kräftig zu und sein Turban flog ein paar Meter weiter in den Sand. Sein wütendes Geschrei hielt mich allerdings nicht davon ab, herunterzusteigen und das letzte Wegstück zu Fuß zu gehen. So gab es für den Treiber weder Lohn noch Bakschisch. Auch Lothars Pferd lahmte und ging ohne zusätzliches Bakschisch so langsam, dass wir zu Fuß schneller vorankamen.

Unsere nächste Aufgabe bestand darin, die gewaltige Cheops-Pyramide zu erklimmen, immerhin die älteste und größte der drei Pyramiden von Gizeh. Wir kletterten über die steil aufgetürmten Quadersteine schnell in die Höhe bis zu einer kleinen Plattform, die mehreren Personen Platz bot. Von hier oben eröffnete sich ein atemberaubender Panoramablick in die Wüste, zu den anderen Pyramiden und der Sphinx. Unter uns lagen halb im Sand verborgen die Reste alter Tempelanlagen und Gebäude. Nach dem sehr beschwerlichen Abstieg waren alle froh, endlich wieder am Boden zu sein. Die Große Sphinx, die seit mehr als vier Jahrtausenden aus dem Wüstensand ragt, war unser nächstes Ziel. Bis heute ist rätselhaft geblieben, zu welchem Zweck der liegende Löwe mit menschlichem Kopf eigentlich errichtet wurde. Nachdem wir auch diesen Koloss gebührend bewundert hatten, ging es zurück nach Kairo und von dort weiter nach Alexandria. Spätabends kamen wir wieder an unserer Pier an und hatten den Kollegen, die nicht mitgereist waren, viel zu erzählen. So ein Tag fernab von der Seefahrt gab uns das Gefühl, als echte Weltreisende unterwegs zu sein.

Auf einer der vorangegangenen Reisen hatten wir uns in Sevilla mit Unterstützung des Kapitäns und der Reederei mit einer kompletten Fußballausrüstung ausgestattet. Unter den Besatzungsmitgliedern gab es nämlich viele Männer, die Fußball spielen konnten und wollten. Unsere Trikots waren mit Rücksicht auf den Sponsor in den Reedereifarben gelb-blau gehalten. Während unserer Reise nach Kairo hatten wir dem Seemannspastor von unserer »Fußballabteilung« berichtet und schon am nächsten Tag vermittelte er uns ein Spiel gegen einen größeren Dampfer der Reederei »Slomann«. Wir konnten dieses erste »Auswärtsspiel« für uns entscheiden und das gab uns Auftrieb, weiterzumachen und zu versuchen, in den nächsten Häfen neue Gegner zu finden. Das sollte schon bald klappen, denn unsere nächste Reise ging nach New York.

Bootsmanöver im Hafen von Alexandria mit dem II. Offizier, dem I. Ingenieur und dem Funker

Vorher jedoch bekamen wir noch im Hafen von Alexandria Besuch: Ein Schiff der »Seereederei Rostock« war eingelaufen und wir wurden zu einem Filmabend eingeladen. Beim geselligen Zusammensein, bei dem politische Diskussionen wohlweislich vermieden wurden, stellte sich heraus, dass sie ein Problem mit ihrer Maschinenanlage hatten. Sie brauchten dringend einen Satz Kolbenringe. Unser »Chief« war großzügig und genehmigte die direkte Bruderhilfe, denn wir fuhren mit einem baugleichen MAN-Motor. Wenig später kam ein Teil der Maschinengang zu uns herüber, mit etlichen Kisten »Radeberger« im Gepäck. Das wurde eine feine Verbrüderung mit offener Diskussion und vor allem ohne den Politoffizier, der bei unseren Besuch an Bord sicher zwei Meter lange Ohren gehabt hatte.

Foto mit Seltenheitswert: Die Queen Elizabeth unter der Verrazano-Narrows Brücke in New York

Über den Atlantik nach New York

Die Reise über den Atlantik zu unserem Bestimmungshafen New York verlief ruhig, auch bei den vielen Seewachen mit der Zeitumstellung gab es keine besonderen Vorkommnisse. Es war auf diesem Schiff ohnehin ein ungeschriebenes Gesetz, dass auf See kein Alkohol getrunken werden durfte. Daran hielten sich auch eigentlich ausnahmslos alle Männer, die Seewache gingen. Im Hafen allerdings war man dafür umso großzügiger. Das Gelage begann mit einem Drink für die gute Reise und endete manchmal erst beim Auslaufen des Schiffes.

New York! Das war die Stadt meiner Träume. Schon bei unserer Ankunft zeichnete sich im Hintergrund die berühmte Skyline von Manhattan ab. Wir passierten die Verrazano-Narrows Bridge und entdeckten ganz in der Nähe die Königin der Meere, die »Queen Elizabeth«, die hier auf Reede lag. Bald darauf erschien Ellis Island, die Insel, die noch bis ins Jahr 1954 jeder Immigrant durchlaufen musste, wenn er nach Amerika einwandern wollte. Und dann hatten wir die Skyline von Manhattan klar und deutlich vor Augen. Für einen Großteil der Besatzung war das ebenso wie für mich eine echte Premierenvorstellung. Ich war völlig überwältigt. Ja, so hatte ich mir Amerika immer vorgestellt.

Kurz darauf manövrierten wir uns an einen Liegeplatz im Hafen von Brooklyn. Nachdem die Formalitäten erledigt waren und jeder einen Ausweis für den Landgang besaß, hatte ich nur einen Gedanken: so schnell wie möglich an Land. Kurz nach Mittag war es dann so weit. Also machte ich mich voller Unternehmungslust und mit einer Handvoll Dollars auf den Weg. Ich wollte mit dem Taxi nach Manhattan fahren, um das Empire State Building zu besichtigen, damals bekanntlich das höchste Gebäude der Welt. Bereits nach kurzer Fahrt stoppte mein Taxi jedoch und der Fahrer gab mir zu verstehen, dass ich aussteigen solle. Die Verständigung zwischen uns lief miserabel, weshalb ich einen Polizisten zu Hilfe rief, der gerade in der Nähe war. Der Mann hörte verständnisvoll zu und klärte mich dann darüber auf, dass die Taxis ihren Bezirk nicht verlassen durften. Er begleitete mich zum nächsten Taxenstand und so gelangte ich schließlich doch noch zum Empire State Building.

In rasender Geschwindigkeit ging es mit dem Aufzug hinauf bis zum Restaurant in der 86. Etage. Hier beförderte uns ein anderer Lift bis zur obersten Plattform in der 102. Etage. Der Ausblick über die Stadt war einfach überwältigend. Ich konnte mich nicht sattsehen und blieb wohl zwei Stunden da oben. Es war die Erfüllung meines Jugendtraumes: einmal hier oben stehen und das gewaltige Häusermeer mit eigenen Augen sehen. Langsam begann es zu dämmern, Millionen von Lichtern gingen an und verstärkten noch den märchenhaften Eindruck.

Mit diesen Bildern im Kopf glitt ich mit dem Lift wieder nach unten auf den sprichwörtlichen »Boden der Tatsachen« und fühlte mich von den riesigen Häuserwänden schier erschlagen. Mithilfe eines Stadtplans gelangte ich zum Times Square an der 42. Straße und wanderte noch ein Stück den Broadway mit seinen pulsierenden Neonreklamen hinauf, um aber bald darauf umzukehren. Noch mehr Eindrücke aus dieser fremden Glitzerwelt konnte ich nicht aufnehmen.

Auf dem Stadtplan war auch das U-Bahn-Netz von New York gut erkennbar eingetragen und aus Kostengründen wollte ich noch dieses eine Abenteuer wagen. Das Kassenpersonal im Empire State Building erklärte mir geduldig, wie ich nach Brooklyn kommen könnte. Mit der erstandenen Münze, einem Token, konnte ich die Sperre passieren und stieg in die Bahn ein, die man mir empfohlen hatte. Endlich war die richtige Haltestelle erreicht. Schnell raus aus der Bahn, den restlichen Weg zu Fuß kannte ich ja bereits. Die Kollegen an Bord staunten nicht schlecht, als ich ihnen von meinen Erlebnissen erzählte. Einige wollten daraufhin anderntags denselben Weg in die Stadt nehmen. Ich blieb dafür an Bord und ging die Hafenwache.

Im Laufe des Tages mussten wir unser Schiff an eine andere Pier verholen, unsere Liegezeit würde sich also verlängern. Der 1. Offizier nahm daher Kontakt mit der Seemannsmission auf, um ein Fußballspiel zu organisieren - mit Erfolg. Hier in Brooklyn wohnten viele Lateinamerikaner, die das Fußballspiel kannten, und sogar in der Nähe unseres Liegeplatzes gab es Fußballplätze. Schon tags darauf traten wir gegen ein Schiff des »Norddeutschen Lloyd« an und gewannen das Spiel! Unser »Alter« war mächtig stolz auf uns, er war sogar als Zuschauer mit an Land gekommen.

Heute eher undenkbar: offene Schwefelladung auf einem Frachter. Davor die Motorenwarte des »Hugo«

Von Lissabon per Bahn nach Bremen

Unsere Reise führte uns dann von New York nach Lissabon. Von dort sollte es über Algier in den Norden und weiter durch den Nord-Ostsee-Kanal bis nach Finnland gehen. Lissabon jedoch wurde Lothar und mir zum bereits angekündigten Verhängnis. Wir waren schon lange an Bord gewesen und eigentlich reif für einen Urlaub. Den bekamen wir auch, allerdings auf unfreiwillige Weise.

Lissabon war bekanntlich unser Lieblingshafen. Hier tobten wir an Land herum, zogen durch die Bars und vergnügten uns auf jede nur denkbare Art und Weise. Wir waren nie geizig und luden die Damen oft genug ein, mit uns gemeinsam zu trinken. Anscheinend ging es uns zu gut, denn als wir gemäß unserer »Zeitrechnung« wieder pünktlich an Bord wollten, war unser Schiff nicht mehr da. Wir konnten das kaum glauben, aber die Hafenpolizei bestätigte diese Tatsache. Man teilte uns mit, die Agentur habe unsere Seefahrtsbücher und sei nun für uns zuständig.

Nun gut, aber der Tag war noch nicht zu Ende und zur großen Überraschung der Damenwelt kehrten wir nach kurzem Intermezzo wieder ins Nachtleben zurück. Am nächsten Vormittag meldeten wir uns übernächtigt bei unserer Agentur, bei der wir unsere Seefahrtsbücher und ein wenig Geld über die Reederei bekamen. Außerdem sollten wir uns bei der deutschen Botschaft melden, was wir auch tun wollten. Aber bloß nicht gleich, schließlich hatten wir noch Zeit. Erst im Nord-Ostsee-Kanal sollten wir wieder zusteigen, so hatte es die Reederei ausrichten lassen. Also konnten wir noch ein bisschen Lissabon genießen...

Allerdings mussten wir ab sofort mit unserem Geld sparsamer umgehen. Mittlerweile hatten wir uns mit Rasier- und Waschzeug ausgerüstet, dazu noch mit frischer Unterwäsche und Hemden. So erschienen wir recht passabel gekleidet drei Tage später im Konsulat. Dort war man nicht gerade erfreut über unser Erscheinen, bot uns dann aber Bahnfahrkarten bis zur deutschen Grenze nach Aachen an, die wir später zurückerstatten sollten. Wir gaben fadenscheinige Gründe an, weshalb wir noch zwei Tage vor Ort bleiben müssten, eilten zur Agentur, bekamen noch einmal Geld und verlebten zwei weitere schöne Abende mit allem Drum und Dran. Es war jetzt Dezember und auch in Lissabon wurde es kälter. Unsere Damen rüsteten uns fürsorglich mit warmer Unterwäsche aus und begleiteten uns zum Abschied bis an den Bahnhof.

Ohne Umsteigen gelangten wir nach Paris, wo unsere Fahrt nach Norden erst acht Stunden später fortgesetzt werden sollte. Wir nutzten die Zeit für einen Bummel durch Paris, fuhren per Taxi zum Montmartre – und gaben fast unser ganzes Geld aus. Am nächsten Morgen reisten wir weiter bis nach Aachen. Hier endete unsere Fahrkarte, die wir vom Konsulat erhalten hatten. Die Bahnpolizei ließ uns mit der Reederei telefonieren und diese überwies das Fahrgeld nach Aachen, direkt an die Bundesbahn.

Bei Minusgraden kamen wir nachts in Bremen an. Vom Bahnhof marschierten wir direkt in Richtung Seemannsheim, als ein Polizeifahrzeug neben uns anhielt. Die Beamten wollten wissen, warum wir bei diesem Wetter nur mit leichter Kleidung unterwegs sind und hörten sich unsere Geschichte an. Freundlicherweise brachten sie uns dann mit ihrem Auto ins Seemannsheim. Dort erhielten wir vom Nachtportier zwar kein Zimmer mehr, durften es uns aber im warmen Aufenthaltsraum bequem machen.

Am nächsten Morgen war die Reederei in der Contrescarpe unser Ziel. Hier hatte der Kapitän unserer letzten Reise gerade Dienst und weil er uns gut kannte und schätzte, gelangten wir schnell wieder an Geld und konnten, was noch wichtiger war, unseren weiteren Verbleib bei der Reederei und an Bord unseres Schiffes klären. Dann kleideten wir uns neu ein, besuchten einen Friseur und gingen zurück ins Seemannsheim zum Duschen. Am Nachmittag sprachen wir geschniegelt und gebügelt wieder bei der Reederei vor. Man erkannte uns zunächst nicht wieder, behandelte uns dann aber sehr entgegenkommend. Wir sollten uns gelegentlich bei der Reederei melden und dann an den Weihnachtstagen, je nach Vorankommen unseres Schiffes, im Kanal zusteigen. Vorher stand aber unser Urlaub an und den wollten wir ausgiebig genießen.

Auf Finnland-Reise

Für ein paar Tage fuhren wir nach Hamm in Westfalen zu meiner Tante, wo uns das Telegramm zur Anreise nach Kiel-Holtenau erreichte. Hier kamen wir bei dichtem Nebel am 1. Weihnachtsfeiertag an. Der Agent schickte uns ins »Hotel Holtenau«, da mit einer schnellen Ankunft unseres Schiffes nicht zu rechnen war. Hier waren wir in Vollpension und ließen es uns gut gehen. Der Nebel hielt an und so verbrachten wir auch den 2. Weihnachtsfeiertag im Hotel. Während wir abends bei einer Tanzveranstaltung am Tresen standen, machte die Kapelle eine Durchsage, dass wir sofort an Bord erscheinen sollten, denn unser Schiff liege an der Nordpier zum Bunkern bereit.

Nach einer herzlichen Begrüßung durch unsere Kollegen ging es weiter zum »Alten«. Der war allerdings weniger gut auf uns zu sprechen und faltete uns richtig zusammen. Weil wir aber mit der Bremer Reederei alle wichtigen Fragen geklärt hatten, konnte er uns nicht ernsthaft an den Kragen. Seinem Ärger machte er trotzdem Luft. Der »Chief« überließ uns mit den Worten »Die nächsten Seewachen sind eure« gleich das Bunkern. Lothar und ich waren froh, so glimpflich davongekommen zu sein, verkniffen uns jeden Protest und freuten uns, wieder an Bord sein zu können.

Die Reise ging nach Helsinki, wo wir am Vorabend des Silvestertages ankamen. Es wurde zwar gelöscht, aber wir würden auch den Jahreswechsel hier verbringen. Aber wie? Ich hatte Hafenwache, das war schon mal klar. Die anderen gingen abends mit geschmuggeltem Schnaps an Land, luden weibliche Personen zum Drink ein und schickten sie dann für den Nachschub zu uns an Bord. Als wachhabender »Assi« sei ich der richtige Ansprechpartner. So kam es, dass unser Schiff mal wieder voller »Dockschwalben« war und eine große Sause stattfinden konnte. Kopfschüttelnd diskutierte der Kapitän am nächsten Morgen den Abzug der Damen mit dem II. Offizier. Der hatte aber nicht viel beizusteuern, denn schließlich hatte er selbst an der Party teilgenommen und die Nacht nicht alleine verbracht.

Von Helsinki ging es weiter nach Turku. Als ich nach dem Anlegen aus der Maschine kam, staunte ich nicht schlecht, »unsere Damen« erneut zu sehen. Sie waren eigens mit dem Zug angereist, um mit uns noch einige schöne Stunden bei Wein und Kerzenlicht zu verbringen. Das Jahr 1965 hatte wirklich gut begonnen! Hoffentlich bleibt es so, dachten wir.

Eine rauschende Party mit charmanter Beteiligung: Silvester 1964/1965 in Helsinki

Auf Linienfahrt für »Fresco Line«

Im Anschluss an die Finnland-Reise gingen wir für zwei Jahre in Charter für die schwedische »Fresco Line« mit dem Fahrtgebiet Mittelmeer und Ostküste der USA. Als Linienfrachter verkehrten wir regelmäßig zwischen festgelegten Häfen, nur manchmal gab es Abweichungen von der Linie.

An der Ostküste liefen wir die Häfen New York, Boston, Baltimore, Philadelphia und wieder New York an. Dann ging es über den Atlantik in das Mittelmeer. Zunächst jedoch nach Leixoes/Porto und Lissabon. Weiter führte die Linie nach Tunis, Algier und Benghazi. Es folgte La Valetta auf Malta, bevor wir schließlich Barcelona oder Marseille ansteuerten. Von dort ging es wieder nach Lissabon und Leixoes/Porto und sodann über den Atlantik an die Ostküste der USA.

Unsere Besatzung blieb unverändert und bestand aus 21 Männern. Die Schiffsführung hatte selbstverständlich der Kapitän (der »Alte«), der auch die Seewachen von 08.00 Uhr bis 12.00 Uhr und von 20.00 Uhr bis 24.00 Uhr mitging. Für den technischen Teil war der I. Ingenieur (der »Chief«) zuständig. Er ging die gleichen Wachen wie der Kapitän.

Motorenwarte beim »Zutörnen« (Überstunden machen)

Ähnlich verhielt es sich bei den Wachoffizieren und den Wachingenieuren: Der I. Offizier und der II. Ingenieur gingen die 04.00 Uhr bis 08.00 Uhr Wache und die 16.00 Uhr bis 20.00 Uhr Wache. Die sogenannte »Hundewache« von 00.00 Uhr bis 04.00 Uhr und von 12.00 Uhr bis 16.00 Uhr übernahmen der II. Offizier und der III. Ingenieur.

Für den Betrieb an Deck wurde die Schiffsführung von einem Bootsmann, vier Matrosen und einem Leichtmatrosen unterstützt. Für den technischen Schiffsbetrieb gab es einen Elektriker, drei Motorenwärter und einen Reiniger. Drei Motorenwärter gingen die entsprechenden Seewachen, während der Reiniger den Tagestörn von 08.00 bis 17.00 Uhr zusammen mit dem Elektriker ging. Für die Offiziersmesse und für die Offizierskammern war der Steward zuständig. Er bediente bei den Mahlzeiten, hielt die Offizierskammern in Ordnung und war auch für den zollfreien Einkauf während der Seereise zuständig. Der Koch und der Kochsmaat versorgten die gesamte Besatzung mit drei Mahlzeiten am Tag - und von ihren Kochkünsten hing die gesamte Stimmung an Bord ab.

Unser Kapitän war ein Mann um die fünfzig und hatte ein ausgeglichenes Wesen. Nur manchmal, wenn wir, die Besatzung, es zu toll getrieben hatten, fand er raue, ermahnende Worte.

Der I. Offizier war wie auf allen Schiffen für alle Vorgänge an Deck zuständig. Er legte gemeinsam mit dem Bootsmann die auszuführenden Arbeiten fest und der Bootsmann teilte die Matrosen ein. Ein ständiges Thema war die Notwendigkeit von Überstunden und deren Anzahl. Der Bootsmann schrieb die Stunden auf und der »Erste« musste sie abzeichnen, bevor sie an die Reederei gingen. Die gleichen Aufgaben fielen dem II. Ingenieur für den Bereich der Schiffsbetriebstechnik zu. Auf kleineren Schiffen teilte er auch die zu erledigenden Arbeiten und die Leute dafür ein.

Unser »Erster« war Ende dreißig, Familienvater und überließ die Führung der Mannschaft gerne dem Bootsmann. Der hieß Franz, war auch schon Mitte fünfzig, gebürtiger Ostpreuße und Junggeselle. Auffallend war seine eigenartige Haltung beim Sitzen: Er kreuzte die übereinandergeschlagenen Beine bei vorgebeugtem Oberkörper. Franz rauchte viel, war dem »Bierchen« sehr zugetan und ansonsten eher ein Einzelgänger.

Der II. Offizier war schon Ende fünfzig und ein eher unauffälliger Mann. Er ging seine Wachen und war recht zuverlässig. Er pflegte ein besonderes Hobby, denn er spielte Trompete. Seine Übungsstunden während der wachfreien Zeiten der Besatzung führten zu heftigen Diskussionen, der »Alte« verhängte schließlich ein Probenverbot. In den Häfen klappte das Spielen allerdings hin und wieder, meist nach Genuss von Alkohol.

Der »Chief« kam aus Sandstedt an der Unterweser und war ein guter Schiffsingenieur, von dem man viel lernen konnte. Ich ging seine Wache und wir verstanden uns gut. Der II. Ingenieur war schon kurz vor der Rente und daher froh, dass Lothar und ich an Bord waren. Wir konnten viele Dinge in der praktischen Durchführung selbst entscheiden, was uns natürlich Spaß machte. Der »Dritte«, ein junger Mann von etwa 25 Jahren, war in Ordnung und übernahm eine Vermittlerrolle zwischen dem »Chief« und uns Motorenwärtern. Die anderen Besatzungsmitglieder wechselten oft und es sind mir daher wenige in Erinnerung geblieben.

Einzig Otto, unserem Leichtmatrosen und glänzenden Fußballspieler, bin ich heute noch freundschaftlich verbunden, zumal wir nicht weit voneinander entfernt wohnen.

Fußball in New York

Ein New-York-Abenteuer habe ich noch in besonderer Erinnerung. Gleich nach unserer Ankunft wurden der Kapitän und der 1. Offizier wegen Formalitäten bezüglich der Ladung vom Agenten abgeholt, der »Zweite« blieb an Bord. Auf die gute Reise über den Atlantik hatte der sich aber ordentlich einen gebechert und als die Emigration zum Einklarieren kam, war er volltrunken. Er spielte den Beamten andauernd etwas auf seiner Trompete vor und war durch nichts davon abzuhalten. Die Beamten hatten bald die Geduld verloren, filzten verärgert unsere Wohnräume und erklärten kurzerhand alle unsere Souvenirs für illegal, weil wir diese nicht in der Zollerklärung aufgeführt hätten. Alles wurde eingesammelt und wir sollten die Sachen am nächsten Tag aus dem Hauptgebäude des Zolls in Manhattan auslösen. Und zwar in Begleitung des Kapitäns!

Stocksauer ging der »Alte« am nächsten Morgen mit uns zur U-Bahnstation und wir fuhren nach Manhattan. Zu Fuß begaben wir uns zum Hauptzollgebäude und machten gleichzeitig ein wenig Sightseeing. Wir liefen durch die Wall Street, sahen die Trinity Church und ärgerten den Kapitän immer wieder mit Zwischenstopps an den zweirädrigen Hot-Dog-Karren. Schließlich waren wir beim Zoll angelangt, wo man uns nicht ohne nachdrückliche Ermahnung alle unsere Sachen wieder aushändigte.

Auf unserer Linienfahrt konnten wir in New York außerdem regelmäßig Fußball spielen. Mittlerweile waren wir bei der Seemannsmission bekannt: Sobald wir einliefen, bekamen wir Angebote zum Kicken. Unser spektakulärster Gegner war die Mannschaft eines brasilianischen Passagierdampfers. Wir ahnten nichts Gutes, aber die Seemannsmission ließ nicht locker und die Brasilianer wollten unbedingt gegen uns spielen. Bereits als wir auf dem Platz eintrafen und die Größe unseres Schiffes und der Besatzung (21 Mann!) kundgetan hatten, spiegelte sich Mitleid auf den Gesichtern unserer Gegner. Sie kamen mit eigenem Trainer, Masseur und anderen Begleitern. Wir gaben unser Bestes, bekamen den Ball aber nur, wenn die Brasilianer das zuließen.

Trotzdem: Unser Torwart Jürgen hielt wie ein Teufel und selbst die Brasilianer ließen ihn hochleben. Das zweistellige Spielergebnis war am Ende nur Nebensache, allein die freundschaftliche Begegnung zählte. Das Fußballspielen schlug kommunikative Brücken zwischen den Seeleuten. Meistens trafen wir uns nach dem Spiel noch an Bord und erfuhren so, wie es bei anderen Reedereien zuging.

Essen für Leib und Seele

Außer dem Fahrtgebiet spielte die Verpflegung an Bord eine große Rolle. Da gab es endlose Diskussionen und viel schlechte Stimmung. Wenn aber der Koch oder seine Helfershelfer zu tief ins Glas geguckt hatten, verschlechterte sich zwangsläufig auch die Qualität der zubereiteten Gerichte. Als wir an einem warmen Tag in New York auf Reede lagen, hatte der Koch eine diffuse Masse aus Mehl hergestellt und wollte uns diese als Klöße verkaufen. Wir sammelten diese »Kanonenkugeln« sorgfältig ein, um ein Exempel zu statuieren: Da wir alle ein Bad auf Reede nahmen, ließ sich auch der Koch ins Wasser locken. Kaum machte der seine ersten Schwimmzüge, waren wir alle wieder aus dem Wasser und zogen die Gangway nach oben. Auf den im Wasser schwimmenden Koch ging ein Trommelfeuer aus Klößen nieder. Schon bald war er völlig erschöpft und versprach, zukünftig weniger trinken zu wollen. Tatsächlich verbesserte sich unsere Verpflegung von da an, wir fühlten uns daher in unserer drastischen Erziehungsmaßnahme bestätigt.

In den USA lernten wir auch zum ersten Mal neue Produkte wie »Joghurt« und »Juice« aus der Dose kennen. Den Saft gab es in vielen Geschmacksrichtungen, außerdem konnte man ihn sehr gut mit Schnaps mixen, was für uns eine gängige Methode war, um preiswert Sprit zu konsumieren. Der Schiffshändler verkaufte eine Unmenge dieser bis dahin unbekannten Köstlichkeiten an uns. Andere Verkaufsschlager waren Jeans und blaue Hemden, wie sie angeblich die Cowboys trugen. Eine Jeans kostete damals rund vier Dollar, ein Hemd weniger als die Hälfte. In Deutschland fielen wir mit unseren rustikalen Jeanshosen und -hemden richtiggehend auf, genau wie im übrigen Europa. Der Siegeszug der Jeans stand hier erst noch bevor. Wir Seefahrer waren mit die Ersten, die diese Kleidungsstücke zu schätzen wussten. Tatsächlich trugen wir die Jeans erst dann als Arbeitswäsche, wenn sie schon verschlissen waren. Ansonsten gingen wir nur zu gerne damit an Land.

Hähnchen in Dosen

Während der Charter für die »Fresco Line« hatten wir hin und wieder besonders interessante Ladung zu befördern. So fuhren wir zum Beispiel von den USA Spenden und Neubekleidung nach Nordafrika, und zwar mit Tunis, Algier und Benghazi als Zielhäfen. Container gab es damals noch nicht, die Kleidungsstücke waren stattdessen in große Pappkartons eingepackt. Respektlos nahmen die Schauerleute in Europa und Nordafrika ihre Stauhaken zur Hand, rissen damit die Pappkartons auf und prüften den Inhalt. Was man gebrauchen konnte, wurde mitgenommen, darunter Socken, Unterwäsche, Marinehosen und vieles mehr. An den Resten aus den aufgerissenen Kartons bedienten sich natürlich auch unsere Matrosen, wovon wiederum die Kollegen aus der Maschinengang profitierten. Mit Socken und Unterwäsche waren wir alle für viele Monate im Voraus versorgt...

Einmal hatten wir es jedoch übertrieben. Ein Karton enthielt Jacken aus Mohair in allen Größen, aber unglücklicherweise alle in derselben Farbe. Beim nächsten Landgang in Leixoes/Porto fiel dem I. Offizier dann auf, dass alle Landgänger mit der gleichen Jacke loszogen. Es gab strenge Ermahnungen, aber wir waren uns keiner Schuld bewusst, schließlich waren es die Schauerleute, die den Karton geplündert hatten, während wir nur die herumliegenden Teile eingesammelt hatten.

Ein anderes Mal hatten wir Konserven und Kindernahrung von der amerikanischen Firma »Heinz« an Bord. Sogar Hähnchen in Dosen waren dabei. War das bordeigene Essen wieder einmal schlecht, so wurde der Elektrokocher in der Wäscherei in Betrieb genommen, um den Doseninhalt aufzuwärmen. Dazu gab es Aprikosensaft für Babys. Hunger mussten wir in dieser Zeit also nicht leiden und so manche lange Nachtwache konnten wir mit einem Zusatzessen »versüßen«. Außerdem waren wir unserem Koch gegenüber etwas weniger kritisch eingestellt, denn zur Not hatten wir ja noch Reserven.

In umgekehrter Richtung transportierten wir Wein- und Sherry-Fässer aus Portugal sowie Kartons mit Ölsardinen an die Ostküste der USA. Die amerikanischen Schauerleute waren auch nicht anders als ihre Kollegen in Europa und Nordafrika: Rasch wurde der Stauhaken in das hölzerne Sherry-Fass gestemmt, dann ein Pappbecher unter die Öffnung gehalten. Oft genug wurde das Loch nicht einmal verschlossen, sodass der Inhalt in die Bilge floss. Meistens jedoch steckten die Schauerleute einen Holzspan in das Loch. Von innen muss das Fass wie ein Igel ausgesehen haben.

Lange Gesichter gab es hingegen, als wir einmal Schuhe von Portugal ausfuhren. Aus dem rauen Umgang mit der Ladung hatten die Verlader gelernt. Wir zum Beispiel fuhren nur rechte Schuhe, sodass sich ein Diebstahl nicht lohnte. Ein anderes Schiff fuhr die linken Schuhe und erst nach Ankunft wurden die Paare zusammengeführt. Aus diesen Beispielen wird leicht ersichtlich, wie segensreich die Einführung des Metallcontainers für die Handelsschifffahrt gewesen ist.

Zurück nach Bremen

Während der Fahrtzeit an Bord war es für viele von uns üblich, einen sogenannten »Ziehschein« nach Hause zu schicken. Ein »Ziehschein« war wie Bargeld, mit ihm konnte Geld »eingezogen« werden. Das war nichts anderes als eine Abschlagszahlung auf die Heuer des Seemanns, die von der Reederei auf Verlangen eines Besatzungsmitglieds an Familienangehörige (oder andere von ihm benannte Personen) geleistet wurde. Für die Verheirateten unter uns wurde das Geld natürlich von der Ehefrau oder Lebensgefährtin verwaltet und nur ein kleiner Teil blieb an Bord verfügbar. Das »Modell Ziehschein« hatte ich auch für mein Junggesellenleben übernommen und ein Konto bei der Sparkasse in Bremen eingerichtet. So hatte ich immer genug Geld, wenn ich an Land in Urlaub war. Später sparte ich es für Ausbildungszwecke, nämlich für den Besuch der Schiffsingenieurschule.

Als wir das erste Mal nach unserem »Achteraussegeln« wieder nach Lissabon kamen, luden wir unsere einstigen »Sponsorinnen« zu einem Festmenü ein, verhielten uns aber ansonsten zurückhaltend. Es schien so, als sei mit uns eine Veränderung vorgegangen. Schon bei der nächsten Reise war unsere Vorsicht jedoch dahin, wie eh und je tobten wir wieder durch das Altstadtviertel von Lissabon. Im August 1965, nach insgesamt zwei Jahren Fahrzeit auf der »Hugo Retzlaff«, waren wir jedoch erschöpft und wollten mal wieder Urlaub in Bremen machen. Ordnungsgemäß kündigten Lothar und ich, musterten in Marseille ab, fuhren mit dem Zug nach Hause und mieteten uns im Seemannsheim ein.

Schon während der letzten Reisen hatten wir uns ausgemalt, wie es sein würde, wenn wir wieder ein eigenes Zuhause hätten. Immer wenn Zeit zum Reden war, haben wir gemeinsam überlegt, wie wir das alles auf die Reihe bekommen wollten. Und nachdem der erste Landhunger gestillt war, gingen wir das Thema beherzt an. Über den Anzeigenteil im »Weser-Kurier« fanden wir das Angebot für eine Zweiraumwohnung im Dachgeschoss. Ein Besichtigungstermin wurde vereinbart und gut gestylt und nüchtern fuhren wir zum Hulsberg in die Östliche Vorstadt. Hier wohnten wir noch nahe am Zentrum, außerdem war das Viertel per Bus und Bahn gut zu erreichen.

Der Springbrunnen im Hafen von Las Palmas wurde oft mit Seifenpulver zum schäumen gebracht

Die Vermieter, ein Ehepaar mit zwei Kindern, hatten schon Erfahrung mit der Seefahrt, unsere Vormieter waren zwei Studenten der Seefahrtsschule gewesen. Die Miete war erschwinglich, denn der Vermieter rechnete mit ein, dass wir die meiste Zeit auf See sein würden. Küchen- und Badbenutzung waren weniger optimal, aber da wir morgens ohnehin die Letzten waren, klappte auch das. Der Vermieter ging zur Arbeit, die Kinder waren in der Schule und so nahm sich unsere Vermieterin immer die Zeit Kaffee zu kochen, um dann mit uns zu schwatzen und unseren Geschichten zu lauschen. Außerdem gab es am Hauptbahnhof eine öffentliche Badeanstalt. Das machte uns doch ein wenig unabhängig von der Vermieter-Familie und so zogen wir oft mit unseren Reisetaschen, in denen sich frische Wäsche und Handtücher befanden, in Richtung Bahnhof.

Unterwegs mit dem Bergungsschlepper »Atlantic«

Auf Station in La Coruña und Brest

An Bord der BMS »Atlantic«

Nach längerem Landurlaub als uns eigentlich zustand, wollten mein guter Freund Lothar und ich wieder zur See zu fahren und Geld verdienen. Auf unseren Reisen hatten wir schon viele Geschichten von Bergungsschleppern und ihren Abenteuern auf See gehört. Viel Geld konnte man dort verdienen, wenn aufgegebene Schiffe auf den Haken genommen und in einen Hafen geschleppt wurden. Die Versicherung konnte so den Totalschaden abwenden und zahlte entsprechende Prämien an die Schlepper-Reederei. Diese teilte dann die Prämie nach einem Schlüssel auf und zahlte sie an den Kapitän und die Besatzung aus. Das hörte sich interessant an!

Die zuständige Reederei in Deutschland war die »Bugsier-, Reederei- und Bergungs-AG« Schuchmann aus Hamburg. Sie verfügte über eine große Anzahl Hafenschlepper, kleinere Frachter in der England-Fahrt, größere Frachter und eben die legendären Hochseeschlepper. Kurz entschlossen fuhren Lothar und ich nach Hamburg und marschierten direkt zum Büro der Reederei Am Baumwall, Nähe St.-Pauli-Landungsbrücken.

Nachdem wir unser Vorhaben vorgetragen hatten, wurden wir an den Inspektor für die Bergungsschlepper verwiesen. Nach längerem Gespräch machte er uns das Angebot, dass wir beide als Ingenieurassistenten auf der BMS »Atlantic« einsteigen könnten. Voraussetzung sei aber die formale Anmeldung zum Besuch der Schiffsingenieurschule in Hamburg. Mit dieser Anmeldung könnten wir für die »Bugsier-, Reederei- und Bergungs-AG« angemustert werden. Wir sagten zu und nachdem er in der Ingenieurschule angerufen hatte und das Interesse der Reederei an uns dargelegt hatte, machten wir uns auf den Weg dorthin. Wir schrieben uns für den Studiengang »Schiffsbetriebstechnik« ein und erhielten die entsprechende Bescheinigung. Wieder bei der »Bugsier«, wie die Kurzform der Reederei lautete, erhielten wir die Bahnfahrkarten nach Antwerpen. Abfahrt noch am selben Tag, kurz vor Mitternacht ab Bremen. Die »Atlantic« sollte bereits am Mittag in Antwerpen einlaufen.

Nach einer weiteren kurzen Einweisung durch den Inspektor fuhren wir zurück nach Bremen und packten zügig unsere Sachen für die Reise zusammen. Wir nahmen noch schnell im »Felsenkeller« Abschied von Freunden und machten uns dann auf den Weg zum Bahnhof. Über Brüssel ging es nach Antwerpen, wo wir am Morgen eintrafen. Der Schlepper kam erst gegen 22.00 Uhr an und wir mussten viel Zeit mit Warten verbringen. Endlich kam die »Atlantic«: Der Rumpf war schwarz gestrichen, die vorderen Aufbauten in weiß gehalten. Besonders auffällig war der große Schriftzug »Atlantic« auf den vorderen Aufbauten zwischen den Bullaugen der Wohnräume und den Messen. Es gab insgesamt drei Messen, eine für die Deckbesatzung, eine für die Maschinenbesatzung und die Offiziersmesse.

Im hinteren Teil des Schleppers, im Anschluss an das Maschinen-Skylight, war die Schleppwinde untergebracht. Dieser Raum war wie das Arbeitsdeck braun gestrichen. Die Maschinenanlage bestand aus zwei 8-Zylinder-Deutz-Reihenmotoren vom Typ RBV 358. Jeder dieser Viertaktmotoren leistete bei 275 Umdrehungen 2500 PS. Mit ihren 5000 PS war die »Atlantic« 1965 der zweitgrößte Bergungsschlepper der Welt. Die »Pacific«, ebenfalls ein Schlepper von der Bugsier, war mit 8000 PS zu der Zeit der größte Bergungsschlepper. Im Konkurrenzkampf mit den holländischen Schlepperfirmen lagen wir also klar vorn.

Die beiden Maschinen wurden vom Maschinenraum aus über Maschinentelegrafen gefahren, was für uns häufige Manöverwachen, auch nach unserer eigentlichen Wache, bedeutete. Unsere Vorgänger wiesen uns ein, sodass wir gleich die erste Nachtwache gehen konnten. Sie fuhren dann nach Hause, während die anderen Besatzungsmitglieder an Land gingen und das Nachtleben genossen. Am Vormittag übernahmen wir noch Ausrüstung, die aus Deutschland gekommen war. Für den Maschinenbetrieb waren Ersatz- und Verschleißteile sowie Werkzeug dabei. Alles wurde wetterfest verstaut. Nachmittags liefen wir dann aus und lernten den Maschinenbetrieb der Doppelmotorenanlage dieses Schleppers kennen.

Unser Ziel war La Coruña in Nordspanien an der Biscaya, wo wir nach zwei Seetagen ankamen. Dort war die feste Station für die Bergungsschlepper von der »Bugsier«, um von hier aus schnell in das Operationsgebiet der Biscaya zu kommen. Die hohen Felsen entlang der Küste verlangen ein schnelles Eingreifen bei der Havarie eines Schiffes, andernfalls droht der Totalverlust des Havaristen. Der Versicherer »Lloyd's« in London beteiligte sich anteilig an den Kosten für die Stationierung in La Coruña.

Während der ersten Seetage arbeiteten wir uns ein und lernten die Besatzung und die neuen Begriffe aus der Welt der Hochseeschlepper

Steckbrief BMS »Atlantic«

- **Baujahr:** 1959, Schichau Werft, Bremerhaven, Baunummer 1695, 768 BRT, 62 m lang, 10,25 m breit, 4,35 m Tiefgang, Schlepptrosse: 1000 m, 6½ Zoll Durchmesser
- **Maschine:** 2 x 2500 PS Deutz, RBV 8 M 366, 4-Takt, 8-Zylinder-Reihenmotoren
- **Fahrtgebiet:** Nordatlantik, Biskaya, Nordeuropa
- **Reeder:** Bugsier-, Reederei- und Bergungs-AG, Hamburg
- **Dienstzeit:** November 1965 bis April 1966 als Ingenieurassistent
- **Besatzung:** 17 Mann

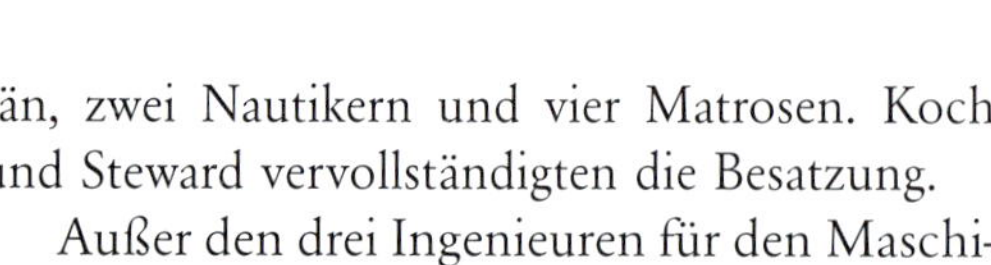

Der Bergungsschlepper »Atlantic« in seiner ganzen Schönheit

kennen. Auf der »Atlantic« gab es als Besonderheit zwei Funker, die ständig an ihren Geräten saßen und den Funkverkehr, vor allem auf den Notfrequenzen, abhörten. Nach Rücksprache mit dem »Alten«, unserem Kapitän, lösten sie dann Alarm aus. Zur Besatzung gehörte auch ein Taucher mit einer kompletten Ausrüstung für das Helmtauchen. Im Normalfall arbeitete er als Matrose. Die Deckscrew bestand aus dem Kapitän, zwei Nautikern und vier Matrosen. Koch und Steward vervollständigten die Besatzung.

Auf Station, an der Pier in La Coruña, 1965

Außer den drei Ingenieuren für den Maschinendienst gab es noch drei Maschinenassistenten und einen Elektroassistenten. Der »E-Assi« und ich gingen die Wache mit dem »Chief«, unserem Chefingenieur, der sich aber bei Normalbetrieb nicht allzu oft im Maschinenraum sehen ließ. Er kam zu den Wachablösungen, holte sich das Maschinentagebuch und verschwand damit zur Bearbeitung in seiner Kammer. Zur Hälfte der Wache brachte er das Tagebuch für unsere aktuellen Eintragungen zurück und prüfte diese später bei der Wachübergabe.

Mein Freund Lothar ging die Wache mit dem II. Ingenieur. Wir teilten uns, wie schon bei früheren Arbeitseinsätzen auf See, eine Kammer. Diese lag unter Deck und hatte zwei Bullaugen. Waren wir am »Job«, so wurde der aktuelle Einsatz genannt. Daraufhin änderten sich die Wacheinteilungen drastisch, wie im Folgenden noch beschrieben wird.

Stationierung in La Coruña

Zunächst einmal kamen wir in La Coruña an, wo die »Atlantic« einen Stammplatz im Hafen an der Pier hatte. Hier stand auch eine Bank und es gab sogar eine Tischtennisplatte. Hatte man Hafenwache, so konnte hier ein wenig Ablenkung gefunden werden.

Für die Wachen im Hafen und für den Landgang gab es auf dem Schlepper besondere Regeln. Um immer schnell einsatzfähig zu sein, durfte nur die Hälfte der Besatzung an Land gehen. Es gab viele Einsätze, bei denen wir auch mit der Hälfte der an Bord verbliebenen Besatzung zum Job auf See gefahren sind. Und zwar immer dann, wenn bis zu dem Havaristen nur eine kurze Entfernung zurückzulegen war. In solchen Fällen war absolute Eile geboten, um überhaupt eine Chance auf Erfolg zu haben und schneller als die Konkurrenz zu sein.

Alle Besatzungsmitglieder, die an Land gingen, hatten sich in das sogenannte »Landgangsbuch« einzutragen, wenn möglich mit Telefonnummer. Bei Alarm versuchten dann die Funker

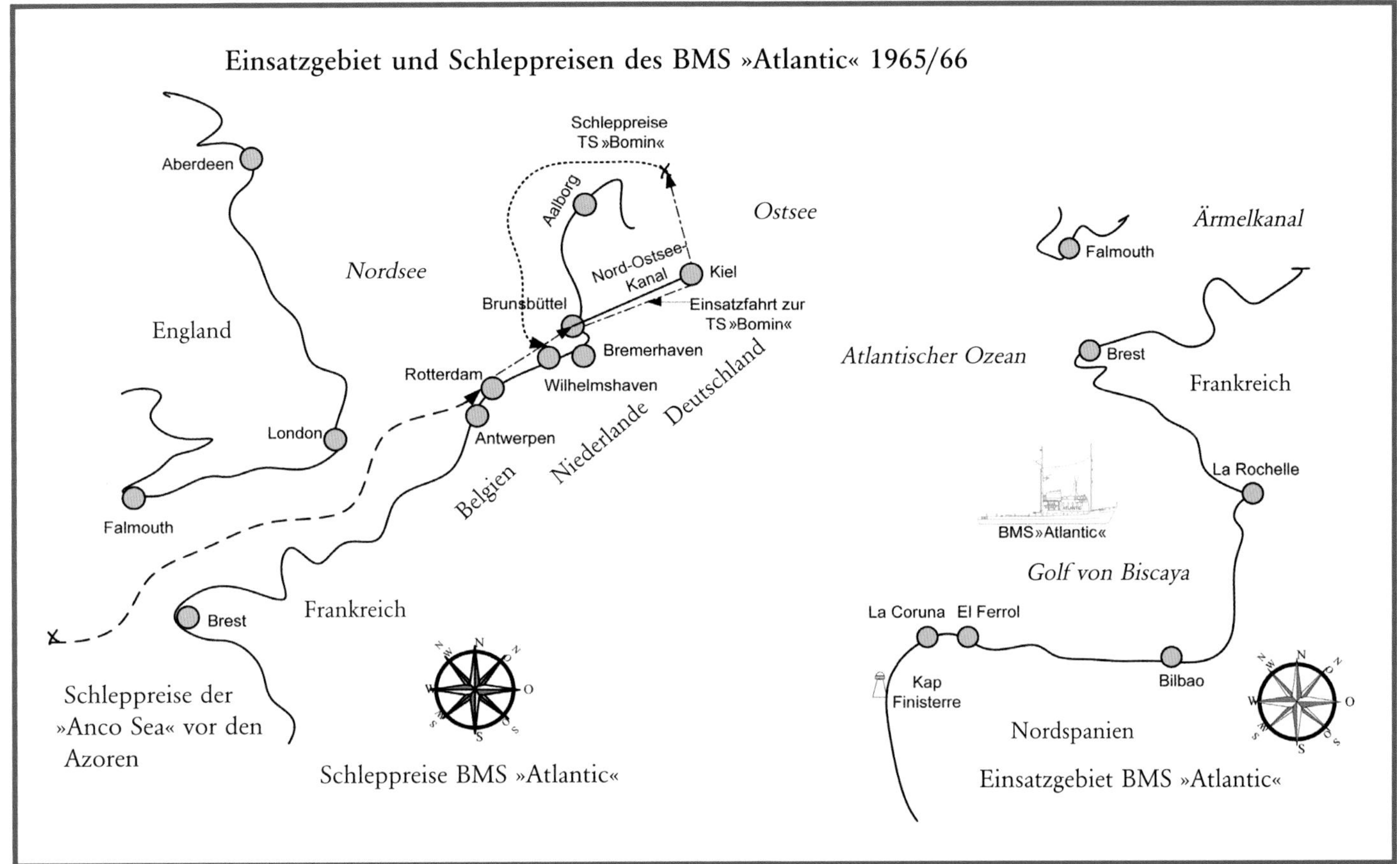

die Leute telefonisch zu erreichen. Hatte die »Atlantic« Alarm, so sprach sich das wie ein Lauffeuer am Hafen und in der Altstadt herum: »Atlantico Alarmo!« Überall wo wir uns aufhielten, wurden wir sofort informiert, selbst im Kino. War es knapp, sprangen wir auch ohne zu zahlen aus dem Taxi und eilten an unsere Position zum Ablegen. Bei unserer Rückkehr stand garantiert der Taxifahrer an der Pier und verlangte sein Geld – was er auch immer bekam.

Kehrten wir von einem Job zurück, so wurden wir regelmäßig von Radio La Coruña angekündigt. Unser Kapitän war auch mehrfach im Sender und wurde über unsere Arbeit interviewt. Der Schlepper und seine Besatzung waren in La Coruña bekannt und wir genossen dort Anerkennung und Sympathie. Das galt übrigens für alle »Schuchmann-Schlepper«, die jemals in La Coruña waren. Denn war ein Schlepper längere Zeit mit einer Schleppreise unterwegs, dann wurde die Station sofort mit einem anderen Schlepper unserer Reederei besetzt. Man wollte ja die Biscaya unter Kontrolle behalten, da es hier häufig zu Havarien kam.

Die holländische Konkurrenz setzte mit einem anderen Konzept dagegen: Mit zwei Schleppern wechselten sie sich ständig auf Positionsfahrt in der Biscaya ab. Während ein Schlepper draußen war, lag der zweite auf Abruf (»Standby«) im Hafen. Kam ein Notruf, ging die Jagd los und jeder versuchte so schnell wie möglich den Havaristen zu erreichen, um seine Hilfe anzubieten. Bilaterale Regelungen zwischen Schlepper und Havaristen gab es keine, da immer die Versicherung das letzte Wort hatte. Einmal wurde der Kapitän eines Havaristen sogar direkt aus London angewiesen, unsere Hilfe in Anspruch zu nehmen, obwohl dieser den Job an den holländischen Schlepper »Utrecht« geben wollte. Waren die Würfel für den Job gefallen, so zog sich der unterlegene Schlepper zurück. Ging es jedoch um die Rettung von Menschenleben, dann wurde mit aller Kraft kollegial zusammengearbeitet.

Oben:
Erinnerungsfoto am Fahrstand der »Atlantic«

Unten:
Die Motoren von Deutz, 2x 2500 PS

Das Landgangsbuch enthielt also eine Menge an Informationen darüber, wo sich die einzelnen Besatzungsmitglieder beim Landgang aufhielten oder aufhalten wollten. Dabei handelte es sich teilweise um sehr vertrauliche Daten. Das führte dazu, dass unser Landgangsbuch von allen wie ein Augapfel gehütet wurde. Kamen zum Beispiel Frauen der Besatzungsmitglieder an Bord, wurde das Buch sogar beim Kapitän im Tresor hinterlegt. Die Einträge gaben zu manchen köstlichen Lästereien Anlass, da es sich oft um einen Besuch bei Hafenmädchen handelte. Hinzugefügte Kommentare veredelten die Angaben zu kleinen Meisterwerken. Häufig erschien der Name »Feuervogel«, mit dem eine der Damen ausgezeichnet war, die gerne alle Besatzungsmitglieder kennenlernen wollte. Alles streng vertraulich, versteht sich!

Meistens jedoch waren die Namen der einschlägigen Kneipen in der Altstadt verzeichnet, in denen wir uns aufhalten wollten. Hier erreichte uns jeder Alarm, egal in welcher Kneipe wir uns gerade aufhielten. Die Benachrichtigungen gehörten zum Service des Hauses und seiner Angestellten. Die Wichtigkeit und Wertigkeit war allen klar und es gab niemals Probleme, rechtzeitig an Bord zu kommen.

Die Wachgänger an Deck und in der Maschine gingen im Hafen zwölf Stunden Wache, um den anderen Kollegen Zeit für einen Landgang zu geben. An Bord war sogar ein Geschäftsfahrrad vorhanden, ein Rad mit einem fest angebauten großen Korb über dem Vorderrad. Es war Pflicht, dass die Wachgänger abwechselnd morgens zum Schluss ihrer Wache an Land zum Bäcker radelten. Dort holten sie frische Brötchen und auch mehrere Flaschen Milch für die Besatzung. Für ein gutes Frühstück war im Hafen also gesorgt.

»Atlantico Alarmo!«

Nach einigen Tagen Liegezeit auf Station in La Coruña wurde es ernst. Der erste Alarm und die erste Jobfahrt. 15 Minuten nach Auslösung des Alarms rauschten wir aus der Hafenausfahrt und strebten mit voller Kraft dem Havaristen entgegen. Die Maschinen waren immer vorgewärmt, weil das warme Kühlwasser des Generatordiesels die Maschinen durchströmte. So konnten wir die Motoren schnell auf Volllast laufen lassen. Leider waren unsere Bemühungen beim ersten Job vergeblich und so kehrten wir unverrichteter Dinge in unseren Hafen zurück. Begleitet wurden wir bei jeder Ausfahrt und jeder Heimkehr vom Leuchtturm »Torre de Hércules«. Tagsüber war er wegen seiner Höhe nicht zu übersehen und nachts leuchtete sein Feuer, sodass wir wussten, bald sind wir zurück im Hafen. Der Unterbau des Turms stammt noch aus der Römerzeit, während der quadratische neuere Teil 1792 errichtet wurde. Der Leuchtturm steht auf einem 58 m hohen Felsen und von dort oben hat man eine fantastische Rundsicht.

Den ersten Schiffsuntergang erlebte ich dann wenige Tage später. Ein marokkanisches Fruchtschiff, die »Banora«, versank in der Biscaya, nachdem die Besatzung zuvor geborgen worden war. Wir hatten mehrfach eine Schleppverbindung hergestellt, die aber immer wieder unterbrochen wurde. Außerdem verschlechterte sich das Wetter und machte weitere Versuche unmöglich.

Dem Kampf eines Schiffes bis zu seinem endgültigen Untergang beizuwohnen, das ist nur schwer zu ertragen. Bei den vielen Untergängen, die ich erlebt habe, stellte sich immer das gleiche Gefühl der Hilflosigkeit ein, wenn das Unvermeidliche nicht aufzuhalten war. Hat die See einmal ein Schiff erfasst, ist es fast unmöglich, es noch zu retten. Selbst mit unseren starken Maschinen, der Schlepptrosse, den vielen Pumpen und anderen technischen Hilfsmitteln blieb es eine fast unlösbare Aufgabe. Aber dieses »fast« lohnte den Versuch. Meistens gewann die See. Sie holte sich das Schiff und wir retteten die Besatzungen. Für uns war es ein schönes Gefühl, in die dankbaren, erschöpften Gesichter der Geretteten zu schauen. Trotzdem wollten wir natürlich auch den Erfolg, ein Schiff zu bergen.

Am Job hatte sich, wie eingangs schon berichtet, die Wacheinteilung verändert. Aufgrund der harten Arbeit an Deck wurden zusätzliche Hände benötigt, um die Chance auf einen Erfolg zu erhöhen. Dafür hatte man Lothar und mich ausgesucht. Wir sollten auf dem Arbeitsdeck mit anfassen, wenn es darum ging, die Vorleine, den Recker und den Anfang der Schlepptrosse auszubringen. Das war harte Arbeit. Oftmals standen wir bis zur Brust im kalten Wasser der Biscaya oder des Atlantiks, um eine Schleppverbindung herzustellen. Wenn die Brecher über das Arbeitsdeck rauschten, mussten wir uns an den Schleppbügeln festhalten, um nicht über Bord gerissen zu werden. Schon kniehohes Wasser brachte uns aus dem Gleichgewicht, wenn der Schlepper überholte oder von achtern überrollt wurde. Eine gefährliche Arbeit, bei der äußerste Konzentration notwendig war. Eine Hand für dich und die andere Hand für das Schiff, so hieß das damals. Genau wie bei den Segelschiffen.

Nach den ersten Einsätzen hatten wir uns bewährt und die Deckscrew wollte auf keinen Fall mehr auf uns verzichten. Wir waren jung und die Anerkennung machte uns stolz. Zudem waren wir immer dicht beim Geschehen und ich konnte, wann immer es möglich war, fotografieren. Meine Kamera hatte ich im Schleppwindenraum an einem Haken hängen, bei Bedarf konnte ich sie schnell herausholen.

Oben:
Der Untergang des marokkanischen Frachters »Banora« vor Cap Sisarga, 20. November 1965

Unten:
Die »Nunzia«, ein heruntergekommener griechischer Frachter, wurde zweimal von uns aus Seenot befreit

Auch die anderen Besatzungsmitglieder wurden in den Job mit einbezogen. Beispielsweise war es die Aufgabe des Stewards, bei Dunkelheit in den A-Mast zu klettern und von der Saling aus den Scheinwerfer zu bedienen. Über Sprechfunk erhielt er die nötigen Anweisungen von der Brücke. Der Koch war ebenfalls am Geschehen beteiligt. Wurde am Job bei Kälte und Nässe hart gearbeitet, so hielt er rund um die Uhr heiße Getränke und Brühe bereit. Zu essen gab es häufig heiße Frikadellen oder Steaks und so wurde alles getan, um die Crew draußen an Deck voll leistungsfähig zu halten. Wie schon erwähnt, arbeitete der Taucher voll als Matrose an Deck, denn als Taucher wurde er nicht so häufig gebraucht. Aber wenn er im Einsatz war, dann war alles auf ihn konzentriert.

Einige Besatzungsmitglieder waren in La Coruña verheiratet und wenn sie wachfrei hatten, gingen sie nach Hause. Emil, einer der Matrosen, mit dem ich die Hafenwachen ging, war ebenfalls hier verheiratet. Hatte er Hafenwache, so erschien gegen 22.00 Uhr meistens seine Frau und brachte nach spanischer Sitte das Abendbrot mit. Oft wurde ich auch dazu eingeladen und lernte auf diese Weise die spanische Küche kennen. Wir drei saßen dann in der Mannschaftsmesse, aßen und schwatzten. Zwischendurch gingen wir unsere Runden. Emil an Deck und ich in der Maschine.

An Bord war auch ein spanischer Matrose namens Eduardo, welcher uns in vielen Gesprächen die spanische Mentalität näherbrachte. Er war ein furchtloser Mann und am Job immer als Erster im Schlauchboot, wenn es galt, eine Leine zum Havaristen zu bringen. Ein toller Kollege!

Eine Besonderheit möchte ich noch berichten. Auf dem Fischmarkt in La Coruña wurden auch Aale angeboten. Die Spanier schätzten den Aal nicht besonders, deshalb war er günstig zu haben. Einer der Matrosen kam aus der Fischerei und kannte sich besonders gut mit Fisch aus. Er übernahm das Unternehmen »Räucheraal«: Ein leeres Ölfass wurde entsprechend hergerichtet und dann wurde während der Wachen an der Pier geräuchert. Zunächst für den eigenen Bedarf, später auch für den Agenten, den Schiffshändler oder Freunde. Die Spanier waren von unserem Räucheraal begeistert und die Nachfrage war groß. Dafür wurde ein Teil der Lukenkeile aus Buchenholz verheizt, obwohl sie eigentlich für etwas anderes gedacht waren. Zwar wurden Keile aus Deutschland nachbestellt, aber das Räuchern damit verbot der »Alte«. Das war auch gut so, denn bei der späteren Bergung der »Costantis« brauchten wir noch eine große Menge dieser Keile zum Abdichten des Risses in der Bordwand. Alternativ besorgte uns der Schiffshändler spanische Eiche und das ging auch.

Alle diese Dinge machten uns Spaß und mit der entsprechenden Toleranz der Schiffsleitung waren wir guter Dinge und brachten gerne den vollen Einsatz am Job.

Als Nächstes versuchten wir die »Bluefin«, einen Panamesen, auf den Haken zu nehmen. Ein französischer Schlepper hatte die Bergung bereits aufgegeben und die Besatzung war in Fischerboote umgestiegen. Es gelang uns, eine Schleppverbindung herzustellen und guten Mutes schleppten wir den Havaristen ab. Die Schlagseite des Schiffes nahm jedoch zu und am Nachmittag sank das Schiff über das Heck in die Tiefe. Mit Mühe und Not konnten wir unsere Schlepptrosse noch rechtzeitig einholen und sahen dem traurigen Schauspiel des Schiffsuntergangs zu. Erst später erfuhren wir, dass die »Bluefin« Dynamit geladen hatte!

Der nächste Job sollte uns endlich gelingen. Das deutsche Motorschiff »Adriamare« hatte starke Schlagseite nach Steuerbord, weil die Ladung Stahlbleche auf dem Weg nach Bilbao im Sturm verrutscht war. Wir stellten trotz schwerster See eine Schleppverbindung her. Zweimal brach sie wieder. Wir gaben aber nicht auf und es gelang uns, das Schiff in die ruhige Bucht von La Rochelle zu schleppen. Aufgrund des schlechten Wetters und der Schlagseite hatten fünf Besatzungsmitglieder der »Adriamare« Knochenbrüche erlitten und wurden sofort in ein Krankenhaus gebracht. Die anderen standen unter Schock, waren aber froh, dass alles noch gut ausgegangen war. Wir blieben noch einige Stunden beim Havaristen, bis alle Formalitäten erledigt waren, und hörten dann von einem treibenden Schwimmkran in unserer Nähe. Der Kran war demnach bei schlechtem Wetter von einem Schleppzug abgerissen und trieb herrenlos in der Biscaya. Das war etwas für uns!

Nach einigen Stunden hatten wir ihn gefunden, mussten aber wegen Windstärke 8-9 abwarten. Als die See sich ein wenig beruhigt hatte, brachten wir unsere Schlepptrosse über und schleppten in Richtung Bilbao. Schon war Land in Sicht, etwa acht Seemeilen noch, und wir freuten uns über den Erfolg. Plötzlich aber bekam der Kran Schlagseite und begann zu sinken. Schnell holten wir unsere Schlepptrosse wieder ein - und ärgerten uns grün und blau über die viele Arbeit ohne Erfolg.

Doch unsere Einsatzfahrt war noch nicht zu Ende. Ein Grieche, die SS »Nunzia«, lag mit Maschinenschaden zwei Seemeilen vor den Klippen bei Santander. Auf Anweisung von »Lloyd's« in London schleppten wir das Schiff nach Bilbao und freuten uns über den Erfolg. Wir würden der »Nunzia« in diesem Winter noch einmal auf See begegnen.

Der Untergang meines ersten Schiffes MS »Kremsertor«. Zum Glück hatte die Besatzung das Schiff bereits verlassen

Auf Landgang in La Coruña

Erst einmal gingen wir wieder auf Station in La Coruña. Sowie wir freihatten, genossen wir den Landgang. Unser Ziel war diesmal der »Whisky Club«, eine Lokalität mit gehobenem Ambiente. Aufgrund der Zeitungsberichte und Radiomeldungen über unsere Arbeit hatten wir einen gewissen Bekanntheitsgrad erlangt, der uns hier Zutritt verschaffte, zumal der Kapitän ebenfalls anwesend war. Gesittet nahmen Lothar und ich einige Drinks und lernten dabei zwei hübsche Mädchen kennen. Mit einem Gemisch aus Spanisch und Englisch konnten wir uns verständigen. Beide waren sowohl von unserem Job als auch von uns angenehm beeindruckt und gegen die Zusage, ihnen würde nichts geschehen, wollten sie unseren Schlepper am nächsten Tag besichtigen. Wir fragten gleich den anwesenden Kapitän, ob wir den Besuch an Bord bringen dürften, und er stimmte zu. Er schien nicht zuletzt beeindruckt von unserer Überredungskunst. Denn es war zu jener Zeit fast unmöglich, als Seemann Kontakt zu Mädchen aus gutem Hause zu bekommen.

Glücklicherweise gab es keinen Alarm, wir blieben im Hafen, erwarteten frisch geduscht und mit klopfenden Herzen unsere Damen. Unser Besuch hatte sich bereits herumgesprochen und neugierig drückten sich erheblich mehr Leute an Deck herum als gewöhnlich. Der »Alte« hatte sogar den Koch angewiesen, einen kleinen Kuchen zu backen. Dem Kapitän war viel daran gelegen, dass wir einen guten Eindruck hinterließen, und gab uns noch einige Verhaltensregeln mit auf den Weg.

Endlich kamen unsere beiden Mädchen und nach einer Begrüßung mit Handschlag unter vielen neugierigen Augen zeigten wir

Nur noch wenige Minuten bis zum Untergang

Sylvia und Carmen unser Schiff. Beide waren sehr beeindruckt, weil der Kapitän ihnen im besten Spanisch die Brücke erklärte. Die Erklärung der Maschine überließ er uns und im Anschluss tranken wir Kaffee und aßen den Extrakuchen. Wenig später wurden die beiden Damen abgeholt und wir verabredeten uns erneut für den Abend im Club. So ging das einige Zeit mit den Mädchen. Immer wenn wir im Hafen waren, trafen wir uns. Sie brachten uns die spanische Sprache näher und wir führten sie gerne aus. Bald tauschten wir auch Zärtlichkeiten aus, aber dabei blieb es in jenen Tagen. Trotzdem war es schön, mit den Mädchen zusammen zu sein.

Dann gab es für uns auch noch ein Nachtleben in La Coruña, was wir nicht an uns vorbeiziehen ließen: In Galicien war es immer ein Vergnügen, den Landgang mit einem schönen Essen zu beginnen. Das erste Mal in meinem Leben aß ich hier Miesmuscheln. In einem Sud aus Gemüse, Zwiebeln und viel Knoblauch schmeckten die Muscheln wirklich gut. Dazu musste natürlich viel Wein getrunken werden. Ein junger weißer Wein namens Ribeiro wurde hier gerne ausgeschenkt. In den kleinen Kneipen der Altstadt war der Fußboden mit Sägespänen ausgestreut, denn der Ribeiro wurde in Porzellanbechern ausgeschenkt, bis er überlief. Waren die Sägespäne vom Wein durchfeuchtet, wurden sie zusammengefegt und neue Sägespäne wurden ausgestreut.

Mir hatten es in den Kneipen besonders die »Pinchos Morunos« (Schweinefleischspieße) angetan. Die würzigen Fleischspießchen wurden so lange auf der heißen Herdplatte hin und her gerollt, bis das Fleisch durchgebraten war. Natürlich gab es auch eine Reihe von Bars, in denen Tapas angeboten wurden, regionale Köstlichkeiten auf kleinen Tellern. Man konnte alle möglichen Varianten probieren, war plötzlich satt und ein Abendessen war überflüssig geworden.

Leicht angetrunken gingen wir einmal in ein Restaurant der gehobenen Klasse. Man hatte uns empfohlen, Tigris-Muscheln (Tigerschnecken) zu probieren. Erstaunt nahmen wir zur Kenntnis, dass für jeden von uns ein kleiner hölzerner Amboss auf den Tisch gestellt wurde, dazu gab es noch einen kleinen Hammer. Dann kamen die Tigris-Muscheln in einem Topf auf den Tisch. Wir beobachteten erst einmal die anderen Gäste, wie die mit den Muscheln umgingen. Man legte eine Muschel in die Vertiefung auf den Amboss und klopfte diese dann mit leichten Hammerschlägen auf. Da wir doch einiges getrunken hatten, hieben wir tüchtig auf die Muscheln ein, sodass sich unsere Tischnachbarn kleine Muschelschalen aus dem Gesicht wischen mussten. Uns machte das Spaß, dem Wirt und den Gästen weniger. Alsbald bedeutete man uns, das Lokal zu verlassen, und verzichtete sogar auf die Bezahlung der fälligen Rechnung.

Ein Teil der geretteten Besatzung

Ein Fall von Versicherungsbetrug

Alarm! Wir liefen aus und es würde einige Zeit dauern, bis wir zurück in La Coruña wären. Der griechische Frachter »Costantis«, ein Liberty Ship aus dem 2. Weltkrieg, war weit draußen im Atlantik in Seenot: Wassereinbruch in Luke 4 und 5.

Wir hörten, dass die »Queen Mary« beim Havaristen sei. Bei dem Versuch, mit einem Rettungsboot auf die »Queen Mary« umzusteigen, seien zwei Besatzungsmitglieder der »Costantis« ertrunken. Nun wollte man auf unsere Ankunft warten. Die See war rau, aber wir schafften es trotzdem, die Besatzung zu uns an Bord zu nehmen. Mittlerweile war der holländische Schlepper »Utrecht« herbeigeeilt. Er beleuchtete unsere Übernahme der Besatzung und überließ uns den Job, da wir zuerst vor Ort waren. Wir brachten die Schleppverbindung an und schleppten in Richtung Brest. Bald waren wir in der Bucht des Hafens von Brest. Der Bergungsschlepper »Wotan« unserer Reederei kam zu Hilfe, als wir längsseits des Havaristen festmachten. Dann kam es zu einem bösen Zwischenfall. Der II. Ingenieur und ich wollten über die Jakobsleiter auf die »Costantis« steigen, um zu sehen, welche Pumpen wir zum Einsatz bringen könnten. Plötzlich drängten uns einige Besatzungsmitglieder der »Costantis« zurück und wollten mit Gewalt verhindern, dass wir an Bord gingen. Warum, das sollten wir bald erfahren

Sofort war unsere gesamte Crew zur Stelle und nach wenigen Minuten hatten wir die Leute in die Taulast gesperrt, aber nur einige von ihnen. Wir brachten dann unsere Spezial-Unterwasserpumpen zum Einsatz, nahmen noch zwei Pumpen vom »Wotan« dazu und lenzten die beiden Laderäume. Misstrauisch geworden, ließen wir trotz starken Drängens kein Mitglied der »Costantis« an Bord ihres Schiffes. Bald konnten wir den Maschinenraum betreten - und siehe da: Man hatte die Ventilköpfe der Ballastventile abgeschraubt und die entsprechenden Seewasserleitungen geöffnet! In einem Laderaum war ein etwa vier Meter langer Riss auszumachen. Der musste abgedichtet werden, sonst würde unser ganzes Pumpen nichts nutzen.

Jetzt kam der Einsatz unseres Tauchers. Er sollte von außen Holzkeile in den Riss treiben, um den größten Wasserdruck aufzuhalten. Währenddessen schweißten wir von innen einen Kasten, der später mit Schnellbeton gefüllt werden sollte. Der Taucher war ein sogenannter Helmtaucher. Er hatte einen Gummianzug an und oberhalb der Schulter einen Metallkragen. Auf diesen wurde der Helm geschraubt. Im Schleppwindenraum war ein Kompressor mit entsprechenden Filtern installiert und der wurde jetzt in Betrieb genommen. Er versorgte den Taucher automatisch über eine Drucksteuerung mit Atemluft. Da Sicherheit über alles ging, hatte ich die Aufgabe, das Aggregat zu überwachen und notfalls von Hand einzugreifen.

»Mein Leben liegt in deiner Hand, Assi!« Mit diesen Worten verabschiedete sich der Taucher und nahm seine Arbeit auf. Nach

Oben:
Der griechische Liberty Frachter »Costantis«

Unten:
Die Companyschlepper »Atlantic« und »Wotan« nach erfolgreicher Bergung der »Costantis« in Brest (Frankreich)

Ein Schwimmkran unbekannter Herkunft

jeder Stunde kam er an Bord und machte eine Pause, bevor es weiterging. Bald ließ der Wasserdruck so weit nach, dass der geschweißte Kasten oberhalb des Risses mit Spezial-Schnellbeton gefüllt werden konnte. Nur noch wenig Wasser drang ein, das unsere Pumpen mühelos entfernten. Das Schiff schwamm sicher und konnte, sobald das Dock frei war, repariert werden.

Mittlerweile war ein Spezialist von »Lloyd's« mit einem Helikopter eingeflogen. Er stellte fest, dass der Riss im Laderaum aufgrund einer Sprengung entstanden war und dass auch die Bodenventile absichtlich geöffnet wurden. Es lag also eindeutig ein Versicherungsbetrug vor! Die französische Polizei nahm daraufhin den Kapitän und den I. Offizier fest.

Der Schwimmkran kentert und sinkt acht Seemeilen vor Bilbao

Stationierung in Brest

Wir erhielten Order von unserer Reederei in Hamburg, dass unsere Station ab sofort Brest sein sollte. Lange Gesichter an Bord. Viel lieber wären wir wieder nach La Coruña zurückgekehrt.

Von Brest aus machten wir eine Reihe von mehr oder weniger erfolgreichen Jobfahrten. Und auf unseren Landgängen machten wir viele neue Erfahrungen. Als Deutsche waren wir nicht sonderlich beliebt, was mit den Ereignissen des 2. Weltkrieges zusammenhing, von denen wir nicht freikamen. Deutsche U-Boot-Bunker waren steinerne Zeugen aus jener Zeit und die Abneigung war allgegenwärtig. Die Wunden waren noch nicht verheilt. Die junge Generation der Franzosen in unserem Alter war schon etwas toleranter, aber auch sie verhielten sich uns gegenüber noch sehr zurückhaltend.

Bald fanden wir in der Hafengegend auch Bars, in denen wir kaum noch mit Vorurteilen konfrontiert wurden. Wir waren dort einfach Seeleute, die ihren Job machten. Dass dieser Job durchaus spektakulär war, für diese Information hatten schon die Zeitungen in Brest gesorgt. Wie auch in La Coruña berichteten sie nach jedem Job von uns, natürlich mit den entsprechenden Fotos. Nicht zuletzt deswegen fühlten sich die Hafenarbeiter und die Besatzungen der Hafenschlepper brüskiert. Sie veranstalteten eine Protestversammlung gegen unsere Anwesenheit in Brest und verlasen eine für uns unverständliche Erklärung. Unser Agent übersetzte dann für uns. Sie waren der Meinung, wir würden ihnen durch unsere Einsätze ihre Arbeit wegnehmen.

Aber das Gegenteil war der Fall: Wir brachten ihnen havarierte Schiffe zur Reparatur in ihre Werft! Die kleinen Hafenschlepper wären niemals in der Lage gewesen, 500 sm in den Atlantik zu fahren, um zum Beispiel die »Costantis« auf den Haken zu nehmen. Das erklärte ihnen auch unser Kapitän und der Agent übersetzte. Die Stimmung blieb ruhig und es kam zu keinerlei Ausschreitungen. Es wurde diskutiert, unsere Leistung abgefragt, verglichen und fast kleinlaut zogen sich die Demonstranten zurück. Seit diesem Tag hatten wir Ruhe und wurden auch im Hafen toleriert.

Wir sind am Job der »Nunzia« mit ihrem zweiten Maschinenschaden

Eine Bar in der Hafengegend hatte es uns besonders angetan und wurde bald zum Stammlokal unserer Schlepper-Besatzung. Die Bar gehörte einer älteren Dame, die recht gut Deutsch sprach. Auf unsere Frage, ob das vielleicht mit dem Krieg zusammenhinge, lächelte sie nur. Sie mochte uns und ihre Sympathie übertrug sich auch bald auf ihre Bardamen.

Nicht selten wachte die gesamte Barbedienung an Bord der »Atlantic« auf. Die Chefin hieß Paulette und war ganz verrückt nach meinem Freund Lothar, weshalb ich die Nacht mitunter in der Reservekammer verbringen musste. Im Gegenzug war auch ich bald mit einer von ihren Bardamen versorgt. Diese wiederum hatte eine 17-jährige Tochter, welche sich in mich verliebte und umgekehrt. Das gab natürlich Komplikationen und die Mutter passte auf, dass zwischen uns nichts Ernsthaftes passierte. Eine verrückte Zeit. Ich nannte die Tochter »Petite Fleur« und gemeinsam hörten wir den damaligen Udo-Jürgens-Hit »Merci Chérie«.

Eine zweite Bar, die wir oft besuchten, gehörte einem ehemaligen deutschen Fremdenlegionär. Auch dort gingen wir gerne hin, bis ein Zwischenfall das Verhältnis doch sehr trübte. Die Bar hatte noch einen zweiten kleinen Raum, der zwei Stufen tiefer lag als der Gastraum. Ein Perlenvorhang trennte die beiden Räume ab. Die Kellnerin fegte immer mit vollem Tablett die beiden Treppen hinunter und drückte dabei den Vorhang beiseite. Im Suff hatten zwei Matrosen einen Tampen oberhalb der Stufen gespannt. Die Kellnerin fegte wieder nichts ahnend durch den Perlenvorhang und stolperte über den Tampen. Das Tablett segelte in hohem Bogen in den Raum und sie hinterher. Das rief den Legionär auf den Plan. Die beiden Matrosen bekamen eine saftige Abreibung und wir, als eine Art Sippenhaft, Lokalverbot. Erst als unser »Alter« intervenierte, wurde das Lokalverbot gelockert und alle, bis auf die beiden Übeltäter, hatten wieder Zutritt.

Die »Magdeburg« in Schwierigkeiten. Nachdem das Überführungskommando von uns übernommen wurde, sinkt sie

Aufgrund eines Hilferufs unseres Company-Schleppers »Albatros« liefen wir am 16. Dezember 1965 wieder aus. Die »Albatros« schleppte die »Magdeburg«, ein ehemaliges DDR-Schiff der »Seerederei Rostock«, das in der Themse gesunken war. Ihr Ziel war Piräus. An Bord der »Magdeburg« befand sich ein Überführungskommando, bestehend aus vier Leuten. Die Ursache des Untergangs, ein Leck, war mit einer sogenannten Patsche abgedichtet worden. Während der Schleppreise begann diese allerdings sich zu lösen. Erneut drang Wasser ins Schiff. Als wir den Schleppzug erreichten, hatte die »Magdeburg« bereits 25 Grad Schlagseite. Wir holten die Überführungscrew von Bord, während die »Albatros« den Kurs änderte, um den Hafen von Brest anzulaufen. Der Plan misslang jedoch, 18 sm vor Brest versank die »Magdeburg« im Meer.

Weihnachten im Atlantik

Reedereiorder, Kurs auf die Azoren. In der Nähe der Azoreninsel Faial war ein Getreidefrachter unter liberianischer Flagge gestrandet. Seit wir Brest verlassen hatten, herrschte schlimmster Seegang mit Orkanstärke. Die See kam von vorn und das Schiff stampfte gewaltig. Riesige Brecher krachten über uns hinweg und wir kamen mit unserem kleinen Schiff in arge Bedrängnis. Mit einer Länge von 64 m und einer Breite von 7,20 m waren wir ein Spielball der Wellen. Bald ging auf der Brücke eine Klarsichtscheibe zu Bruch, dann wurde es richtig ernst: Am Heiligabend, der natürlich bei diesem Wetter ausfallen musste, passierte es. Der 10-Tonnen-Ladebaum hatte sich aus der Halterung gelöst und pendelte über das Achterdeck. Alarm für alle! Der große Scheinwerfer und das Arbeitsboot waren bereits stark beschädigt. Auch der hintere Fahrstand hatte einiges abbekommen. Höchste Eile war angesagt. Der Baum musste gekappt werden.

Weil Lothar und ich bereits mit der Arbeit an Deck vertraut waren und mit dem Schneidbrenner umgehen konnten, waren wir besonders gefordert. Wir kämpften uns mit den Gas- und Sauerstoffschläuchen hoch in den Mast. Auf dem Bauch liegend brannte Lothar die Verbindungen des Ladebaums an den Mast ab. Ich saß auf seinen Beinen und hielt ihn fest, während ich gleichzeitig die Schläuche führte und freihielt. Dann passten wir den richtigen Moment ab: Als das Schiff überholte, kappten wir die letzte Verbindung und der schwere Ladebaum ging über Bord. Große Erleichterung und Jubel bei allen. Am 27. Dezember erreichten wir die Insel Faial und behoben in dem Hafen Horta unsere Sturmschäden, so gut das mit Bordmitteln möglich war.

Dann ging es weiter zur Insel Flores und zum Havaristen. Der bot einen traurigen Anblick und war bis zu den Masten bereits gesunken. Auch der Company-Schlepper »Albatros« war zur Stelle und musste die Bergungsversuche und das Schiff aufgeben.

Mit einigen Passagieren, die wir auf Bitten der Behörden mitnehmen sollten, fuhren wir zum Hafen von Horta zurück, dann ging es unverrichteter Dinge unserer Station Brest entgegen. Wieder hatten wir schlimmes Atlantik-Wetter und auch Silvester blieb an Bord alles angespannt. »Wir holen beide Feiern zusammen nach«, ließ der »Alte« verlauten.

Noch am Neujahrstag, inmitten des schlechten Wetters, erreichte uns eine Notmeldung: Die uns bereits bekannte SS »Nunzia«, der heruntergekommene griechische Frachter, hatte erneut Maschinenschaden und brauchte Hilfe. Wir hielten auf seine Position zu und erreichten das Schiff in der Nacht. Für einen Schleppversuch warteten wir das Tageslicht ab und hofften auf eine deutliche Wetterbesserung, leider vergeblich. Trotzdem versuchten wir eine Schleppverbindung herzustellen. Zweimal brach die Schlepptrosse, dann endlich kamen wir in Fahrt und schleppten auf Kurs Rotterdam. Das Wetter besserte sich und wir übergaben den Havaristen an den Company-Schlepper »Heros«, der ihn nach Rotterdam bringen würde. Wir hingegen wollten schnellstens wieder unsere Station in Brest besetzen. Die Großwetterlage war unverändert schlecht, also gute Aussichten für einen Bergungsschlepper.

Am 4. Januar lagen wir in Brest und wollten endlich unsere kombinierte Weihnachts- und Silvesterfeier nachholen. Koch und Kochsmaat gaben ihr Bestes, dazu wurde Punsch serviert. Die gesamte Besatzung saß bis 23.00 Uhr in der Offiziersmesse zusammen. An den Liegetagen besserten wir weiter unsere Schäden von der Sturmfahrt im Atlantik aus. Auch ein neuer Ladebaum war bereits mit einem Frachter unterwegs nach England.

Oben:
Die »Atlantic« schleppt die TS »Bomin«

Unten:
Die Schlepptrosse ist 1000 Meter ausgefahren

Die Reederei betrieb einen Liniendienst nach England, weshalb wir den Ersatz-Baum in Falmouth an der Südküste von England vom Frachter »Königsau« auf Reede übernehmen konnten. Dann fuhren wir zurück nach Brest auf unsere Station und nahmen den neuen Ladebaum wieder in Betrieb.

Immer wieder gab es Alarm und wir fuhren raus, aber oft vergeblich. Schiffe meldeten zwar ein Problem, konnten es aber oft selbst beheben - und wir hatten das Nachsehen. So ist er nun mal, der Job der Bergungsschlepper.

Oben:
In der Bucht von El Ferrol helfen wir unserem Companyschlepper »Seefalke« beim Einschleppen eines Tanker Mittelteils

Unten:
Die BMS »Seefalke« 1966 am Job. Heute steht sie als Museumsschiff in Bremerhaven

Der Untergang der »Kremsertor«

Die Alarmmeldung vom 19. Januar veranlasste den Kapitän, mich eigens auf die Brücke zu bitten. Wir hatten gerade Brest verlassen und strebten mit voller Leistung dem Havaristen im Atlantik zu. Der aufgenommene Notruf stammte von dem Bremer Massengutfrachter »Kremsertor« der Schlüssel Reederei. Die »Kremsertor« war ja bekanntlich mein erstes Schiff, das ich im Oktober 1962 mit in Dienst gestellt hatte. An Bord der BMS »Atlantic« wusste man hierüber Bescheid, weshalb sich der Kapitän von mir wissenswerte Details über das Schiff berichten ließ. Dabei konnte ich in Erfahrung bringen, dass bei der »Kremsertor« die Erzladung verrutscht war. Das Schiff hatte bereits 25 Grad Schlagseite nach Steuerbord und machte trotzdem noch etwa sieben Seemeilen Fahrt, um dichter unter Land zu kommen.

Der Kapitän der »Kremsertor« hegte die Hoffnung, dass wir die verrutschte Ladung mit unseren Spezialpumpen umpumpen könnten, doch für solche Materialen waren die Pleuger-Pumpen nicht konstruiert. Ein Bergungsversuch durch Umpumpen der Ladung war aussichtslos.

Das sah schließlich auch der Kapitän ein, weshalb er uns bat, 27 Mann seiner Besatzung an Bord zu nehmen. Sieben Mann wollten an Bord verbleiben und das Schiff noch nicht aufgeben, unter ihnen natürlich der Kapitän.

Die Besatzung der »Kremsertor« warf eine Rettungsinsel über Bord in die See, die wir durch mehrfaches Drehen ein wenig glatt gemacht hatten. Dann sprang die Crew auf das Dach der Rettungsinsel und zerstörte es auf diese Weise, denn eigentlich sollte man ins Wasser springen und von dort aus in die Insel steigen. Aber bei der Kälte musste das nicht unbedingt sein. Schließlich waren wir ja da, außerdem war die Entfernung zwischen Schiff und Schlepper verhältnismäßig gering. Die Insel trieb gegen unsere Bordwand und an den ausgebrachten Netzen hielten sich die Leute zunächst fest, bevor wir sie einzeln an Bord ziehen konnten.

Aus der Crew der »Kremsertor« waren mir noch drei Leute bekannt: der Chefingenieur als mein ehemaliger Vorgesetzter, der Storekeeper Toni und der Funker. Der »Chief« hatte sich Rippenbrüche zugezogen und kam in die Kammer des II. Offiziers, wo er medizinisch versorgt wurde. Die beiden anderen Männer nahm ich mit in meine Kammer und händigte ihnen trockene Sachen aus. Sie waren erstaunt

Bereit zum Herüberschießen der Schleppleine. An diese werden anschließend weitere Leinen und die Schlepptrosse angehängt und so die Verbindung zum Havaristen hergestellt

und zugleich erfreut, mich hier an Bord des Bergungsschleppers wiederzusehen. Ihre sonstige Verfassung war allerdings nicht besonders gut. Sie standen unter Schock und die Unterhaltung verlief sehr einsilbig. Doch ich musste zurück an Deck, unser Job war noch nicht beendet.

Die Schlagseite der »Kremsertor« hatte weiter zugenommen und die Rettungsaktion war inzwischen ausgeweitet worden. Auch der Lloyd-Frachter »Nabstein« war herbeigeeilt, um zu helfen. Dazu noch ein Kümo aus Elsfleth sowie ein russisches Kombischiff. Sie alle mussten tatenlos zusehen, wie die »Kremsertor« mehr und mehr Schlagseite bekam. Ein Flugzeug der Royal Navy traf ein und warf aus Sicherheitsgründen kleinere Rettungsinseln ab. Ihm folgten zwei Rettungshubschrauber der Navy. Schließlich gaben auch die letzten sieben Besatzungsmitglieder das Schiff auf und wurden von den Hubschraubern nach Falmouth geflogen.

Im Normalfall hätte jetzt unsere Stunde schlagen müssen. Aber auch wir mussten einsehen, dass eine Bergung unmöglich war. Das Erz war dermaßen durchfeuchtet, dass es sich mehr und mehr in Brei verwandelte, der auf die Seite rutschte und die Schlagseite bis zum Kentern erhöhte. Den Untergang erlebte ich mit Sondererlaubnis des »Alten« von unserer Brücke aus. Ich war sehr bedrückt und es tat weh, das einst stolze Schiff in dieser Verfassung zu sehen. Obwohl ich schon einige

Geschafft! Die Schleppverbindung steht und wir schleppen die »Eritrea« nach La Coruña

Oben:
Die »Eritrea« an der Pier in La Coruña

Unten:
Vorbereitung in Horta, auf der Azoreninsel Faial, zur Schleppreise der »Anco Sea« nach Rotterdam

Schiffsuntergänge miterlebt hatte, war dieser für mich natürlich etwas ganz Besonderes. Als das Wasser über den Schornstein in den Maschinenraum der »Kremsertor« lief, wurde das Schiff schnell über das Heck in die Tiefe gezogen. Gebannt und fassungslos verfolgte ich dieses schreckliche Schauspiel.

Wir liefen dann Falmouth an und setzten die geborgene Besatzung an Land. Ich verabschiedete mich von meinen noch immer geschockten ehemaligen Kollegen und wünschte ihnen alles Gute. Der Untergang des riesigen Massengutfrachters hatte viel Aufsehen in Westeuropa erregt. Beim Einlaufen kam sogar die Illustrierte »Revue« auf mich zu und kaufte mir meine Fotos ab, die später auch veröffentlicht wurden. Die französischen Zeitungen brachten unsere Rettungsaktion und den Untergang der »Kremsertor« auf ihren Titelseiten.

Von Brest aus fuhren wir noch eine Reihe von Einsätzen, die Ausbeute an gelungenen Bergungsaktionen war aber nur durchschnittlich. Überdurchschnittlich waren hingegen die vielen Havarien zu Beginn des Jahres 1966, die uns immer wieder neue Jobs bescherten.

Zurück nach La Coruña

Am 10. März kam eine neue Order der Reederei: Wir sollten wieder auf Station nach La Coruña gehen. Die hier stationierte »Wotan« hatte eine Schleppreise von Philadelphia aus. Wir lagen noch einige Stunden zusammen in La Coruña und tauschten uns aus, bevor sich die »Wotan« auf ihre Reise über den Atlantik machte.

Einige Tage lagen wir ohne Einsatz im Hafen und genossen die schönen Abende an Land. Unsere beiden Mädchen hatten ebenfalls von unserer Ankunft gehört und erschienen zu unserer großen Freude bereits am ersten Abend an Bord. Wir feierten unser Wiedersehen und gingen zum Abendessen an Land. Auch in den nächsten Tagen waren wir häufig zusammen und unsere Freundschaft vertiefte sich.

Tagsüber wurde hart gearbeitet. Die Reederei hatte mit einem Frachter eine neue Schlepptrosse auf den Weg gebracht, die inzwischen eingetroffen war. Die alte Trosse hatten wir schon öfter reparieren müssen, indem wir sogenannte »Glocken« angegossen haben. Dabei werden die abgerissenen Trossen-Enden glatt abgeschnitten, dann wird eine Bügelhülse darübergeschoben. Die Bügelhülse ist ein Stahlkörper, der sich zu einer Seite als Auge öffnet. An der anderen Seite befindet sich ein Loch mit einem etwas größeren Durchmesser als unsere Schlepptrosse. Das Ende der Trosse wird durch dieses Loch gesteckt. Nun werden die einzelnen Kardeele auseinandergebogen und ineinander verschlungen. Dann wird eine Mischung aus Blei flüssig gemacht und zwischen die verschlungenen Kardeele gegossen. Nach dem Erkalten der Mischung ist ausreichend Festigkeit vorhanden, um die Bügelseilhülse mit einer ebenso behandelten Gabelseilhülse zu verbinden.

Der Nachteil dieser Schlepptrossen-Behandlung bestand darin, dass die Genauigkeit beim Aufrollen der Trosse auf die Schlepptrommel nicht mehr gegeben war. Oberhalb der Trommel läuft nämlich ein Schlitten, welcher auf den Durchmesser der Trosse eingestellt ist. Dieser Schlitten steuert das genaue Aufwickeln der Trosse. Kamen die angegossenen Glocken auf die Trommel, so war ein genaues automatisches Aufwickeln der Trosse an diesem Teilstück nicht mehr möglich. Die Schlepptrommel musste dann von Hand gefahren werden, wofür ein Mann extra abgestellt werden musste, der uns dann beim Job fehlte. Da wir einige Stellen bereits geflickt hatten, musste zur Sicherstellung unserer Einsätze eine neue Trosse aufgezogen werden. Das waren immerhin 1000 m eines 6 ½ Zentimeter dicken Stahlseils. Die alte Trosse musste abgewickelt werden und lag zur Verschrottung an Land.

Die neue Trosse legten wir an der Pier in etwa 60 Meter langen Schleifen aus und wickelten sie mit Hilfe des eingestellten Schlittens langsam auf die Schlepptrommel. Die Trosse wurde dabei durch etwa 2,50 m lange Gummiröhren gezogen. Diese Gummiröhren würden später das Reiben von Stahl auf Stahl auf den Schleppbügeln verhindern. Es war jedoch sehr schwer, das elastische Gummi so zu positionieren, dass die Trosse problemlos hindurchgezogen werden konnte. Wir mussten die Röhren mit mehreren Männern in Position halten, weshalb unsere Arbeit nur langsam voranging. Als die Trosse am Abend endlich sauber aufgewickelt auf der Trommel saß, gab der »Alte« zur Belohnung ein Fässchen Wein aus.

Das Trinken von Rotwein in La Coruña war an Bord recht beliebt. Im Hafen hatten die Matrosen bei Instandhaltungsarbeiten sogar den berühmten spanischen Ziegenlederbeutel umhängen. Gekonnt spritzten sie sich dann hin und wieder einen Schluck Wein in den Mund, indem sie den Beutel auf den angewinkelten Unterarm legten. Das war reine Übungssache

Wir schleppen die »Anco Sea« bei rauem Wetter

und kostete nur Anfänger einige frische Hemden. Am besten testete man diese Trinkmethode mit freiem Oberkörper und wischte sich den danebengegangenen Wein mit einem Tuch ab.

Aus Sparsamkeit hatten wir uns angewöhnt, den Wein gleich fassweise beim Schiffshändler zu bestellen. Der »Alte« beobachtete das Treiben aufmerksam und sprach schon bald ein entsprechendes Verbot für diese Art des Alkoholkonsums aus. Die Sicherheit ging vor, denn schließlich konnten wir jederzeit gefordert werden und mussten dann voll einsatzfähig und konzentriert sein.

Eine besondere Verbindung hatte ich zu unserem Taucher. Wie schon geschildert, trug ich durchaus Verantwortung für ihn, wenn er beim Job im Einsatz war. Er war schon älter, etwa Mitte fünfzig, also aus meiner Sicht ein alter Mann. Wir mochten uns und hatten es uns zur Angewohnheit gemacht, nach Feierabend in Gesellschaft eines Matrosen zusammen einen Weinbrand zu trinken. Es gab zwei Sorten Weinbrand an Bord: Den einfachen von Scharlachberg, auch »Scharli Peng« genannt, und den weitaus besseren, aber auch teuren »Meisterbrand«. Jeder von uns brachte abwechselnd seine »Buddel« mit. Eines Tages wollte ich etwas aus meiner Kammer holen und kam zufällig an der Kammer des Tauchers vorbei. Da sah ich, wie er ganz konzentriert mit einem Trichter den billigeren »Scharli Peng« in eine leere Flasche Meisterbrand umfüllte. So hatte er uns also arglistig getäuscht und wollte sich halb kaputtlachen, als ich ihn auf frischer Tat ertappte. Zukünftig passten wir also höllisch auf, was wir tranken, wenn der Taucher am Zug war ein Gläschen auszugeben.

Bei einem Landgang in La Coruña entdeckte der »E-Assi« vor der Tür des Reisebüros von Iberia eine lebensgroße Stewardess aus Pappe. Die Pappfüße wurden ausgeklappt und die Dame war standfest. Er war zu Streichen aufgelegt, also rein in den Laden. Ja, es gab noch eine zweite Pappfigur, die er haben könne. Also schlich er mit der Papp-Stewardess an Bord und versteckte sie im Maschinenraum.

Der Grund für diese Aktion war folgender: Wenn wir auf See waren und die normale Wache lief ab, gingen der »E-Assi« und ich die Wache des »Chiefs«. Der konnte es auf den Tod nicht leiden, wenn während der Seereise in seinem Maschinenraum gepfiffen wurde. Schon so manches Mal hatten wir ihn geärgert, indem wir gepfiffen und uns dann irgendwo versteckt Hatten. Er wurde rasend und stieß böse Verwünschungen aus, ja er rannte sogar hinter uns her, wenn wir um die Hauptmaschinen jagten. Dieses Mal stellten wir ihm unauffällig die Pappstewardess in den Laufweg. Der »Chief« fegte also um die Ecke - und hat sich prompt so tüchtig erschrocken, dass er aufschrie. Wütend verließ er den Maschinenraum und seine Lust auf Verfolgungsjagden nahm zukünftig rapide ab.

Eine weitere Story über den »Chief« kann ich nicht auslassen: Wir waren bei schlechtestem Wetter am Job und er hatte die Angewohnheit, wenn er wachfrei war, am geteilten Maschinenschott die obere Tür zu öffnen, um sich herauszulehnen und uns an Deck zu beobachten. Oft gab er auch besserwisserische Kommentare von sich, was insbesondere die Matrosen ärgerte. Dann kam ein gewaltiger Brecher und riss ihm die Tür aus der Hand. Kurz darauf traf sie ihn mit enormer Wucht am Kopf. Regelrecht betäubt wurde der »Chief« zum Niedergang in den Maschinenraum geschleudert. Auf halber Höhe verlor er das Gleichgewicht und stürzte den Rest der Stufen hinunter. Wütend wollte er aufspringen, knallte dann aber gegen das große Handrad der Pressluftflasche und blieb endgültig liegen. Wir mussten ihn in seine Kammer schleppen und mit schwerer Gehirnerschütterung blieb er einige Zeit dem Wachbetrieb fern. Der »Chief« wurde später nie wieder auf seinem Beobachtungsposten am Maschinenschott gesehen, worüber sich die Decksbesatzung wohl am meisten freute.

Tragisch war die Zusammenarbeit mit BMS »Seefalke«, dem wohl ältesten Bergungsschlepper unserer Reederei: Beim Schleppen des Mittelstücks eines Weltkrieg-Tankers gab es im Atlantik reichlich Probleme. Mehrfach riss die Schlepptrosse und musste immer wieder neu ausgebracht werden. Bei einem dieser Manöver wurde der Schlepper von einer Riesenwoge überrollt und riss den II. Offizier vom Arbeitsdeck in die tosende See. Trotz aller Anstrengungen gelang es der Besatzung nicht, den Mann zu retten. Besonders tragisch war, dass seine Frau bei uns an Bord auf ihn wartete. Zu dieser Zeit wussten wir noch nichts von dem tödlichen Unfall des »Zweiten«. Wir wurden zu Hilfe gerufen, als 50 sm vor La Coruña erneut die Schlepptrosse riss und die Besatzung der BMS »Seefalke« Hilfe brauchte.

Wir fuhren raus, die Frau blieb natürlich an Land. Gemeinsam schleppten wir das Tanker-Mittelstück in die Bucht von El Ferrol und gingen anschließend zurück an unsere Pier. Beide Kapitäne hatten nun die traurige Pflicht, der Frau des Zweiten die schlimme Nachricht zu überbringen. Bei beiden Schlepperbesatzungen war die Stimmung sehr gedrückt und wir verfluchten die gnadenlose See.

Wir hatten in der Folgezeit mehrfach Alarmfahrten und auch Erfolg. So gelang es uns, die MS »Eritrea« mit Maschinenschaden auf den Haken zu nehmen und in den Hafen von La Coruña zu schleppen. Das Schiff hatte Hilfsgüter für Äthiopien geladen, unter anderem auch Klaviere. Ein Job, von dem jeder Berger nur träumen kann: Ruhige See, eine Leine mit der Raketenpistole herüberschießen, erst eine dünne Stahltrosse und daran später die Schlepptrosse zum Havaristen ziehen, dort festmachen und anschleppen. Am Torre de Hércules vorbei, rein in den Hafen von La Coruña und das Schiff an die Pier drücken. Das war's auch schon!

Der letzte Einsatz auf der »Atlantic«

Der nächste Alarm sollte mein letzter sein. Ich ging fort von La Coruña, ohne Abschied und ohne Wiederkehr. Wir waren auf Jobfahrt mit Kurs auf die Azoren. Horta auf der Insel Faial war unser Ziel, dort lag die norwegische »Anco Sea« mit einer Kurbelwannenexplosion. Unser Auftrag bestand darin, das Schiff zunächst in Richtung Ärmelkanal zu schleppen. Der Zielhafen sollte Rotterdam sein.

Die Reise verlief verhältnismäßig ruhig. Unsere braven Deutz-Motoren liefen im Volllast-Bereich und wir hatten immer die Abgastemperaturen im Blick, um nicht in den Überlastbereich zu kommen und die Turbolader zu schädigen. Die Seewachen liefen routinemäßig

Harte Bedingungen bei der Bergung

ohne besondere Vorkommnisse ab und unser Schleppverband kam gut voran. Nach zehn Tagen Schleppreise erreichten wir Rotterdam. Nachdem zwei Hafenschlepper festgemacht hatten, ging es auf die drei Stunden dauernde Revierfahrt zur Abgabe des Schiffes an die Werft.

Wir bekamen als neue Order, sofort Brunsbüttel anzulaufen, durch den Nord-Ostsee-Kanal zu fahren und von einer Position in der Ostsee aus eine weitere Schleppreise durchzuführen. Zehn Stunden später waren wir am Einsatzort. Der Company-Schlepper »Bugsier 27« war mit seinen 1600 PS zu schwach, um den von ihm gejobten deutschen Tanker TS »Bomin« nach Wilhelmshaven zu schleppen. Wir stellten die Schleppverbindung her und die Schleppreise begann.

Für mich war es die letzte Reise auf der »Atlantic«, auf der ich so viel erlebt hatte. Schon seit Monaten hatten mich der »Chief« und der Zweite bearbeitet, dass ich schleunigst ein Patent machen sollte, weil ich das Zeug dazu hätte, als Wachingenieur zu fahren. Ich war jedoch unschlüssig und haderte mit mir. Als wir dann die TS »Bomin«

Einsatzfahrten mit BMS »ATLANTIC«			
Datum	Station	Jobfahrt	Stand
04.11.65	La Coruña	TS »Esso Austria«	ohne Ergebnis
13.11.65	La Coruña	TS »Continental Trader«	ohne Ergebnis
14.11.65	La Coruña	MS »Ville de Straßbourg«	ohne Ergebnis
15.11.65	La Coruña	KÜMO, Name nicht bekannt	ohne Ergebnis
16.11.65	La Coruña	MS »Stella Nova«	Stand by
19.11.65	La Coruña	MS »Banora«	Schiffsuntergang
27.11.65	La Coruña	MS »Bluefin«	Schiffsuntergang
29.11.65	Positionsfahrt	MS »Adriamare«	Job!
01.12.65	Positionsfahrt	Schwimmkran	Schiffsuntergang
04.12.65	Positionsfahrt	SS »Nunzia«	Job!
09.12.65	La Coruña	SS »Costantis«	Job!
16.12.65	Brest	MS »Magdeburg«	Schiffsuntergang
19.12.65	Brest	Dänischer Kümo	ohne Ergebnis
22.12.65	Brest	SS »Papadiamandis«	Schiffsuntergang
01.01.66	Positionsfahrt	SS »Nunzia«	Job!
11.01.66	Brest	französischer Fischdampfer	ohne Ergebnis
14.01.66	Brest	MS »Silver Star«	ohne Ergebnis
19.01.66	Brest	MS »Kremsertor«, Schlüssel Reederei, Bremen	Schiffsuntergang
07.02.66	Brest	Norwegischer Frachter	ohne Ergebnis
19.02.66	Brest	Fischdampfer »Schlesien«	Schiffsuntergang
23.02.66	Brest	MS »Parthia« - Cunard Line	ohne Ergebnis
07.03.66	Brest	MS »Hugo Oldendorff«	ohne Ergebnis
19.03.66	La Coruña	BMS »Seefalke« mit Anhang	Stand by
27.03.66	La Coruña	MS »Eritrea«	Job!
04.04.66	La Coruña	MS »Anco Sea«	Schleppreise
20.04.66	Rotterdam	TS »Bomin«	Schleppreise

problemlos nach Wilhelmshaven geschleppt hatten, erhielten wir Order, in die Werft nach Bremerhaven zu gehen. Dort erfuhr ich, dass der »Chief« bereits gehandelt hatte. In Abstimmung mit der Reederei sollte ich die »Atlantic« verlassen und ein Patent machen. Der »Chief« wollte mich auf der »Atlantic« als »Dritten« zurückhaben, auch wenn ich nur ein kleines Patent machte.

Ich blieb noch einige Tage an Bord, während wir in der Sieghold Werft lagen. Dann beschloss ich die Herausforderung anzunehmen, abzumustern und zum Seemaschinisten-Lehrgang zu gehen. Lothar hingegen würde weiter als »Assi« auf der »Atlantic« fahren und La Coruña wiedersehen. Seine Liebe zu Sylvia war am Ende so groß, dass er sie sogar heiraten wollte.

Am 26. April 1966, nach einem halben Jahr voller Abenteuer, verließ ich die »Atlantic« und fuhr nach Bremen in die kleine Wohnung an der Schaumburger Straße. Meine Wirtsleute empfingen mich freudig und wir gingen zusammen aus. Ich musste viel erzählen und sie waren fasziniert von meinen Geschichten von der »Atlantic«. Sie fanden es toll, dass ich zur Schule gehen wollte und bestärkten mich in meinen Plänen. Ich genoss aber erst einmal das Landleben und suchte alte Bekannte in den einschlägigen Gaststätten auf. Glücklicherweise waren einige von ihnen an Land und gemeinsam hatten wir viel Spaß.

Mit der »Eilenau« in Bremen zur Ausreise nach Bristol

Als »Dritter« auf der MS »Eilenau«

Wie bereits erwähnt, sollte und wollte ich auf Drängen der Reederei nach meinem Einsatz auf dem Bergungsschlepper »Atlantic« ein kleines Patent machen und meldete mich für den nächsten Lehrgang in Bremen an. Bis zum Beginn des Lehrgangs waren aber noch sechs Wochen Zeit und die wollte ich nutzen, um noch ein wenig Geld zu verdienen.

Die »Bugsier« war dazu sofort bereit und zur Überbrückung bot man mir an, anlässlich einer England-Reise mit der »Eilenau« im Bristolkanal als Diensttuender »Dritter« mitzufahren. Auf kleiner Fahrt ging das auch formal, weil der »Erste« und »Zweite« im Zwei-Wachen-Rhythmus die Anlage fuhren. Nachdem ich die Formalitäten in Hamburg geklärt hatte, stieg ich am 6. Mai 1966 in Hamburg ein.

Die »Eilenau« war ein kleiner, älterer Frachter und seit Langem in der Englandfahrt für die »Bugsier« im Einsatz. Das Schiff war mit 999 BRT vermessen, also ein größeres Kümo. Der Rumpf war schwarz gestrichen und die Aufbauten in weiß gehalten. Der Schornstein war traditionell mit schwarz-weißen Ringen und ohne besondere Schornsteinmarke bemalt.

Die Maschinenanlage war das Besondere an der »Eilenau«. Es waren zwei MAN U-Bootsdiesel von je 1200 PS in originaler Ausführung. Die Seewasserkühler waren aus Kupfer und auf Hochglanz poliert. Die Motorenanlage war komplett aus den Hinterlassenschaften des Dritten Reiches von einer Werft aufgekauft worden. Die Viertakt-Motoren standen im Schiff mit ihrem Abtrieb entgegengesetzt, daher liefen die Antriebswellen über ein Getriebe an der Maschine vorbei zum Heck. Das war schon etwas ungewöhnlich, aber anders wäre es nicht möglich gewesen, die Anlage in den Schiffsrumpf einzubauen.

Das Fahren der Anlage war sehr aufwendig. Vor allem während der Fahrt im Bristolkanal mit seinen vielen Häfen und den ständig fälligen Manövern waren wir als Maschinencrew immer gut ausgelastet. Die Motoren wurden über zwei Maschinentelegrafen vom Maschinenraum aus gefahren. Am jeweiligen Fahrstand saß ein Assistent auf einem Schemel und ließ auf entsprechendes Kommando des Maschinentelegrafen den Motor an, brachte ihn auf Drehzahl oder steuerte beim Kommando »Zurück« den Motor um und ließ ihn erneut an. Einer der beiden Ingenieure stand bei Manöverfahrt im Rücken der »Assis« und bediente die Telegrafen. Er schrieb das Manöverbuch und hatte gleichzeitig die »Assis« im Blick, sodass er notfalls eingreifen konnte. Ein dritter »Assi« kümmerte sich nur um den Hilfsbetrieb, insbesondere um die Kompressoren für die Anlassluft. Ich glaube, auf keinem anderen Schiff, auf dem ich eingesetzt war, wurden so viele Manöver gefahren wie auf der »Eilenau«.

Auf den Seetörns kam ich als Diensttuender Dritter zum Einsatz. Man ließ mich mit einem zweiten »Assi« die Null-Vier-Wache gehen und so konnten sich die beiden Ingenieure ein wenig mehr ausruhen. Das klappte auch alles gut und ich war sehr stolz, als ich die erste alleinverantwortlich gestaltete Wache störungsfrei übergeben konnte. Der Wachbetrieb spielte sich bald ein und es entstand eine gewisse Routine.

Mir gefiel der Wachbetrieb recht gut und ich war zunehmend motiviert, ein Patent zu machen. Damit wäre ich zukünftig auch im Wesentlichen von der Schmutzarbeit befreit. Außerdem konnte ich mit der neuen Verantwortung recht gut umgehen. Ich glaube, in diese Richtung gingen auch die Überlegungen bei der Reederei, als man mir das »Diensttuende« auferlegt hat. Jedenfalls waren die beiden Ingenieure mit meiner Arbeit zufrieden und redeten mir zu, den Lehrgang unbedingt zu machen. Sie verhielten sich sehr kollegial und gaben mir auch Gelegenheit, mal an Land zu gehen.

Unser erster Hafen war Bremen, womit ich gar nicht gerechnet hatte. Wir blieben über Nacht und ich konnte sogar kurz nach Hause, um meine erstaunten Wirtsleute zu begrüßen und ein paar zusätzliche Dinge mit an Bord zu nehmen. Spätabends war Landgang angesagt und so lernte ich ein wenig mehr von der »Küste«, Bremens Amüsiermeile, kennen. Sei es nun die »Bambus-Bar«, das »Krokodil« oder der »Elefant«. Und dann war da ja noch das »Golden City«, in dem eigentlich immer etwas los war.

Wegen meiner neuen Verantwortung ließ ich es an Land jedoch ruhig angehen. Ich trank nur wenig und ging auch bald zurück an Bord, um morgens zum Auslaufen wieder fit zu sein. Eine gute Entscheidung, denn der Manöverbetrieb verlangte höchste Konzentration. Alles lief gut und unser nächster Hafen war Bremerhaven.

Hier lagen wir im gleichen Hafenbecken wie die »United States«, damals der schnellste Passagierdampfer Amerikas. Ein riesiges Schiff! Als die »United States« während unserer gemeinsamen Liegezeit ihre riesigen Schiffssirenen ertönen ließ, hüpften bei uns an Bord die Kaffeetassen zentimeterhoch auf der Back. Das ging durch Mark und Bein, wie man so sagt.

Wir luden und löschten Stückgut und machten eine sogenannte »Kisten- und Kasten-Fahrt«: Die erste Containergeneration war in Betrieb und einige davon hatten wir im Laderaum und an Deck. Außerdem befand sich an Deck auch eine Reihe von Fässern mit Chemikalien.

Als Nächstes liefen wir Hamburg an und lagen am Schuppen 10. Wir hatten nur wenig Zeit und so unterblieb ein Landgang. Dann ging es nach England mit Swansea als erstem Hafen. Während des etwas längeren Seetörns mit den entsprechenden Seewachen war das unentwegte stählerne Hämmern der beiden Dieselmotoren mit ihrem Hilfsbetrieb in der Enge des Maschinenraumes zu hören. Ich hatte ein Gefühl der Beklemmung und war stark für das Leben der U-Bootfahrer sensibilisiert. Noch Jahre später, als ich das »Das Boot« von Lothar-Günther Buchheim las, konnte ich mich in die Situation der Maschinenleute des U 96 ziemlich gut hineinversetzen.

In den Häfen entlang des Bristolkanals hatten wir immer wenig Zeit. In der Regel löschten wir bei unseren Fahrten ein wenig Ladung und bekamen neue Ladung dazu. Meistens war das in wenigen Stunden erledigt und wir fuhren weiter. In Bristol allerdings dauerte es etwas länger und wir lagen über Nacht.

Ich hatte frei und nutzte die Zeit für einen Landgang. Bald landete ich in einem »Mecca-Dancing«, der damals wohl bekanntesten Discotheken-Kette in England. Hier wurde die Rockmusik der ersten Stunde aufgelegt. Der ohrenbetäubende Lärm der Beatles-Imitatoren machte jede Unterhaltung unmöglich und so anonymisierte sich meine Anwesenheit von selbst. Nach einigen Gläsern Cola – Alkohol war hier streng verboten – wanderte ich wieder in Richtung Hafen und trank noch ein Guinness-Bier in einer Bar nahe der Pier, an der wir lagen.

Jetzt befuhren wir mit der »Eilenau« den Bristolkanal in der Gegenrichtung. Es ging beinahe nahtlos von einem Hafen zum nächsten, Bewegung war in diesem Fahrtgebiet das einzig Ausschlaggebende. Die wenigen Augenblicke der Ruhe wurden von allen für eine Pause genutzt.

Über Swansea ging es weiter nach Hamburg, wo das Gros der Ladung gelöscht wurde. Eine willkommene Gelegenheit, um an Land zu gehen und die bekannten Bars aus den Werfttagen auf der »Hugo Retzlaff« aufzusuchen. Aber die Zeit war auch in Hamburg nicht stehen geblieben: Ich traf auf kein bekanntes Gesicht und alles hatte sich irgendwie verändert. Bald ging ich zurück an Bord und freute mich auf den kommenden Tag. Die Reise ging nach Bremen und dort wartete meine Ablösung.

Nach einer ereignislosen Revierfahrt im Elbe-Weser-Dreieck kamen wir in Bremen an. Ich wies meine Ablösung ein und machte die Kammer frei. Von den Kollegen und der Offizierscrew bekam ich viele gute Wünsche für den Lehrgang mit auf den Weg, dann ging es per Taxi nach Hause. Ja, nach Hause, denn ich freute mich auf meine kleine Wohnung, die ich nun für die Dauer der Schulzeit für mich alleine haben würde.

Nach wenigen Tagen rief mich mein Freund Lothar von Cuxhaven aus an. Er war mit der »Atlantic« da, denn sie hatten einen Job hierher geschleppt. Ich fuhr also mit dem Zug nach Cuxhaven und freute mich auf ein Wiedersehen mit Lothar und der gesamten Crew. Wir saßen einige Stunden zusammen und ließen unseren Erinnerungen freien Lauf.

Bald musste die »Atlantic« wieder mit dem Ziel La Coruña raus auf See. Ein wenig beneidete ich Lothar, schon wegen La Coruña. Die vielen Grüße an Carmen wollte er ausrichten und ihr von meinem Schulbesuch erzählen. Es sollte fast ein Jahr vergehen, bis Lothar und ich uns wiedersehen würden.

Mit der Bahn fuhr ich zurück nach Bremen, schon am übernächsten Tag war Lehrgangsbeginn. Ich bestand die Prüfung mit dem dazugehörigen Erwerb des Feuerschutzmannscheins und des Rettungsbootsmannscheins. Aufgrund eines zufälligen Treffens mit dem Personalchef der »Retzlaff Reederei« wendete ich mich dann wieder der Trampfahrt zu und nicht – wie anfangs geplant – der Hochseeschlepperei.

Ich bekam die Gelegenheit, auf der MS »Hugo Retzlaff« als III. Ingenieur mit den Aufgaben des II. Ingenieurs einzusteigen. Der zweite an Bord befindliche III. Ingenieur war bereits 67 Jahre alt und wollte die Position des Zweiten nicht ausfüllen. Da ich das Schiff bereits aus meiner 20-monatigen Fahrzeit als Motorenwärter kannte, hatte ich keine Berührungsängste und sagte zu.

Meine Bindung zur Hochseeschlepperei habe ich aufgrund meiner Erlebnisse dennoch nie ganz verloren. Immer wenn sich die Gelegenheit bot, etwas über die Hochseeschlepper zu erfahren, nahm ich die neuen Informationen begierig auf.

Schon bald wurde in der Seeschifffahrt bekannt, dass die Holländer mit der »Zwarte Zee« und »Witte Zee« zwei noch stärkere Hochseeschlepper gebaut hatten, als es die »Atlantic« und »Pacific« waren. Mit jeweils 9000 PS übertrafen die neuen Schlepper die beiden Schuchmann-Giganten. Wenig später schlug die »Bugsier« jedoch zurück und baute die »Oceanic« und »Arctic«, zwei Schlepper mit einer Maschinenleistung von 16.000 PS. Das war eine bis dahin nicht für möglich gehaltene Größenordnung. Aber das rasche Anwachsen der Schiffsgrößen und das Schleppgeschäft für die Bohrinseln rechtfertigten dieses Handeln. Und noch bis 2011 war die »Oceanic« als Notschlepper für den deutschen Küstenschutz vor der Insel Norderney im Einsatz.

Meine »Atlantic« wurde 1987 in Taiwan verschrottet, nachdem das Schiff 1974 zunächst an eine dänische Reederei verkauft wurde, dann an eine philippinische Reederei ging und später unter panamesischer Flagge unendlich viele Einsätze (unter anderem auch in Südafrika) mit Bravour bestanden hatte.

Einige Jahre später begann für mich ein neues Kapitel der Spezialschifffahrt: Bohrinselversorgung war das Zauberwort. 1969 stieg ich auf MS »Warturm« in Nigeria ein und fuhr in der Folgezeit auf einer Reihe von Versorgern der Reedereien »DDG Hansa« und VTG, Hamburg. Erst als ich meine Seefahrtszeit beenden wollte, kam ich wieder zur »Bugsier« zurück.

Mit MS »Hugo Retzlaff« auf Trampfahrt

Als Wachingenieur bei der Reederei Retzlaff

Eigentlich hatte ich vor, nach bestandener Maschinisten-Prüfung bei der »Bugsier« weiterzufahren, also bei der Reederei, die mich gefördert hatte. Aber es kam einmal mehr anders, wie so oft im Leben. In der Bremer Innenstadt traf ich durch Zufall den Personalchef der Retzlaff Reederei. Als er hörte, dass ich das kleine Patent in der Tasche hatte, machte er mir sofort einen Vorschlag: Auf der MS »Hugo Retzlaff« fehle ein Wachingenieur und er könne sich gut vorstellen, mich dort einzusetzen. Ich war sofort interessiert, denn das Schiff kannte ich gut und die Maschinenanlage war mir sehr vertraut.

Als ich am nächsten Morgen im Büro der Reederei erschien, hatte der Personalchef bereits mit dem »Chief« der MS »Hugo Retzlaff« gesprochen. Das war niemand anderer als mein ehemaliger Vorgesetzter, bei dem ich lange Zeit als Wachgänger gefahren war. Er war sofort bereit, mich an Bord als Wachingenieur einzusetzen, und setzte noch einen drauf: Der an Bord befindliche III. Wachingenieur war bereits 67 Jahre alt und da es keinen II. Wachingenieur gab, sollte ich in Kenntnis der Maschinenanlage diesen Job mit übernehmen. Es galt außerdem, die Reiniger und Motorenwärter einzusetzen, Stunden zu schreiben und all die vielen Aufgaben des »Zweiten« mit zu erledigen. Die Heuer sollte entsprechend angepasst werden. Da zögerte ich nicht lange und sagte zu. Nun hatte ich einen Traumjob und dazu einen erstklassigen Einstand in das neue Leben als Wachingenieur. Ein beruflicher Aufstieg wie aus dem Bilderbuch!

Mit der »Hugo Retzlaff« in Liverpool-Birkenhead

Das Schiff sollte am 11. Juli 1966 in Hamburg-Harburg sein. Als ich dort am Nachmittag ankam, wurde ich herzlich vom »Chief« begrüßt und ohne Umschweife bezog ich die Kammer des II. Ingenieurs. Nach einer Begrüßungsrunde bat mich der Kapitän zu einem Vier-Augen-Gespräch in seine Kammer. Ich ahnte bereits, was da auf mich zukam. Der »Alte« hatte mein »Achteraussegeln« in Lissabon nicht vergessen. Höflich bat er mich, auf keinen Fall an die alten Zeiten anzuknüpfen, schließlich sei ich nun Schiffsoffizier und die Zeiten der »Roten Laterne« müssten damit auch vorbei sein. Vom Fachlichen her sei er froh, dass ich an Bord sei, aber meine Charakterfestigkeit müsse ich erst noch beweisen. Derart an meiner Ehre gepackt, versprach ich ihm, mich voll und ganz in die Offizierscrew zu integrieren.

Dahingehend hatte ich bereits vorgesorgt und in Bremen entsprechendes Khakizeug gekauft, wie es damals von den Offizieren an Bord häufig getragen wurde. Einen Uniformzwang gab es bei dieser verhältnismäßig kleinen Reederei nicht. Man wollte das Uniformgeld sparen und setzte auf Eigeninitiative. Khakizeug war durchaus vorgesehen, aber ohne Streifen, Knöpfe und Ähnliches. Die Ausnahmen bildeten der Kapitän und der »Chief«. In puncto Kleidung befand ich mich also in guter Gesellschaft mit dem III. Ingenieur und den beiden Decksoffizieren. In der Offiziersmesse wurde ich herzlich aufgenommen und ich sollte mich entsprechend wohlfühlen.

Praktisches Wissen

Bei den folgenden Seetörns ließ der »Chief« mich allerdings spüren, was es heißt, den Job des »Zweiten« auszufüllen: Nach jeder Wache hatte er eine Menge Schreibkram für mich, darunter Ersatzteilbestellungen, Bestandsaufnahmen und vieles mehr. »Das musst du alles für deine weitere Laufbahn lernen!«, so lautete sein Schnack bei all den Aufgabenübertragungen. Manchmal war das lästig, vor allem bei Seegang.

Aber es blieb nicht nur beim Schreibkram. Die Rohrleitungspläne mussten nach der Werftzeit aktualisiert werden und dazu musste ich natürlich in die Maschine. Der »Chief« freute sich diebisch, mich einerseits zu beschäftigen, und war andererseits stolz, mir etwas beibringen zu können. Ich lernte viel bei ihm, ohne Frage. Besonderes Vergnügen fanden wir daran, von den zehn Zylindern Diagramme zu ziehen und diese auszuwerten. Nach der Auswertung führte ich dann die entsprechenden Maßnahmen durch. Ich änderte die Zündzeitpunkte durch Verstellen der Nockenwelle oder durch das Unterlegen von dünnen, in der Stärke unterschiedlichen Kupferblechen bei den Brennstoffpumpen. Da jeder Zylinder eine eigene Brennstoffpumpe hatte, blieb viel Spielraum für Veränderungen. Das erklärte Ziel bestand darin, an möglichst allen Zylindern ein gleiches oder zumindest ähnliches Diagramm zu ziehen. Das galt gleichermaßen für den Kompressions- wie für den Zünddruck.

Im Laufe der Zeit übertrieb es der »Chief« jedoch. Die anderen Offiziere ebenso wie der Kapitän mussten ihn dann schon einmal ermahnen. Ich ging dabei durch den sprichwörtlichen »Scheuersack des Lebens«, zumindest was die Einführung in den Maschinendienst mit Verantwortung anging.

Wir fuhren zunächst nach Rotterdam, dann weiter nach Gent und von dort ins Mittelmeer nach Istanbul. Schon das Einlaufen in die Bucht des Bosporus und dann in den Naturhafen des Goldenen Horns war ein Erlebnis. Die Meerenge des Bosporus trennt Asien von Europa - und im alten Byzantinischen Reich wurde bekanntlich Geschichte geschrieben. Diese Stadt wollte ich unbedingt sehen, also nahm ich einen Liegetag frei. Keiner meiner Kollegen hatte Lust mich zu begleiten und so ging ich alleine auf Erkundungstour.

Schon der betriebsame Hafen mit seinen vielen Fähren für den Passagierverkehr war sehr beeindruckend. Mein erstes Besichtigungsziel waren die weltberühmten Moscheen in der Altstadt, die Hagia Sophia und die Sultan-Ahmed-Moschee (Blaue Moschee). Auch der Bummel durch den abendlichen Goldbasar war überwältigend. Goldschmuck, wohin man blickte, trotzdem wollte ich nichts kaufen und die vielen Anbahnungsgespräche der Händler ließen mich kalt.

Von Istanbul ging es weiter nach Marseille, wo uns die schwedische »Fresco Line« wieder in Charter nahm. Als Linienfrachter verkehrten wir regelmäßig zwischen festgelegten Häfen im Fahrtgebiet Mittelmeer und Vereinigte Staaten, nur manchmal gab es Abweichungen von der Linie. Bevor es aber nach New York ging, liefen wir - wie schon zu früheren Zeiten der Charter - zunächst den Hafen von Lissabon an.

Bordleben

Mit dem III. Ingenieur kam ich sehr gut aus. Oftmals stand er mir bei, wenn der »Chief« es mit seinen zusätzlichen Arbeiten mal wieder übertrieben hatte. Der »Dritte« war bereits 67 Jahre alt und auf meine erstaunte Frage, warum er in diesem Alter denn noch zur See fahre, antwortete er: »Ich habe früher zu flott gelebt! Auf ausländischen Schiffen gefahren, viel Geld verdient, aber nicht an die Rente gedacht.«

Außerdem sei seine Frau auch ganz froh, wenn er unterwegs war...

Wir hatten während des normalen Tagesbetriebes im Hafen Kolben gezogen und waren so gegen 16.00 Uhr fertig. Beim »Kolbenziehen« geht es im Wesentlichen darum, die verschlissenen Kolbenringe zu erneuern, den Kolben zu reinigen und den Verschleiß der freiliegenden Laufbuchse zu messen. Außerdem werden alle anderen Teile kontrolliert und gegebenenfalls ausgetauscht.

Der Probelauf verlief störungsfrei und wir freuten uns auf den Feierabend mit anschließendem Landgang. Ich war schon in meiner Kammer und wollte duschen. Kurz vor vier ging der »Chief« in seinem guten Zwirn und landgangsfein auf die obere Station in den Maschinenraum. »Ihr könntet ja auch gleich noch die Ein- und Auslassventile überholen«, meinte er leichthin. Der »Dritte« wurde sauer und gab patzig zurück: »Du mit deiner roten Krawatte hast gut schnacken, für uns ist Feierabend!«

Diese Reaktion hatte der »Chief« nicht erwartet. Er kam sofort zu mir und beschwerte sich über den Dritten, der ihn außerdem noch geduzt habe. Was die Arbeit angehe, so würde ich dem »Dritten« beistehen, und das andere solle er man nicht so ernst nehmen, lautete meine Antwort. Knurrend gab der »Chief« Ruhe und verzog sich an Land. Der »Dritte« und die Crew freuten sich über die Unterstützung, meine Position festigte sich erheblich. Der »Chief« aber hielt sich zukünftig zurück und besprach das Arbeitsprogramm vorab mit mir.

Den Landgang hatte ich mit dem »Dritten« in besonderer Weise geregelt: Er ging schon nachmittags an Land und war pünktlich um 20.00 Uhr zurück, dann konnte ich gehen. Für dieses Entgegenkommen wollte er morgens um 5.00 Uhr aufstehen und von »Hafendieselbetrieb« auf »normalen Hilfsbetrieb« umstellen.

Der »Hugo« hatte im Vorschiff einen luftgekühlten 4-Zylinder Deutz-Motor stehen. Dieser trieb einen Generator an, mit dem die kleinen Trinkwasser- und Seewasserpumpen liefen, außerdem stellte er die Beleuchtung sicher. War kein Windenbetrieb und die Kombüse hatte den Herd und alle anderen Küchenmaschinen abgeschaltet, dann konnten wir auf den Hafendiesel umstellen. Der Brennstofftank wurde rechtzeitig aufgefüllt, der Ölstand kontrolliert, entsprechend korrigiert und der Motor gestartet. Nachdem die Last vom Hilfsdiesel auf den Hafendiesel übernommen war, stellten wir den Hilfsdiesel ab. Bis auf wenige Anläufe der Pumpen herrschte eine wohltuende Ruhe im Schiff. Das Geräusch des Hafendiesels im Bug des Schiffes hörte man achtern nicht. Aber der schönste »Effekt« war die absolute Wachfreiheit für die Maschinencrew, um die uns so manches Mal die Deckscrew beneidete. Am Morgen musste der Betrieb dann rechtzeitig umgestellt werden, damit die Kombüse Strom am Herd hatte. Wurde mit eigenem Geschirr gelöscht oder geladen, war die Umstellung zu Schichtbeginn ohnehin Pflicht und selbstverständlich.

Ich ließ mich auf den Deal mit dem »Dritten« ein und hoffte, dass er unsere Abmachung einhalten würde. Schon etwas vor der verabredeten Zeit lief ich an der Pier hin und her, als plötzlich ein Taxi kam. Ich versteckte mich hinter einem Kran und beobachtete, wie sich der »Dritte« mit vielen Küssen von einer Dame verabschiedete und schnellen Schrittes auf unsere Gangway zueilte. Ich ließ ihn verschwinden, um dann harmlos an Deck zu schlendern und nach ihm zu fragen. Er meldete sich und wünschte mir viel Spaß. Wir behielten unsere Absprache auch zukünftig bei – und es klappte immer. Nicht ein einziges Mal kam der »Dritte« verspätet oder gar überhaupt nicht.

So konnte ich in Lissabon, meinem Lieblingshafen, fein an Land gehen. Die Mahnung des »Alten«, nicht mehr über die Stränge zu schlagen, beherzigte ich dann auch. Ich hielt mich mit dem Trinken zurück und fasste vor allem keinen Magosh an. Wohlwollend nahmen die bekannten Damen dies zur Kenntnis und wir hatten auch so viel Spaß miteinander. Pünktlich und relativ nüchtern ging ich an Bord zurück. Am Morgen beäugte mich der Kapitän zwar neugierig, konnte aber nichts Außergewöhnliches an mir entdecken. Er nickte anerkennend und sagte nichts weiter.

Wir verließen Lissabon und steuerten als letzten Hafen Leixoes/Porto an, bevor es, wie schon so oft, über den Atlantik nach New York ging. Es folgten die Häfen an der Ostküste von Philadelphia, dann kamen Norfolk, Baltimore und wieder New York. Der erste Hafen nach der Atlantiküberquerung war diesmal Bilbao. Es folgten Cadiz, Algier und Benghazi. Dann ging es weiter nach La Valetta auf Malta und Sevilla. Als Nächstes war wieder Lissabon an der Reihe und Leixoes würde folgen.

Abschwung von Bord

Auf dieser Reise hatten wir eine norwegische Funkerin an Bord, die mit dem Bordelektriker verheiratet war. Auf dem Weg von Lissabon nach Leixoes bekam sie ein Telegramm von der Reederei in Bremen. Der Inhalt war aufgrund des schlechten Empfangs nicht klar ersichtlich. Es handelte sich aber wohl um die Ablösung des »Dritten« an Bord. Sie fragte, ob ich den Funkspruch entziffern könne? Mein Verhältnis zum »Chief« hatte sich nicht wesentlich verbessert, im Gegenteil. Er schikanierte mich, wo es nur ging, meinte aber, ich sollte dankbar sein, weil ich bei ihm mit dem kleinen Patent fahren durfte. So nutzte ich die willkommene Gelegenheit und antwortete der Funkerin, dass ich vermutlich abgelöst werden solle. Eine entsprechende Mitteilung erging an den Kapitän. Der reagierte zwar etwas verwundert, aber das war schließlich eine Order der Reederei. Auch der I. Offizier sollte abgelöst werden.

Nachdem ich den neuen Zweiten eingewiesen hatte und das Schiff seeklar war, verließ MS »Hugo Retzlaff« den Hafen. Dieses Schiff, auf dem ich summa summarum so viele Monate verbracht hatte, sollte ich in meiner Seefahrerzeit nicht mehr wiedersehen.

Der I. Offizier und ich fuhren dann mit dem Agenten nach Porto, wo wir die Nacht in einem Hotel verbrachten. Pünktlich am nächsten Morgen holte uns der Agent ab, um uns zum Flughafen zu bringen. Mit einer »Super Constellation« flogen wir bei herrlichstem Wetter nach Lissabon. Hier blieb Zeit bis zum späten Nachmittag. Der Agent der »Fresco Line« sammelte uns ein und nahm uns mit auf Sightseeing-Tour durch Lissabon. Nach einem gemeinsamen Mittagessen ging es zurück zum Flughafen.

Mit einer »Caravelle« ging es dann wiederum bei schönstem Wetter nach Frankfurt. Hier erwischten wir die letzte Maschine, eine »Metropolitan«, nach Bremen. Damals war es bei der Lufthansa noch Usus, auf kurzen Flügen Schwarzbrot mit Schinken und dazu Flaschenbier zu servieren. Da viele Vertreter oder Monteure in der Maschine waren, wurde auch rege Gebrauch von diesem Angebot gemacht. Zu dieser Zeit war es noch etwas Besonderes, mit dem Flugzeug zu reisen, und ich war froh, in den Genuss dieses Abenteuers gekommen zu sein.

An meinem ersten Wochenende in Bremen traf ich mich mit alten Bekannten in der Nachtgaststätte »Treffpunkt Köln«. Hier war immer etwas los. Ich freundete mich mit der Wirtin an und wir haben in den folgenden Jahren viel Spaß zusammen gehabt. Aber nur rein platonisch, schließlich war der Altersunterschied doch erheblich.

Als ich am Montag im Büro der Reederei erschien, war das Erstaunen groß. »Was wollen *Sie* denn hier?« Tatsächlich hätte der andere »Dritte« abgelöst werden sollen, weil er schon seit neun Monaten an Bord war. Dazu muss man wissen, dass die Reederei dem Fahrensmann nach Ablauf von neun Monaten zwanzig Prozent Auslandszulage zahlen musste. Um diese Mehrkosten zu vermeiden, löste die Reederei ihre Leute nach Möglichkeit rechtzeitig ab. In diesem Fall war das leider schiefgelaufen, aber der Funkverkehr war eben noch nicht so perfekt.

Nun war ich aber einmal da und konnte der Reederei aus einer anderen Klemme helfen. Die MS »Ferdinand Retzlaff« sollte nach Südamerika gehen und brauchte dringend einen III. Wachingenieur, da der an Bord Diensttuende sofort ins Krankenhaus musste und die Reise auf keinen Fall machen konnte. Südamerika, das gefiel mir und ich sagte zu, auf dem »Ferdinand« einzusteigen. Ein paar Tage hatte ich noch Zeit, bevor das Schiff in den Nord-Ostsee-Kanal einlaufen sollte. Diese Tage genoss ich in Bremen. Ich besuchte den Freimarkt und feierte auch sonst reichlich, denn schon in vier Tagen war wieder Seefahrt angesagt.

Mit MS »Ferdinand Retzlaff« unter dem Kreuz des Südens

Durch den Panama nach Südamerika

Am 4. November 1966 bestieg ich in Brunsbüttel die »Ferdinand Retzlaff«. Wir fuhren zunächst durch den Nord-Ostsee-Kanal nach Grenaa in Dänemark. Hier luden wir große Packpapier-Rollen, mit denen üblicherweise Bananenkartons ausgeschlagen werden. Bestimmungsort der Ladung war Puerto Bolivar in Ecuador. Die Papierrollen wurden vorsichtig mit eigenem Geschirr geladen. Hierfür wurde ein dickes Seil zum Hieven und Fieren durch den festen Papp-Kern gezogen. Rolle für Rolle wurde so in den Laderaum gefiert, was einige Tage Arbeit bedeutete. Der längere Aufenthalt verschaffte mir die gute Gelegenheit, mich sowohl mit der Maschinenanlage als auch mit den neuen Kollegen bekannt zu machen.

Schnell merkte ich, dass hier an Bord ein neuer, unbelasteter Anfang auf mich wartete. Der »Chief« war nur etwas älter als ich, während der II. Ingenieur bereits über fünfzig war. Als alter Stalingradkämpfer hatte er an beiden Füßen die Zehen abgefroren. Er war genau wie der »Chief« ein sehr umgänglicher Mensch. Auch der Kapitän war noch recht jung und die Deckoffiziere waren um die dreißig Jahre alt. Alles in allem waren wir eine junge Crew und dementsprechend unkompliziert war der Umgang miteinander.

An der Maschinenanlage gab es einiges zu tun, denn unsere Vorgänger hatten weniger sorgfältig gearbeitet. Ärgerlich fand ich insbesondere, dass die nagelneuen Ersatzteile nicht eingebaut wurden. Das galt für die Hauptmaschine ebenso wie für den gesamten Hilfsbetrieb. Traditionsgemäß war der Hilfsbetrieb meine Aufgabe, hier konnte ich meine praktische Erfahrung einbringen. Die Assistenten und Schmierer waren ebenfalls alle befahren, zwei von ihnen kamen von der Hochseefischerei aus Bremerhaven. Der »Chief« ließ mir bei meiner Arbeit freie Hand, legte aber großen Wert auf vorherige Absprache. Die Durchführung der Aufgaben und der Personaleinsatz blieben mir überlassen.

Während wir auf See dem Panama-Kanal entgegenfuhren, blieb reichlich Zeit, um den Hilfsbetrieb auf Vordermann zu bringen. Die Kompressoren wurden überholt, mit neuen Ventilen versehen und brachten danach wieder volle Leistung. An den Hilfsdieseln leckten die Brennstoffpumpen genau wie an der Hauptmaschine. Bei den Dieseln konnte ich mithilfe neuer Stempel und Hülsen Abhilfe schaffen, um den Hauptmotor kümmerte sich der »Zweite«.

Auch die gusseiserne Haupt-Seewasserpumpe aus spanischer Produktion bereitete uns Probleme, denn sie riss am Gehäuse. Wir bauten eine Ballastwasser-Pumpe um und konnten so den Betrieb sicherstellen. Die Seewasserpumpe selbst musste so schnell wie möglich von Spezialisten geschweißt werden.

Nach ruhiger Seereise kamen wir in Balboa an und mussten natürlich auch Brennstoff übernehmen (»bunkern«). Hier in Balboa mischte man über ein Verteilerstück Marinediesel aus Gasöl und schwerem Diesel. Wir lenkten den Bunkermann ein wenig von seinem Job ab und drehten das Ventil des schweren Diesels zu, sodass wir das teurere, reine Gasöl bunkern konnten. Kopfschüttelnd bemerkte der Bunkermann am Ende des Bunkervorgangs das weit geöffnete Ventil für Gasöl und wunderte sich. Wir wussten natürlich von nichts, hatten volle Tanks mit Gasöl und freuten uns diebisch. Dazu muss man wissen, dass die Verbrennung von Gasöl verhältnismäßig sauber erfolgt, weniger Rückstände hinterlässt und mehr Energie enthält.

Durch den Panama-Kanal

Für die meisten von uns war es die erste Reise durch den Panama-Kanal - und nicht vergleichbar mit der Durchquerung des Nord-Ostsee-Kanals. Während der Schleusenpassagen war unser Hauptmotor abgestellt und wir fuhren stattdessen aus Sicherheitsgründen mit Diesel-Loks, die zu beiden Seiten der Schleusen auf ihren Gleisen fuhren, um uns durch die Schleusen zu ziehen. Mit Stahltrossen zwischen der Lok und unserem Schiff wurde zunächst eine Verbindung hergestellt. Erst wenn der Wasserstand der Schleuse die richtige Höhe erreicht hatte, wurden wir geschleust. Der Schleusenhub betrug hier zum Teil 30 Meter. Ein Ausfall der Maschine hätte einen riesigen Schaden anrichten können, mit schlimmen Folgen für den gesamten Schleusenbetrieb und alle wartenden Schiffe.

Sowie wir wieder mit eigener Maschine durch den Kanal fuhren, gingen wir natürlich Seewache. Wir nutzten aber jede sich bietende Gelegenheit, um mal kurz an Deck zu gehen, und einen Blick in unsere Umgebung zu werfen. Meistens sahen wir zu beiden Seiten des Ufers dichten Urwald, der nur unterbrochen wurde, wenn Ortschaften oder Fabrikanlagen am Kanalufer angesiedelt waren.

Steckbrief MS »Ferdinand Retzlaff«

- **Baujahr:** 1963 bei der Werft El Ferrol in Spanien, 1548 BRT
- **Maschine:** 1700 PS, 7-Zylinder Viertakter von MAN, Typ 40/60
- **Angelaufene Häfen:** Brunsbüttel, Grenaa (Dänemark), Christobal, Panama-Kanal, Puerto Bolivar (Ecuador), San Lorenzo (Ecuador), Balboa, Panama-Kanal, Mobile (Alabama), New Orleans, Guanta (Venezuela), New Orleans - Reede, Mobile (Alabama), Kingston (Jamaika), Louisbourg (Nova Scotia), Pasajes (Spanien), Amsterdam - Werft, St. Malo, Safi (Marokko), Lissabon, Middlesbrough, Antwerpen, Aalborg, Antwerpen, Rijeka, Ceuta, Acquacalda (Italien), Liparische Inseln, Shoreham by Sea, Wismar, Nord-Ostsee-Kanal, Venedig, Le Havre, Haugesund (Norwegen)
- **Reeder:** Retzlaff Reederei, Bremen
- **Dienstzeit:** November 1966 bis Juli 1967 als III. und II. Ingenieur
- **Besatzung:** 20 Mann

Oben:
Einfahrt in den Panama-Kanal in Balboa

Unten:
Die Schleusenpassage wurde mithilfe von Lokomotiven durchschifft. Aus Sicherheitsgründen darf nicht mit eigener Kraft gefahren werden

Nachdem wir den Panama-Kanal passiert hatten, ging unsere Reise weiter nach Puerto Bolivar in Ecuador, wo wir nach 26-tägigem Seetörn ankamen. Hier war man mit unserer Ladung Papier-Rollen nicht so zimperlich wie in Dänemark - schon nach einer Schicht war unsere Ladung gelöscht. Wir ließen unsere Seewasserpumpe durch die amerikanische Spezialfirma »Metalock« reparieren und führten die umfunktionierte Ballastwasser-Pumpe wieder ihrer eigentlichen Bestimmung zu.

Eindrücke in Südamerika

Unser nächster Hafen in Ecuador hieß San Lorenzo. Wir fuhren drei Stunden flussaufwärts und erreichten den kleinen Ort, in dem wir einige Tage lagen, um Edelholz zu laden. Ein ausgewanderter Deutscher betrieb hier Holzwirtschaft. Der Kapitän lud ihn zu uns an Bord ein und bewirtete ihn mit deutschen Leckereien. Im Gegenzug schenkte er dem Kapitän etliche bereits geschnittene Bretter einer mahagoniähnlichen Holzart, die sich vorzüglich zum Möbelbau eignen sollte und sehr, sehr teuer war. Diese Bretter wurden auf dem Peildeck gelagert und als wir wieder in Deutschland waren, nahm der »Alte« sie mit nach Hause, um sich Möbel daraus machen zu lassen.

Der kleine Ort hatte nicht viel zu bieten, trotzdem erlebten wir einiges. Zunächst lernte ich unseren II. Ingenieur von einer neuen Seite kennen. Es machte ihm nämlich viel Spaß, mit leerer Kamera die Einheimischen zu fotografieren. Sie brachten sich in Positur und er knipste wie wild. Vor allem die Kinder machten fleißig mit. Sie freuten sich, wenn der Auslöser der Kamera klickte und ein ständiges Lachen war an der Pier zu hören. Auch der »Zweite« war glücklich.

Tagsüber fragte mich der Maschinenassistent, ob wir denn auch Dieselzünder hätten? »Klar!«, sagte ich und erklärte ihre Funktion. Später grübelte ich, was diese Frage wohl bedeuten sollte, und sah nach Feierabend noch einmal nach den Dosen mit den Zündern. Eine Dose war weg!

Am Abend ging ich mit dem II. Offizier an Land und wir sahen uns im Ort ein wenig um. Strom aus der Steckdose gab es hier nicht. Es gab aber eine kleine Bar und die hatte kalte Getränke. Wie das? Ein kleiner Dieselmotor mit Generator wurde bei Dunkelheit angeworfen und setzte die Kühltruhe und das Licht in Gang. Der Diesel war schon älter und sprang schlecht an, aber mit besagten Zündern hatten sich unsere »Assis« hier beliebt gemacht. Wir konnten ihren Verlust verschmerzen und genossen das kalte Bier, alles war zur Zufriedenheit geregelt.

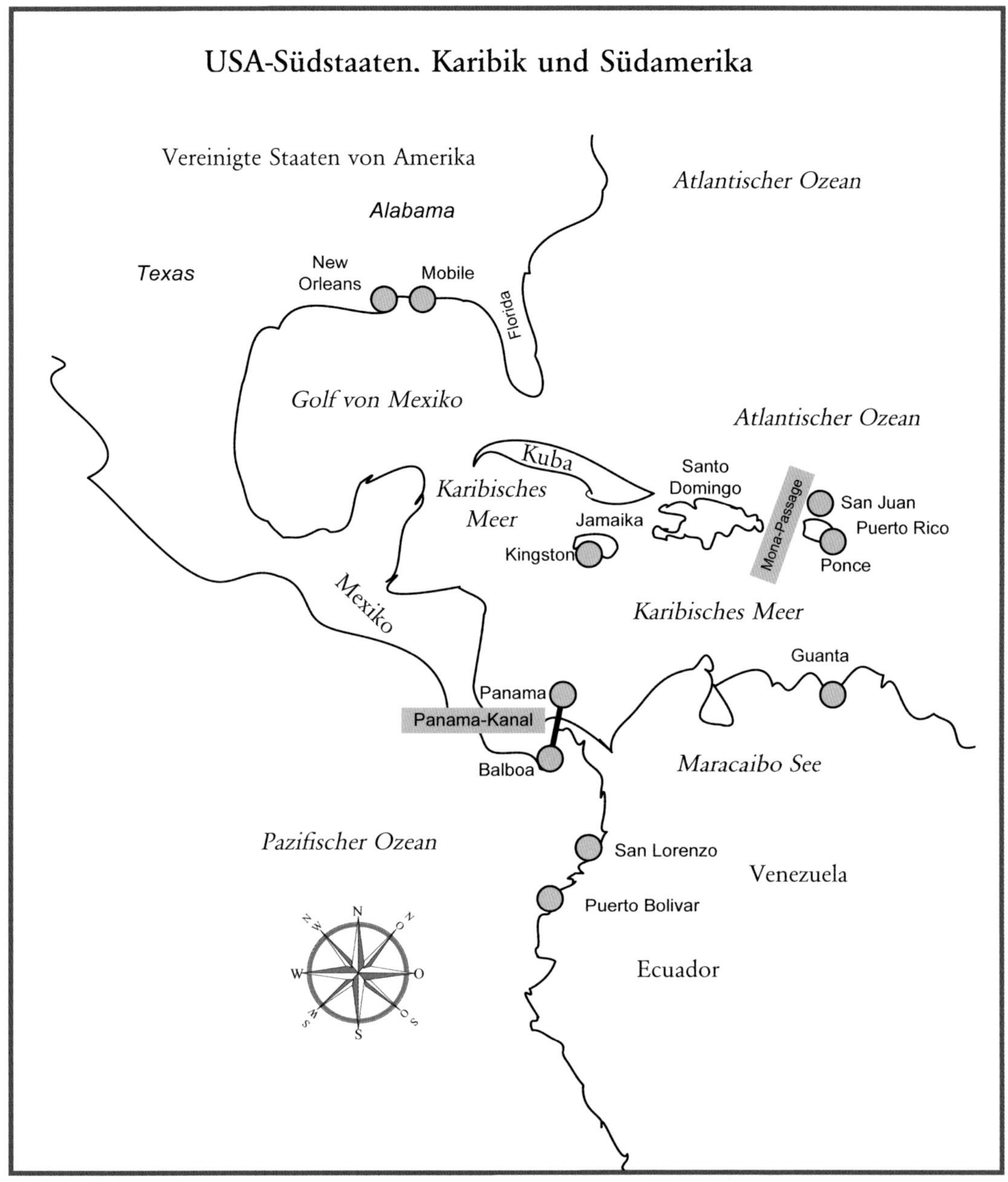

Unser Kapitän war von untersetzter, kräftiger Statur. Das brachte seinen neuen Freund, den Holzlieferanten, auf eine Idee: Am Abend veranstalteten die Jungen aus dem Dorf ein Boxturnier. Ein Ring war aufgebaut, wir waren alle eingeladen und der Kapitän hatte die Ehre, Ringrichter bei allen Kämpfen zu sein. Es war ein Heidenspaß. Der »Alte« ließ den Boxern fast alles durchgehen und je mehr sie sich kloppten, desto mehr feuerte er sie an. Wenn er die Jungen auseinanderriss, fuchtelte er mit seinem dicken Finger vor ihrer Nase herum. Keiner verstand den anderen, aber alle hatten mächtig Spaß.

Am dritten Tag war unsere Ladung an Bord und wir legten unter großer Anteilnahme der Dorfbewohner ab, um das Edelholz nach Mobile in Alabama zu bringen. Nach zwei Tagen erreichten wir den Panama-Kanal bei Balboa. Problemlos durchquerten wir den Kanal und hatten bei gutem Wetter sechs Tage später Mobile erreicht.

Südstaaten der USA und Karibik

In Mobile kam es abends beim Landgang in der Hafenkneipe zu einer Schlägerei. Worum es ging, wusste nachher keiner mehr, vielleicht gab es rassistische Motive. Jedenfalls ging eine Musikbox dabei zu Bruch und meine Uhr war auch verschwunden. Bis die Musikbox ersetzt war, musste ich in den Knast wandern, denn ich hatte verpasst, rechtzeitig das Weite zu suchen, als die Polizei eintraf. Das örtliche Gefängnis erinnerte in seiner Bauweise sehr an die Western-Filme. Ich freundete mich mit einem Polizisten an, der seine Militärzeit in Heidelberg verbracht hatte und ein wenig Deutsch sprach. Zum Essen ließ er mich aus dem Gefängnis über die Straße gehen. Bedeutungsvoll klopfte er dabei auf seinen Colt, den er nach Westernart im offenen Halfter trug. Auf der anderen Straßenseite befand sich ein Steakhaus, in dem ich in Ruhe essen durfte, bevor er mich wieder in die Zelle winkte.

Mein Zellengenosse hatte einen Autounfall verursacht und sich dabei das linke Bein gebrochen. Er wurde ärztlich versorgt, musste aber bis zur Klärung des Unfalls und der Kostenfrage einsitzen. In einer weiteren Zelle waren mehrere Afroamerikaner inhaftiert. Abends, wenn es dunkel wurde, stimmten sie eine Art Gospelgesang an, dem man wirklich gut zuhören konnte. Um 22.00 Uhr wurde das Licht ausgeschaltet, dann kehrte langsam Ruhe ein.

Zwei Tage später war Heiligabend und ich wollte endlich an Bord zurück. Der Agent hatte jedoch die fälligen 70 Dollar Strafe immer noch nicht eingezahlt. Der freundliche Polizist erbarmte sich meiner und fuhr mittags mit mir zum Bürgermeister. Der schnitt gerade im Garten seine Hecke und hörte geduldig zu. Schließlich hatte er ein Einsehen und verfügte meine Freilassung - weil Weihnachten war. Im Polizeiauto brachte man mich zurück an Bord. Alle waren froh und wir konnten endlich im Salon gemeinsam Weihnachten feiern.

Nach dem Löschen lagen wir noch für weitere drei Tage an der Pier und warteten auf Order für unsere nächste Ladung. Dann kam die Order, nach New Orleans zu fahren. Zum Jahreswechsel veranstalteten die mit uns auf Reede liegenden etwa 30 Schiffe mit ihren Schiffssirenen ein Konzert, wie ich es nie wieder in meinem Leben gehört habe. Einmalig!

Dann luden wir Getreide für Guanta in Venezuela und hatten Gelegenheit, abends in New Orleans an Land zu gehen. Vor allem wollte ich das berühmte »French Quarter« sehen - und meine Erwartungen wurden nicht enttäuscht! In den vielen Bars der kleinen Straßen spielten fast überall Jazzbands, im ganzen Viertel lag Musik in der Luft. Die Jazz-Musiker waren überwiegend Afroamerikaner, meistens ältere Männer, die sichtlich Spaß an ihrer Musik hatten. Auf dem Weg an Bord wollten wir noch einen letzten Drink nehmen und steuerten die nächste Bar an. Ein breitschultriger Mann versperrte uns den Weg und knurrte: »Only for black people!« Dabei dachten wir, in Amerika sei die Zeit der Rassentrennung längst vorbei.

Bald darauf liefen wir aus, unser Ziel war der Hafen Guanta in Venezuela. Also noch einmal in die Karibik. Unser Landgang in Guanta endete in »Daisys Bar« am Strand. Eine karibische Nacht wie aus dem Bilderbuch: Coole Drinks, schöne Mädchen und dazu das Rauschen des Meeres - das war der Zauber der Karibik! Wir waren begeistert und fühlten uns wohl wie schon lange nicht mehr.

Unsere nächste Order lautete, wieder ins Mississippi-Delta zu fahren und dort auf weitere Ladung zu warten. Wir lagen ohne Ladung an der Pier von Mobile und warteten. Schließlich luden wir Getreide für Kingston auf Jamaika, wo wir nach fünf Tagen ankamen. Abends an Land war dort die Hölle los und das Seemannsherz schlug höher angesichts der vielen Vergnügungsmöglichkeiten.

Mittlerweile gab es für mich kaum Probleme, an Land zu kommen. Der »Zweite« ging meistens die Bordwache, denn der »Chief« hatte herausgefunden, dass er aufgrund der Kriegswirren weder eine abgeschlossene Lehre hatte noch ein reguläres Patent besaß. Ich musste daher die Hauptmaschine mit all den anstehenden Reparaturen übernehmen und anschließend die Einstellungen und Korrekturen im Betrieb. Deshalb gewährte mir der »Zweite« meistens das Landgangsrecht. Ich hielt das im Rahmen, aber manchmal war es auch von großem Vorteil. Ein schlechtes

Blick von einem Getreidesilo auf die »Ferdinand Retzlaff«

Gewissen hatte ich nicht dabei, denn schließlich bekam ich meine Heuer nur als »Dritter«.

Einen Tag später, nach Beginn unserer Löscharbeiten, machte die »Europa« des Norddeutschen Llyod (NDL) neben uns fest. Diese Möglichkeit wollte ich nutzen, um meinem ehemaligen »Zweiten« aus meiner Motorenwärter-Zeit auf MS »Hugo Retzlaff« einen Besuch abzustatten. An der Gangway erfuhr ich, dass er tatsächlich an Bord war. Nach einiger Wartezeit und einer Personenkontrolle durfte ich an Bord und wurde zu ihm geführt. Er war sehr erfreut und hatte auch Zeit, um mir das Schiff und vor allem die Maschinenanlage zu zeigen. Mit großem Interesse bestaunte ich die riesigen Dimensionen der technischen Anlage und ließ mir viele Teile erklären, darunter auch die Stabilisatoren, die es auf den Frachtschiffen nicht gab. Die beiden Zweitakt-Dieselmotoren mit Auslassventil von Burmeister & Wain arbeiteten ähnlich wie die Motoren von der »Kremsertor«. Die »Europa« war 1953 in Holland als »Kungsholm« gebaut und 1965 vom NDL angekauft worden. Bei einer Länge von 189 m und einer Breite von 23,5 m konnte sie 475 Passagiere mitnehmen, ein riesiges Schiff.

Nach Wachschluss tranken wir noch mit anderen technischen Offizieren ein paar Bier, dann wollten sie, neugierig geworden, auch unsere Nussschale besichtigen. Sie bewunderten uns dafür, dass wir mit einem so kleinen Schiff solche Törns machten. Unser »Alter« freute sich über den mitgebrachten Besuch und bald saßen wir alle in der Offiziersmesse und tranken Bier. Die Ungezwungenheit bei uns an Bord gefiel den Offizieren der »Europa« sehr, weshalb wir einige Mühe hatten, sie gegen 18.00 Uhr zum Auslaufen ihres Schiffes wieder an Bord zu bringen.

In der Mannschaftsmesse war unterdessen die Hölle los. Die Crew hatte die Wachleute mit Zigaretten und ein paar Dollars bestochen, im Gegenzug ließen diese die Hafenmädchen an Bord. Bald wurde an Bord eine zügellose Party gefeiert. Nachdem ich einen Blick in die Messe geworfen hatte, verschwand ich schnell wieder von der Bildfläche. Alle waren schon reichlich angetrunken, da hielt ich es für besser, mich fernzuhalten. Ich achtete aber darauf, dass die Wachen gegangen wurden und checkte sicherheitshalber schon mal selbst die Diesel und den Hilfsbetrieb. Die Kältemaschinen für die Klimaanlage liefen derweil auf Hochbetrieb, denn wir hatten fast 40 Grad Lufttemperatur.

Der Löschbetrieb ging nur sehr langsam voran. Das Getreide wurde auf Lkws mit trommelartigen Behältern zur Aufnahme des Stückgutes umgeladen. Sie ähnelten unseren heutigen Müllfahrzeugen. Weil es davon nicht allzu viele gab, mussten die vorhandenen Lkws ununterbrochen fahren und brauchten dennoch neun Tage, bis die gesamte Ladung gelöscht war.

Unsere Fahrt ging weiter nach Louisburg auf der Halbinsel Nova Scotia, die zu Kanada gehört. Wir hatten eine ausgesprochene Schlechtwetter-Reise und erreichten erst nach acht Tagen Louisburg. Die Temperaturen lagen hier unter null Grad, dabei kamen wir doch gerade aus der Karibik! Wir froren alle wie die Schneider.

Sturmfahrt

Unsere neue Ladung bestand aus Knüppelholz und war für das spanische Pasajes an der Küste der Biskaya bestimmt. Die Ladung war über unser gesamtes Deck bis hinauf an die Brückenfenster verteilt. Alles wurde mit Seilen verzurrt.

Auf dieser Reise lernte ich einmal mehr die Gewalt des Meeres kennen. Drei Tage lang waren wir im Atlantik mitten in einem Orkangebiet. Wir hielten das Schiff in die See, drosselten die Maschinenleistung und ritten die mächtigen Wellen und Brecher ab. Das ging eine Zeit lang gut, bis sich ein Teil der festgezurrten Ladung löste und verrutschte. Das Schiff bekam sofort starke Schlagseite. Zunächst wartete der Kapitän die weitere Entwicklung ab. Unsere Schlagseite erhöhte sich jedoch bedrohlich, die Ladung verrutschte immer weiter. Nun entschloss sich der Kapitän zur Aufgabe der Decksladung. Der Bootsmann und seine Matrosen kappten die Verzurrung und mit dem nächsten steilen Brecher verschwand das Knüppelholz über Bord. Das Schiff richtete sich sofort wieder auf und wir dampften weiter gegen die See. Die Gefahr war für uns gebannt und die Ladung war schließlich versichert.

Pasajes liegt im Baskenland unweit der französischen Grenze und ist ein altes Seeräuber-Nest. Der romantische Ortskern mit seinen alten Fachwerkhäusern erinnerte uns sehr an heimische Gefilde. Nach der rauen und gefahrvollen Überfahrt über den aufgewühlten Atlantik verbrachte ich gemeinsam mit dem »Alten«, dem Chief und dem II. Offizier hier einen wunderschönen Abend.

Auch unsere »Ferdinand« hatte bei der Überfahrt einige Schäden abbekommen. Da kam die Order der Reederei, dass wir nach Amsterdam in die Werft gehen sollten, gerade recht. Während der Werftzeit und im Dock gab es eine Menge Arbeit für uns. Wir machten »Klasse«. Das bedeutet, dass der Germanische Lloyd beim Schiff eine technische Überprüfung vornahm und ein entsprechendes Prüfzeichen erteilte – ähnlich dem TÜV-Siegel.

Werftzeit

Aus Deutschland kamen zahlreiche Ersatzteile an. Sie waren eine gute Arbeitsgrundlage für unsere nächsten Reisen. Unsere Seekästen, die zum Ansaugen des Seewassers zum Kühlen der Motoren dienten, waren so gut wie durchgerostet und mussten allesamt erneuert werden. Außerdem mussten sämtliche Zinkanoden am Schiffskörper ausgetauscht werden. Auch die Sturmschäden an Deck wurden beseitigt. Unter anderem konnte die Druckluftleitung, die über Deck zu unserer Schiffssirene führte, erneuert werden, denn sie war durch das Verrutschen der Holzladung stark beschädigt worden.

Nach drei Tagen verließen wir die Werft in Amsterdam, um nach Saint Malo in der Bretagne zu fahren und neue Ladung aufzunehmen. Auf der Revierfahrt wurde die Schiffssirene bedient, aber nach zwei Tönen funktionierte sie nicht mehr. Ich kletterte daher nach oben in den Mast, wo in der Saling die Schiffssirene angebracht ist. Ich reinigte die Membranen vom Sand und noch bevor ich ein Zeichen gab, bediente der »Alte« die Sirene, während ich noch in unmittelbarer Nähe in der Saling hockte. Vor Schreck wäre ich fast aus dem Mast gefallen. Wütend beschimpfte ich den »Alten« in den höchsten Tönen. Der zuckte zusammen und wirkte wie versteinert. Ein paar Stunden gingen wir uns aus dem Weg. Als wir das Revier verlassen hatten, erschien er mit zwei Flaschen Bier in meiner Kammer und entschuldigte sich. Auch ich nahm die wüsten Beschimpfungen zurück und die Sache war vergessen.

Auf Trampfahrt in Europa

Wir verbrachten Ostern bei Schlechtwetter auf See und kamen am dritten Tag nach unserer Abreise in Saint Malo an. Die bretonische Stadt liegt auf einer ehemaligen Insel und ist von einer gut erhaltenen mittelalterlichen Stadtmauer umgeben. Bei einem Rundgang sieht man von der einen Seite der Stadtmauer in die rückwärtigen Gärten der Häuser, während auf der anderen Seite der Blick fast immer ungehindert aufs Meer hinausgeht. Das alte Seeräubernest ist ein Anziehungspunkt für viele Touristen und auch wir haben unseren Landgang mit anschließendem Abendessen sehr genossen.

Nach zwei Tagen Liegezeit ging unsere Reise weiter nach Safi, ein wichtiger Seehafen im Westen Marokkos unmittelbar am Atlantischen Ozean. Nach vier Tagen Schönwetter-Reise kamen wir in Safi an. Während des Landgangs feilschte ich um eine gewebte Decke und erstand sie schließlich für umgerechnet 30 D-Mark. Bei einer Tasse Tee besiegelten der Händler und ich den Kauf.

Unser nächster Hafen war Lissabon. Ein Landgang gehörte hier gewissermaßen zum Pflichtprogramm. Weil wir dieses Mal in Almada auf der gegenüberliegenden Seite des Tejo lagen, musste ich mit der Fähre fahren, um in die beliebte Altstadt von Lissabon zu gelangen. Ich zog auf eigene Faust durch das Amüsierviertel und spürte den »alten Zeiten« nach. Vieles hatte sich verändert, doch dann traf ich meine alte Bekannte Fernanda in der Bar »Atlantico« – und der Abend war gerettet. Am anderen Morgen brachte sie mich zur Fähre und wir verabschiedeten uns. Aber nicht für immer. Wir sollten uns noch einmal in Bremen begegnen.

Am nächsten Abend lud der »Alte« zu einem Landgang ein. Der II. Ingenieur, der II. Offizier und ich gingen mit ihm, während der »Chief« die Bordwache übernahm. Wir blieben auf unserer Tejo-Seite und fanden prompt ein schönes Lokal. Ich schnackte allen an, einmal den Magosh zu probieren. Besonders dem II. Ingenieur setzte das Getränk jedoch heftig zu und er musste mit kalkweißem Gesicht häufiger zur Toilette hasten.

Im Verlauf des Abends schnüffelte der »Alte« plötzlich und meinte: »Hier am Tisch stinkt's!« Wir schnüffelten alle – und tatsächlich, der »Alte« hatte recht. Wie konnte das angehen? Der II. Ingenieur rannte erneut verlegen zur Toilette. Als er zurückkam, war ein Ärmel seines langärmeligen, weißen Hemdes klatschnass. Der »Alte« verlangte eine Erklärung. Als wir sie hörten, fielen wir vor Lachen fast von den Stühlen: Der »Zweite« hatte sich bei einem seiner Toilettengänge übergeben müssen. Dabei war ihm sein Gebiss herausgefallen und ohne lange zu überlegen, hatte er ins Toilettenwasser gegriffen, um die Zähne zu retten... Wir haben die übelsten Witze gemacht und konnten uns kaum wieder beruhigen.

Unsere nächste Ladung ging nach Middlesbrough, einer trostlosen Industriestadt an der Ostküste von England. An die normal verlaufene Seereise schloss sich ein kurzer Landgang an, bei dem ich meine Freundin Joyce wiedertraf. Wir hatten uns kennengelernt, als ich auf der »Hugo Retzlaff« unterwegs gewesen war. Allerdings war das Mädchen nun verheiratet und so ging ich alleine an Bord zurück.

Unsere nächste Reise führte uns nach Antwerpen, von dort sollten wir mit Pottasche weiter nach Aalborg in Dänemark fahren. Das Laden in Antwerpen ging schnell vonstatten und die Seereise war nur kurz. Im Hafen von Aalborg lagen wir fast eine Woche und hatten viel Zeit für Landgänge. Bei einem Rundgang über den Tivoli lernte ich Anni kennen und wir gingen gemeinsam ins »Roxy«, ein damals angesagtes Tanzlokal. Anni lebte in einer großen Wohnung und hatte für den nächsten Abend ihre Freunde zu einer Party eingeladen. Ich steuerte geschmuggelten Schnaps zum Gelingen der Fete bei – und hatte außer Anni einige neue Freunde gefunden.

Eisenblech und Bimsstein

Wir fuhren zurück nach Antwerpen, wo wir voraussichtlich acht Tage an der Wartepier liegen würden, weil es noch keine neue Ladung gab. Die Hälfte der Besatzung nutzte die Gelegenheit und fuhr für ein paar Tage nach Hause. Ich schloss mich an und gemeinsam reisten wir mit der Bahn nach Bremen.

Der Vermieter von mir und meinem Kumpel Lothar hatte sich zwischenzeitlich eine große Eigentumswohnung gekauft und alle unsere Sachen in seiner neuen Wohnung in Kartons gelagert. Bei unserem nächsten längeren Urlaub mussten wir uns also eine neue Bleibe suchen. Jetzt wohnte ich aber erst einmal vorübergehend in einer Pension am Schwarzen Meer. Nach drei wilden Tagen und Nächten, vor allem im »Treffpunkt Köln«, fuhr ich wieder nach Antwerpen zurück.

Schon wenige Stunden später liefen wir mit einer Ladung Eisenblech aus. Unser Ziel war Rijeka in Jugoslawien. Zwischendurch bunkerten wir in Ceuta, bevor wir nach zwölf Tagen Seetörn am Zielhafen eintrafen. Auch in Rijeka konnte man wunderbar an Land gehen und dank unserer Devisen waren wir überall herzlich willkommen. Am nächsten Morgen trafen sich die abendlichen Landgänger am Zolltor, um von dort aus wieder zurück an Bord zu gehen.

Unsere nächste Reise führte uns zu den Liparischen Inseln. Nie gehört! Wo ist denn das? Der II. Offizier klärte mich anhand des Seehandbuches auf. Wir pflegten ein freundschaftliches Verhältnis und gingen zusammen Wache. Wenn alles gut lief, verbrachte ich einen großen Teil meiner Wache mit ihm gemeinsam auf der Brücke und lernte so einiges aus dem Fachgebiet der Nautik. Viele Stunden haben wir hier Probleme diskutiert, über alles Mögliche geredet oder einfach geschwiegen und aus den Brückenfenstern geschaut. Besonderen Spaß machte es ihm, die Ankunftszeit unseres Schiffes nach seiner althergebrachten Methode zu berechnen – und komischerweise lag er immer am dichtesten dran.

Auf den Liparischen Inseln (Italien), Liegezeit auf Reede mit der »Ferdinand Retzlaff«

Zu dieser Zeit gab es noch einen Tag extra Urlaub, wenn das Schiff an einem Sonntag nach zwölf Uhr mittags ankam. So manches Mal haben wir ein wenig nachgeholfen, wenn es knapp wurde und vielleicht nur um Minuten ging. Da wurde schon mal die Maschinendrehzahl während unserer Wache ein wenig reduziert oder der Ausfall einer Düse simuliert. Geprüft wurden diese »genauen« Ankünfte nach zwölf Uhr nicht so gründlich, denn schließlich profitierten alle davon, auch die Schiffsführung in Person des Kapitäns und des »Chiefs«.

Nach verhältnismäßig kurzem Seetörn kamen wir in Acquacalda auf den Liparischen Inseln an und lagen hier zunächst auf Reede. Das Wasser war glasklar und lud zum Baden ein. Weil Sonntag war, wurde nicht gearbeitet. Wir fierten unser Rettungsboot im Rahmen eines Bootsmanövers ins Wasser und unternahmen eine Fahrt entlang der Küste. Zwischendurch badeten wir öfter, gingen an Land und besichtigten auch die heißen, stinkenden Schwefelquellen, die aus dem Erdreich sprudelten. In der Ferne waren die Vulkane Aetna und Stromboli auszumachen. Abends fuhren wir mit unserem Rettungsboot erneut an Land und erkundeten den Ort.

Mit einer Ladung Bimsstein ging es nach England, und zwar nach Shoreham by Sea in unmittelbarer Nähe des alten Seebades Brighton mit seiner viktorianischen Architektur. Durch den Nord-Ostsee-Kanal fuhren wir weiter nach Wismar, wo wir Kali für Venedig luden.

Der II. Ingenieur hatte uns krankheitshalber bereits im Nord-Ostsee-Kanal verlassen und es gab keine Neubesetzung. Der »Chief« und ich fuhren daher von nun an im Zwei-Wachen-System und teilten uns die Heuer des II. Ingenieurs, dessen Aufgaben ich zum Teil übernehmen musste. Nach nur sechs Stunden Aufenthalt verließen wir Wismar. Wieder ging es durch den Nord-Ostsee-Kanal und dann weiter in Richtung Mittelmeer. Bei schönstem

Wetter passierten wir Gibraltar und erreichten nach zwölf weiteren Tagen Venedig.

Hier hatten wir Gelegenheit zu einer ausgedehnteren Sightseeing-Tour, inklusive einer Bootsfahrt auf dem Canal Grande. Am nächsten Morgen ging der »Alte« von Bord, was von allen Besatzungsmitgliedern ehrlich bedauert wurde. Er war ein großzügiger und toleranter Kapitän, der allen Menschen aufgeschlossen begegnete und trotzdem zielbewusst handelte. Nur wenige Kapitäne in meiner Fahrenszeit konnten mit ihm mithalten. Nach neun Monaten an Bord wollte auch ich so langsam nach Hause und bat um meine Ablösung. Sie wurde mir für einen der nächsten Häfen zugesagt.

Landgang in Venedig mit Chief Hermann Schmidt und dem II. Offizier Uwe Etzen

Abschied vom »Ferdinand«

Unsere Reise führte uns dann von Venedig nach Le Havre, geladen hatten wir Kunstdünger. Von meiner Ablösung in Le Havre war jedoch keine Spur. In einem Telefongespräch mit der Reederei vertröstete man mich auf den nächsten Hafen. Am Abend machten der »Chief«, der II. Offizier und ich einen Bummel durch die Hafenstadt. Es gefiel uns hier zwar, aber die Preise hatten es in sich. So gingen wir bald an Bord zurück und tranken noch ein Bier zusammen. Bald würden wir uns trennen, was schon ein wenig auf die Stimmung schlug. Schließlich hatten wir viel zusammen erlebt und auch gefährliche Situationen gemeistert.

Nachdem die Hälfte unserer Ladung gelöscht war, fuhren wir nach Haugesund in Norwegen. Jetzt war auch meine Ablösung zur Stelle. Ich wies den neuen »Dritten« noch ein und verabschiedete mich dann von der Maschinengang sowie den anderen Besatzungsmitgliedern. Den »Chief« und auch den II. Offizier sollte ich einige Wochen später spontan in Bremen wiedertreffen.

Bei herrlichstem Sommerwetter fuhr ich mit der Fähre durch den Fjord nach Stavanger, wo mich bereits der Agent erwartete. Er fuhr mich zum Hotel und brachte mich am nächsten Morgen auch zum Flughafen. Mit der SAS flog ich zunächst nach Kopenhagen. Dort musste ich umsteigen und weiter ging es mit der Lufthansa nach Hamburg. Die restliche Strecke bis Bremen legte ich mit der Eisenbahn zurück und nachmittags war ich endlich wieder zu Hause.

Hier machte ich mich umgehend auf die Suche nach meinem Freund Lothar, der bereits seit ein paar Tagen in Bremen war. Lothar hatte von der BMS »Atlantic« abgemustert und wir wollten zusammen Urlaub machen. Ich fand ihn schließlich bei seiner neuen Freundin Helga. Die beiden schmiedeten Hochzeitspläne – und unser gemeinsamer Urlaub war damit ad acta gelegt... Ab sofort würde ich die kleine Wohnung am Schwarzen Meer für mich alleine haben. Am nächsten Morgen schon wollte Lothar seine restlichen Sachen abholen. Ich regelte mit dem Vermieter die neue Miete und die Sache war schnell erledigt.

Als Lothar und Helga heirateten, schenkte ich ihnen zur Hochzeit meinen Anteil an unserem 1966 gemeinsam erworbenen Boot. Es lag bei Lühmann am Weserwehr und die beiden hatten jetzt mehr Zeit für ausgedehnte Flussfahrten als ich. Mein Urlaub war Ende Oktober vorbei, dann reagierte ich auf eine Anzeige im »Hamburger Abendblatt«: Die Reederei Weidtmann & Ballin suchte einen III. Ingenieur für weltweite Trampfahrt. Das klang vielversprechend!

Maschinen, Schrott und Trockenfisch

Als Wachingenieur auf MS »Alsterfleet«

Ende Oktober 1967 hatte ich im »Hamburger Abendblatt« gelesen, dass die Reederei Weidtmann & Ballin einen III. Ingenieur für weltweite Trampfahrt suchte. Nach einem kurzen telefonischen Kontakt wurde ich zum Vorstellungstermin nach Hamburg eingeladen. Bei der Inspektion legte ich meine Zeugnisse und das Seefahrtbuch vor. Alle meine Fragen zur Reederei und zum Schiff wurden hier bereitwillig beantwortet.

Zunächst staunte ich über das kleine Schiff, ein »999er«, das als Drei-Wachen-Schiff gefahren wurde. Der I. Ingenieur hatte das größte Ingenieurpatent, nämlich C6, und der II. Ingenieur besaß das C5. Dazu sollte ich als III. Ingenieur kommen und zusätzlich wurde noch ein Schmie-

Steckbrief MS »Alsterfleet«

- **Baujahr:** 1957 bei der Werft D.W. Kremer & Sohn, Elmshorn, 968 BRT, 1550 tdw
- **Maschine:** 800 PS mit Wellengenerator, 6-Zylinder Viertaktmotor ohne Aufladung, MaK
- **Angelaufene Häfen:** Gent, Calheta (Azoren), Angra de Heroismo (Azoren), Casablanca, Ipswich, Hamburg, Bilbao, Rotterdam, Antwerpen, La Spezia, Savona, Valencia, Burriana, Gandia, Cartagena, Dover, Boston (England), Rotterdam, Concurbion (Spanien), Casablanca, Dünkirchen, Queensborough, Imperia, Marina de Carara, San Carlos de la Rapita (Spanien), Castillon (Spanien), Ibiza, Ceuta, Christiansund
- **Reeder:** Reederei Weidtmann & Ballin, Hamburg
- **Dienstzeit:** Oktober 1967 bis Juni 1968 als III. Ingenieur
- **Besatzung:** 12 Mann

rer gefahren. Für eine 800-PS-Maschine schien mir das etwas übertrieben, aber die Reederei konnte und wollte sich diese großzügige personelle Ausstattung leisten. An Deck fuhren außer dem Kapitän noch ein I. und ein II. Offizier.

Den Namen »Ballin« hatte ich im Zusammenhang mit der Hapag schon einmal gehört. Man erklärte mir, dass es sich bei dem Reeder um einen Neffen des legendären Hapag-Gründers handelte. Und dieser musste sagenhafte Kontakte haben, wie ich später an unserer Ladung merken sollte. Zu diesem Zeitpunkt verfügte die Reederei über vier Schiffe: MS »Alsterdamm«, MS »Alsterkamp«, MS »Alsterpark« und MS »Alsterfleet«. Alle Schiffe waren in den 50er Jahren bei Kremer in Elmshorn gebaut worden. Die MS »Alsterpark« wurde kurze Zeit später erfolgreich an eine griechische Reederei verkauft.

Ich sagte der Reederei zu und man schickte mir die Fahrkarte für die Eisenbahnfahrt nach Gent zu. Zwei Tage später war ich bereits vor Ort und wurde über das Konsulat der Bundesrepublik Deutschland in Gent angemustert. Die Ladung der MS »Alsterfleet« bestand aus Düngemittel-Säcken und war für zwei Häfen auf den Azoren bestimmt. Das Löschen dort sollte auf Reede erfolgen.

Als ich den kleinen »Hobel« zum ersten Mal sah, habe ich mich fast ein wenig erschrocken. Der Rumpf war grau gestrichen, etwas heller als das »Hansagrau«, das ich bereits kannte. Die Aufbauten waren weiß gehalten, während die Masten und Teile des Decks in einem sandfarbenen Ton gestrichen waren. Hier und da entdeckte ich Roststellen. Die »Alsterfleet« war also nicht gerade »gut in Farbe«, was ich von anderen Schiffen so nicht kannte. Normalerweise waren die Bootsleute immer dazu angehalten, das Schiff in einem guten Zustand zu halten. Da wurde ständig Rost geklopft und gebürstet und die roten Mennige-Flecke zeigten an, wo später noch gelackt werden musste. Dass ich mit diesem Schiff über den Atlantik fahren sollte, hielt ich kaum für möglich. Und tatsächlich: Näher als mit diesem Schiff bin ich den Gewalten der See nur mit dem Bergungsschlepper »Atlantic« gekommen.

An Bord der MS »Alsterfleet«

Aber zunächst ging ich erst einmal an Bord und meldete mich zum Dienst. Der Kapitän war schon älter und sehr erfahren, wie sich später herausstellte. Mein zukünftiger »Chief« war mittleren Alters und recht sympathisch. Auch der II. Ingenieur war ebenso wie der II. Offizier mittleren Alters, während der I. Offizier in etwa so alt wie der Kapitän war. Der Schmierer war in meinem Alter und ein echter Hamburger Junge von St. Pauli. Die Decks-Crew bestand aus einem Bootsmann, zwei Matrosen und zwei Leichtmatrosen. Alles in allem war das eine recht üppige Personalausstattung für diese Schiffsgröße. Die meisten Besatzungsmitglieder waren schon länger an Bord, kannten andere Schiffe der Reederei und waren sehr zufrieden mit ihrem Arbeitgeber. Das galt auch für die Verpflegung.

Bald schon legte sich meine anfängliche Skepsis. Der Umgang war freundschaftlich und fast familiär. Alternativen gab es auf dem kleinen Schiff ohnehin nicht. Der »Chief« wies mich in die Anlage ein und die ersten Wachen ging der Schmierer noch mit mir zusammen, bevor er dann wieder die Wache des »Chiefs« übernahm. Die Maschine war ein mächtiger Klotz, bedenkt man die vergleichsweise geringe Leistung von 800 PS. Sie hatte noch keine Turbo-Aufladung, so erklärten sich die riesigen Ausmaße. Zwei kleine Hilfsdiesel von 100 PS machten die Anlage komplett. Beim ersten Anlassmanöver erschrak ich heftig, denn die überschüssige Anlassluft wurde während des fahrenden Manövers mit einem Rohr nahe dem Fahrstand abgeführt. Bei jedem Anlassen und Umsteuern der Maschine knallte die entspannte Luft wie ein Revolverschuss. Das war schon sehr gewöhnungsbedürftig!

Auch die Anlassvorrichtung von MaK kannte ich noch nicht. Die Maschine wurde mit zwei Hebeln gestartet und auf die gewollte Drehzahl gebracht. Das war so ähnlich wie bei den Deutz-Anlagen auf der »Atlantic«. Ansonsten war der Motor offen: Die Nockenwelle lag unten und die Ventilstößelstangen mussten noch regelmäßig geschmiert werden. Diese Technik stammte aus den 50er Jahren, als auch die MS »Kybfels« von der DDG »Hansa« gebaut worden war.

Oben:
Das Küstenmotorschiff (Kümo) MS »Alsterfleet« auf Großer Fahrt

Unten:
Über den Atlantik nach Boston (USA) mit Aluminium-Blöcken aus Bayonne für die Boeing Flugzeugwerke

Die Elektrotechnik bestand aus einer Gleichstromanlage mit Anlassern für alle Elektromotoren. Neu für mich war der Wellengenerator. Dieser wurde immer bei ruhiger See in Betrieb genommen, wenn die Hauptmaschine gleichmäßige Drehzahl machte. Ein breiter Flachriemen trieb von der Schwanzwelle aus den Generator an. Ein sogenannter »Pintsch-Regler« kompensierte die Drehzahlschwankungen des Hauptmotors und regulierte die Stromspannung. Der Riemen musste regelmäßig mit einem Haftungsmittel eingesprüht werden, um die Kraftübertragung sicherzustellen. Der Hilfsdiesel konnte dann abgestellt werden und es herrschte eine wohltuende Ruhe im Maschinenraum. Aber sobald die See etwas rauer wurde und der Drehzahlregler des Hauptmotors zu arbeiten begann, war es vorbei mit dem Betrieb des Wellengenerators. Das war ein weiterer Grund, sich immer schönes Wetter und ruhige See zu wünschen.

Reise! Reise!

Unsere erste Fahrt ging zu den Azoren in den Hafen von Calheta auf der Insel Sao Jorge. Wir löschten hier auf Reede mit eigenem Geschirr und hatten dabei immer einen gewissen Seegang (»Schwell«). Das machte das Löschen der Ladung schwierig, weil das Überholen des Schiffes die aufgehende Ladung in seitliche Schwenkbewegungen versetzte und diese somit schwer zu kontrollieren war. Eine Hiev bestand aus einer Palette mit etwa zwanzig Säcken Düngemittel.

Leider kam es beim Löschen zu einem traurigen Zwischenfall. Einer der Arbeiter passte für einen Moment nicht auf und die gesamte Palette knallte gegen seinen Rücken. Sein Kreuz brach und wenig später war er tot. Er wurde an Land gebracht und wir stellten die Arbeit für diesen Tag ein. Die Stimmung an Bord war gedrückt, als wir den Anker hievten und weiter zur Insel Terceira fuhren. Hier wurde die restliche Ladung an der Pier im Hafen von Angra do Heroismo gelöscht.

Auf der Reise zu den Azoren hatte ich den II. Ingenieur gefragt, ob er nicht nach Feierabend noch ein Bier mit mir trinken wolle. Das lehnte er jedoch ab mit dem Argument, er mache sich nichts aus Alkohol. Auch sonst gab er sich sehr verschlossen und so ließ ich ihn in Ruhe. In Angra do Heroismo meldete er sich ab, um zum Friseur zu gehen. Der Schmierer und ich machten derweil unsere turnusmäßigen Arbeiten, als wir am späten Nachmittag durch lautes Rufen und Schreien an Deck gelockt wurden. Was wir dann sahen, verschlug uns die Sprache: Auf einem Karren, mit dem sonst die Säcke einer Hiev weggefahren wurden, lag rücklings unser »Zweiter«. Im Zustand der Volltrunkenheit hatte er sich bereits übergeben und sah dementsprechend aus. Die Einheimischen hatten ihn hierher gebracht und forderten uns auf, ihn an Bord zu holen. Angeekelt schleppten der Schmierer und ich den Mann in seine Koje und bald darauf liefen wir aus. Der »Zweite« ging zwar auch zukünftig seine Wachen, aber der Bann war gebrochen. Er trank regelmäßig und richtig nüchtern war er selten.

Unsere Reise ging nach Casablanca und von dort nach Ipswich in England. Auf dem Weg zum Hafen gerieten wir in dichten Nebel. Radar hatte das Schiff noch nicht. Der Kapitän meinte, er selbst wäre das Radar, und saß die ganze Zeit über auf der Brücke. Vorne, auf der Back, hielt ein Mann der Decks-Crew Ausguck und läutete die Glocke, wenn er etwas hörte oder sah. Als ich einmal an Deck ging, rauschte hinter uns ein riesiger Schatten vorbei und ich konnte das Stampfen der Maschine hören. Da wurde es mir doch mulmig, aber alles ging gut.

Zwischenspiel in Hamburg

Der nächste Hafen war Hamburg. Der Schmierer war lange genug an Bord und bekam für die Dauer unserer Liegezeit frei. Die Frau des »Zweiten« kam an Bord und so konnte auch ich an Land gehen. Ich stromerte durch das Amüsierviertel, fand die »Dakota Bar« geschlossen vor und landete im »Silbersack«. Hier war ich früher schon gewesen und hatte den geschickten alten Mann bewundert, der von den Gesichtern der Gäste Scherenschnitte machte, um sie dann gegen Geld anzubieten. Das war lange her, zu lange, um noch alte Bekannte zu treffen. Also saß ich am Tresen und trank Bier. Währenddessen spielte sich folgende filmreife Szene ab: Ein volltrunkener Sailor sollte das Lokal verlassen und der Rausschmeißer wurde vom Wirt aufgefordert nachzuhelfen. Ruhig schob dieser den Volltrunkenen vor die Tür, schüttelte nur mit dem Kopf - und gut war's. Der Seemann aber kam immer wieder zurück, weshalb der Rausschmeißer, ein wirklich kräftiger Bursche, seine Taktik änderte. Aber anstatt Gewalt anzuwenden, was alle Gäste erwartet hatten, grinste er nur und holte einen Eimer mit Wasser, in den er zusätzlich Eiswürfel füllte. Als sich der Sailor das nächste Mal näherte, schob ihn der Rausschmeißer sanft vor die Tür und stülpte ihm den Wassereimer über den Kopf. Der gewaltlose Akt fand regen Beifall.

Ich wanderte noch zur »Großen Venus« weiter, aber auch hier war nur wenig los. So landete ich im »Cafe Keese« und die Nacht wurde entsprechend teuer. Trotzdem ging ich am nächsten Morgen gut gelaunt an Bord. Am Abend warfen wir unsere Leinen los, aber beim Ablegen geriet die vom Schlepper »Hans« der Reederei Petersen & Alpers losgeworfene Achterleine in unsere Schraube. Rums, unsere Maschine stand und nichts ging mehr. Der Schlepper drückte uns wieder gegen die Pier und eine weitere Nacht in Hamburg stand uns bevor. Landgang war allerdings nicht drin. Mit Erlaubnis des »Chiefs« war jedoch der II. Ingenieur nach Hause gefahren.

Während Taucher versuchten, die Trosse wieder zu lösen, turnten wir zur Unterstützung die Maschine mal rechts und mal links herum. Am nächsten Mittag war es endlich so weit. Die Trosse hatte keinen weiteren Schaden an unserer Stevenrohrabdichtung angerichtet, alles war dicht und wir konnten auslaufen. Auch der »Zweite« war pünktlich eingetroffen, allerdings sternhagelvoll, weil ihn seine Frau betrogen hatte. Der »Chief« und ich gingen daher die nächsten Wachen für ihn mit. Obwohl der »Alte« ein ausdrückliches Alkoholverbot gegen ihn erlassen hatte, deckte sich der »Zweite« in den Häfen immer aufs Neue mit Alkoholika ein und war nur noch selten voll einsatzfähig. Alle Dämme schienen gebrochen. Für uns war das nicht sehr angenehm.

Jahreswechsel in Valencia

Unsere Reise ging weiter nach Bilbao und von dort nach Rotterdam. Eine erwähnenswerte Besonderheit gab es an Bord: Man musste zollfreie Waren, also Zigaretten, Bier und Schnaps, immer einen Monat im Voraus beim »Alten« einkaufen, und zwar für den Preis, den auch der Schiffshändler in Rechnung stellte. Nachdem nämlich das Finanzamt Hamburg den »Alten« wegen Steuerhinterziehung am Kanthaken

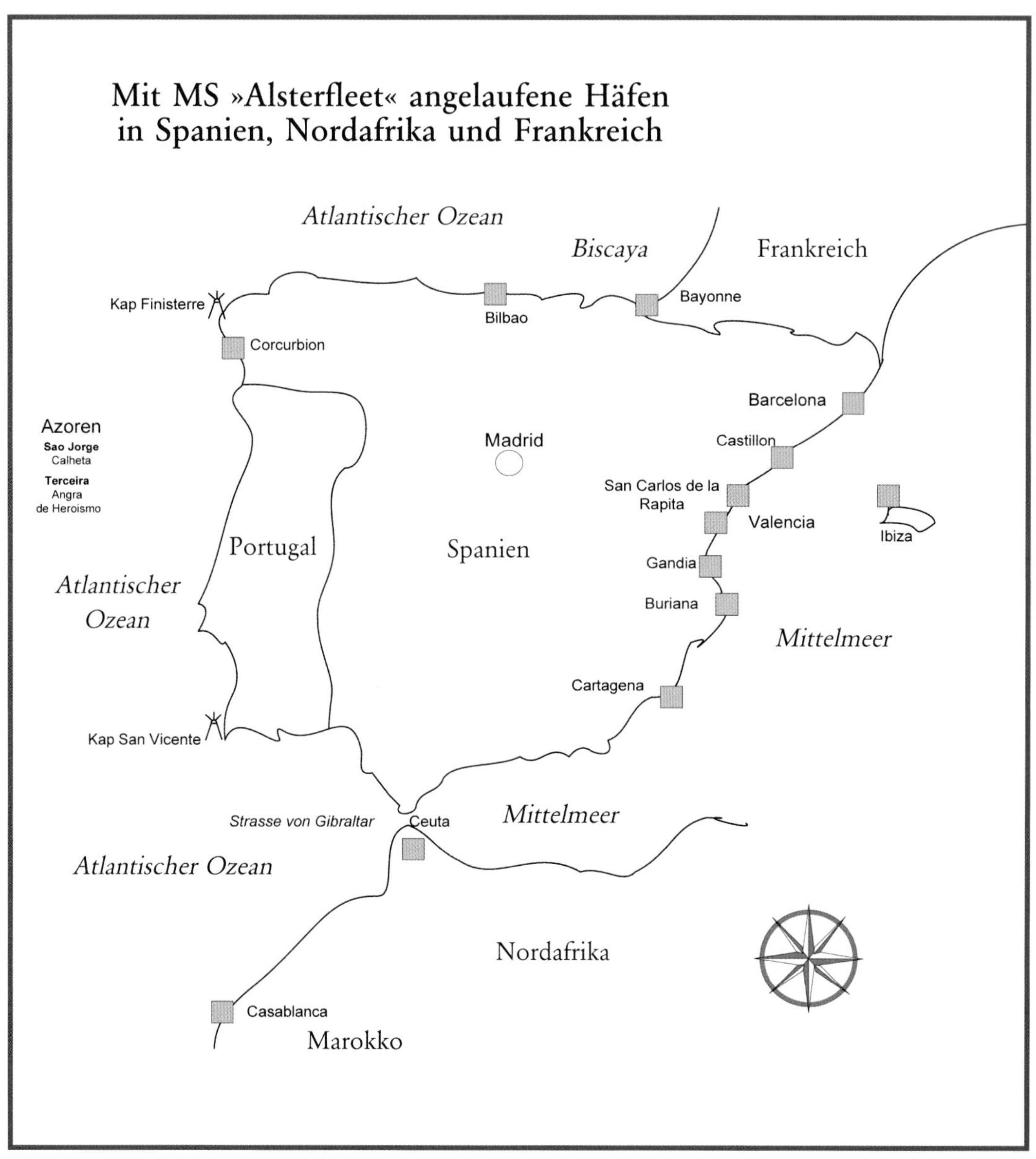

hatte, wollte er nicht mehr am Umsatz beteiligt sein und zusätzliche Arbeit vermeiden. Aber nur selten kam man mit den eingekauften Waren hin, weshalb wir den »Alten« regelrecht anbettelten, den Store zu öffnen. Der aber war stur und wich nur dann von seinem Kurs ab, wenn die gesamte Crew Druck ausübte.

Wir fuhren von Antwerpen aus ins Mittelmeer nach La Spezia und Savona in Italien. In Antwerpen besuchte ich mit dem Schmierer auch das unter Seefahrern bekannte Lokal »Lachende Kuh«. Hier wurde so einiges geboten und wir haben uns köstlich amüsiert.

Der Kapitän und der I. Offizier hatten mich zwischenzeitlich in einigen Gesprächen davon überzeugt, wie sinnvoll es ist, in meinem Alter einen Bausparvertrag abzuschließen. Auf ihr Drängen hin riefen wir über »Norddeich Radio« die Sparkasse in Bremen an, denn hier hatte ich bereits mein normales Sparkonto. Grund für die Eile war die ablaufende Frist für die Jahresprämie 1967, die ich noch mitnehmen sollte. Die Sparkassenleute waren über das Seefunkgespräch überrascht, so etwas kommt nicht alle Tage vor. »Norddeich Radio« und unser Kapitän bestätigten meinen Wunsch und damit die Echtheit des

Gesprächs, sodass der Vertrag auch ohne Unterschrift zustande kam. Bei meiner Heimkehr sollte ich dann nachträglich unterschreiben. So lief das damals und noch heute bin ich den Kollegen dankbar für den Druck, den sie zu meinem Besten ausgeübt hatten: Der Bausparvertrag war Grundstein für meine spätere Eigentumswohnung.

Nachdem wir in La Spezia gelöscht hatten, gingen wir nach Savona. Hier lagen wir über Weihnachten bei schlimmstem Regenwetter. Es gab eine Weihnachtsfeier an Bord, ansonsten war es ruhig. Aus Langeweile ging ich mit dem II. Offizier an Land und wir sahen uns im Kino einen Django-Western an. Wir verstanden zwar nicht viel, konnten der Handlung aber natürlich auch ohne Untertitel folgen.

Als Nächstes liefen wir einige Häfen an der Orangenküste in Spanien an. Von Valencia aus, wo wir auch über Silvester lagen, fuhren wir weiter nach Buriana und Gandia. Am Silvesterabend ging ich wieder zusammen mit dem II. Offizier an Land. In Valencia war es verhältnismäßig warm und wir mischten uns unter die vielen Menschen auf den Straßen und in den Bars. Alle waren vergnügt und mit einer Mischung aus Spanisch und Englisch konnten wir uns prima verständigen. Spanien war ohnehin das Land, in das ich am liebsten fuhr.

Wir liefen noch Cartagena in Südspanien an, bevor unsere Reise nach Dover ging. Die Kreidefelsen leuchteten in der Sonne, als wir dort ankamen. Weiter ging es nach Boston in England und dann nach Rotterdam. Unser nächster Halt war der nordspanische Hafen Corcubión in Galicien. Wir passierten, wie so oft schon, das Kap Finisterre, die berühmte Landspitze im Nordwesten Spaniens, die in den Atlantischen Ozean hinausragt. Der nordspanische Pilgerweg, besser unter dem Namen Jacobsweg bekannt, endet eigentlich hier »am Ende der Welt«, wie man im Mittelalter glaubte. In dieser Region gibt es tiefe, fjordähnliche Buchten, in denen Muscheln gezüchtet werden. Diesen Küstenstrich kannte ich bereits von meinen Einsatzfahrten mit dem Bergungsschlepper »Atlantic«. In Corcubión ging ich gemeinsam mit dem II. Offizier an Land. Wir speisten fürstlich und ich konnte meine Kenntnisse in Sachen »spanische Spezialitäten« einbringen.

Und die Ladung: Maschinenschrott

Weiter ging unsere Reise nach Casablanca, Dünkirchen und Queensborough in England. Hier staunte ich zum ersten Mal über unsere Ladung: U-Boot-Netze, Relikte aus dem 2. Weltkrieg, sollten wir laden. Tatsächlich wurden Lkw-Achsen, gebrauchte Motoren und andere technische Maschinen geladen, obendrauf kamen dann die U-Boot-Netze. Wie das mit dem Zoll klarging, weiß ich nicht, aber wir fuhren mit dieser Ladung nach Italien. Imperia an der Ligurischen Küste war unser Bestimmungshafen.

Der »Chief« hatte entdeckt, dass in der Ladung mehrere kleine englische Zwei-Zylinder Petter-Dieselmotoren lagen, die als Schrott deklariert waren. Während der Seereise war das Wetter ruhig und er sorgte dafür, dass der am besten erhaltene Motor an Deck gehievt wurde.

Dann war ich an der Reihe. Der »Chief« hatte mich zuvor gefragt, ob ich mir zutrauen würde, einen solchen Motor wieder in Schwung zu bringen? Ich sagte meine Unterstützung zu und verbrachte folglich einen Teil meiner Wachen mit der Überholung des Motors. Wir mussten allerdings noch einmal in den Laderaum, um eine andere Brennstoffpumpe aufzutreiben, denn die Pumpe an dem in Überholung befindlichen Motor war total verschlissen und unbrauchbar. Aber dann war es so weit. Mit der Hilfe des Schmierers und einer Hilfskonstruktion für Kühlwasser und Diesel startete ich den Motor. Hüpfend sprang er auf den Flurplatten hin und her, sodass der Schmierer Mühe hatte ihn festzuhalten. Der »Chief« war begeistert. Bei seinem Abmustern in Hamburg wollte er den Motor mit nach Hause nehmen und seine heimische Kreissäge damit betreiben.

Als wir durch die Straße von Gibraltar gefahren waren und in der Höhe von Almeria standen, ließ der »Alte« den Kurs so dicht wie möglich unter Land absetzen. So nahe am Ufer konnten wir Häuser und sogar Menschen erkennen. Der Kapitän freute sich, denn er konnte genau prüfen, ob Türen und Fenster seiner beiden Häuser in Ordnung waren. Der »Zweite« allerdings schwitzte Blut und Wasser, weil wir so dicht unter Land fuhren.

Als wir in Imperia ankamen, wurden zuerst die Netze abgenommen, dann kam der Maschinenschrott an Land. Anschließend wurden Lkw-Chassis herangeschleppt, die Achsen aus den Luken gehievt, unter die Lkws geschraubt - und dann fuhren diese von der Pier aus dem Hafen. Hinter vorgehaltener Hand wurde gemunkelt, dass die Ladung von der Mafia gemanagt war!

Dann kam die Stunde des II. Ingenieurs, nämlich seine letzte. Er war wieder so volltrunken, dass der »Alte« ihm fristlos kündigte und ihn am nächsten Morgen nach Hause schickte. Nun fuhren der »Chief« und ich gemeinsam mit dem Schmierer die Maschinenanlage. Der »Chief« und ich teilten uns die Heuer des »Zweiten« und gingen zwei Wachen. So bald wie möglich sollte die Reederei einen Ersatzmann schicken. Zunächst aber fuhren wir nach Marina de Carrara und luden Marmor für den spanischen Hafen San Carlos de la Rapita, der zwischen Valencia und Barcelona an der Costa Dorada liegt. Ich konnte dabei zusehen, wie der Marmor mit speziellen Drahtseilen aus den Marmorfelswänden gesägt und in kleinere Teile gebrochen wurde, bevor wir ihn an Bord bekamen. Eine sehr interessante und beeindruckende Methode.

Die Reise ging dann über Castellon de la Plana nach Ibiza. Wir fuhren weiter in Richtung Norden, bunkerten in Ceuta und machten unseren nächsten Halt in Christiansund in Dänemark. Hier kam der neue II. Ingenieur an Bord, der mittleren Alters und recht umgänglich war.

Eiseskälte und Trockenfisch

Die nächste Reise führte uns nach Island. Hier luden wir in vielen kleinen Häfen bei Temperaturen bis minus zwanzig Grad Trockenfisch mit unserem eigenen Ladegeschirr. Meistens lagen wir an einer kleinen Holzpier, wo wir dem eiskalten Wind schutzlos ausgeliefert waren, während wir an Deck arbeiten mussten.

Auf diese eisigen Temperaturen waren wir nicht vorbereitet. Das Öl in unseren Ladewinden wurde so dickflüssig, dass sich die Kupplungsscheiben für das Hieven und Fieren nicht mehr lösten. Wir nahmen die Revisionsdeckel ab und mit langen Schraubendrehern lösten wir die Scheiben, um den Betrieb zu gewährleisten. Der Wind pfiff und wir wechselten uns alle fünf Minuten ab, weil wir steif gefroren waren. Alles, was wir an Kleidung hatten, wurde angezogen, und der Koch musste ständig heiße Getränke vorhalten. Ich verfluchte hier zum ersten Mal die Seefahrt. Die furchtbare

Bei minus 20 Grad auf den Faröer-Inseln zur Übernahme von Trockenfisch für Bilbao in Spanien

Kälte und dazu die schwere Arbeit an Deck, so etwas hatte ich noch nicht erlebt. Nur in Reykjavik ging ich kurz an Land, durchstreifte das Stadtzentrum und kehrte bald durchgefroren an Bord zurück.

Der letzte Ladehafen war Heimay auf den Färöer-Inseln. Dann hatten wir die Laderäume voller steif gefrorener Trockenfische. Diese Fische stellten in Nordspanien eine absolute Delikatesse dar und sollten nach Bilbao gehen. Wir waren froh, als wir Island und die Faröer verlassen konnten: Tag für Tag wurde es etwas wärmer.

Weil die Fischladung Wasser und Salz abgab, mussten die Laderaum-Bilgen täglich gelenzt werden. Da die See ruhig war, zogen wir eine regelrechte Milchstraße in unserem Kielwasser hinter uns her, die wohl mehr als eine Meile lang war.

Unsere Trockenfische, in Bilbao »Bacalaos« genannt, waren bei den Einheimischen so beliebt, dass die sonst eher zurückhaltenden Spanier klauten wie die Raben. Die hart gefrorenen gesalzenen Fische wurden einfach in die Hosenbeine gesteckt. Steifbeinig trugen die Schauerleute ihre Beute an Land und versteckten sie in den Schuppen. Der Fisch war für die Hafenarbeiter teuer und diese Delikatesse wollten sie sich nicht entgehen lassen. Der Verlust hielt sich jedoch im Rahmen, weshalb unsere Wachoffiziere in Kenntnis der Sachlage den Diebstahl so durchgehen ließen.

An dieser Stelle muss ich noch erwähnen, wie für uns an Bord Obst und Gemüse eingekauft wurde: In allen Häfen, wo es möglich war, ging der »Alte« zum Markt, und zwar in Begleitung des II. Offiziers. Der musste zu seinem Leidwesen einen großen Korb tragen, in den der Kapitän seine Einkäufe hineinpackte. Diese frischen Sachen kamen immer sofort auf den Tisch, was uns allen - abgesehen vom »Zweiten« - ausgesprochen gut gefiel.

Ausgesprochen unzufrieden waren wir hingegen mit den Unmengen von Hammelfleisch, die der »Alte« während unserer Island-Reise eingekauft hatte. Und zwar äußerst preiswert, um den Verpflegungssatz niedrig zu halten. Es gab fast jeden Tag Hammel, in allen erdenklichen Variationen. Das Schiff stank schon danach. Zum großen Knall kam es, als der »Alte« den Koch anwies, aus Rindfleischstücken den Kern herauszuschneiden und mit Hammelfleisch auszufüllen. Kurzerhand verweigerten wir die Arbeit und das Essen. Der »Alte« war über unsere geschlossene Protestaktion so erschrocken, dass er den größten Teil des Hammelfleischs über Bord werfen ließ.

Unsere Kombüse hatte es ohnehin in sich: Der Herd wurde mit einem Ölbrenner beheizt. Bei Seegang kam es oft vor, dass der Brenner unverbranntes Heizöl über die Herdplatte sprühte. Bei offener Pfanne schmeckten unsere Bratkartoffeln dann nach Gasöl. Darüber gerieten wir in so manchen Streit mit dem Koch, unser Verhältnis war nicht das beste. Freilich war es nicht allein der Koch, der den Verpflegungssatz so niedrig hielt. Zusätzlich machte ihm noch der »Alte« gehörig Druck. Die Angeschmierten waren wir, die Besatzung.

Der neue »Zweite« machte sich recht gut, kam aber zum Arbeitsbeginn nur schlecht aus dem Bett. Da er mich ablösen musste, verlängerte sich meine Wache häufig um eine halbe Stunde. Das wurmte mich mächtig und ich sann auf Abhilfe. Auf allen Seeschiffen sind spezielle Wasserhähne installiert, bei denen man Wasser nur entnehmen kann, wenn man einen Hebel nach unten drückt und diesen dabei festhält. Denn Trinkwasser galt als das höchste Gut an Bord und sollte nicht durch Unachtsamkeit verschwendet werden. Ich bog mir aus Flacheisen eine Klammer, die ich über den Hebel des Wasserhahns schieben konnte. Nun lief das Wasser immerzu. Dann setzte ich den Stöpsel für das Waschbecken und weckte den »Zweiten« mit dem Hinweis, dass ich schon mal Wasser einlaufen lassen würde, damit er sich nach dem Aufstehen erfrischen könne. Und tatsächlich: Nachdem er das erste Mal seine Kammer trocken gefeudelt hatte, klappte die Wachablösung perfekt.

Dieser Zustand währte jedoch nur für kurze Zeit. Aus persönlichen Gründen musterte der »Zweite« im nächsten Hafen in Bayonne ab und fuhr eiligst nach Hause. Nun war es also wieder so weit: Der »Chief« und ich gingen im Zwei-Wachen-System unsere Wachen und teilten die Heuer des »Zweiten« erneut unter uns auf.

Ungewöhnliche Ladung

In Bayonne staunte ich zum zweiten Mal über unsere ungewöhnliche Ladung. Die Laderäume wurden besonders gründlich gereinigt und sogar mit dicker Wellpappe ausgeschlagen. Dann kam die Ladung. Ebenfalls in Wellpappe eingepackt, wurden vorsichtig große Aluminiumblöcke von etwa 3 x 1 m Größe in den Laderaum gefiert. Die Ladung war für den Flugzeughersteller Boeing in den USA bestimmt. Aus den Blöcken sollten dort die Flugzeugbleche gewalzt werden. Das war eine wertvolle Ladung und unsere Reederei musste wirklich gute Kontakte haben.

Unser Bestimmungshafen war Philadelphia an der Ostküste der USA. Diese Reise mit dem kleinen Schiff war schon etwas Besonderes. Glücklicherweise hatten wir ruhiges Wetter und die Reise verlief gut. Sorgfältig wurden die Blöcke wieder gelöscht und wir hatten Zeit für einen Landgang inklusive Sightseeing. Ich besichtigte unter anderem die berühmte Freiheitsglocke und die Christ Church, in der Benjamin Franklin begraben liegt.

Wir blieben an der Ostküste und fuhren anschließend nach Portsmouth. Unser Liegeplatz befand sich im militärischen Teil des Hafens. Auch wir sollten militärische Ladung fahren, nämlich ein Unterwasserkabel, das für eine NATO-Marinebasis in der Nähe von Bergen in Norwegen bestimmt war.

Hier wunderte ich mich erneut über unsere ungewöhnliche Ladung. Nach dem Reinigen wurde in einem der Laderäume ein rundes hölzernes Gestell mit einem vorgeschriebenen Durchmesser auf dem Boden befestigt. Auf dieses kreisförmige Gestell sollte nun das Kabel gewickelt werden, wobei jedes Knicken vermieden werden musste. Oberhalb der Luke wurde eine Maschine installiert. Sie hatte mehrere Elektromotoren, die ebenso viele stählerne Rollen antrieben. An der Pier lag die riesige Kabelrolle bereit. Jetzt erschienen etwa dreißig Marinesoldaten und begannen das Kabel, das einen Durchmesser von etwa 10 cm hatte, von Hand zur Maschine zu ziehen. Der Anfang des Kabels wurde zwischen die Rollen der laufenden Maschine geschoben, dann glitt es sehr langsam in den Laderaum. Hier standen wieder etliche Marinesoldaten parat, die das Kabel um das hölzerne Gestell legen mussten. Diese Arbeit dauerte den ganzen Tag.

Das fein säuberlich aufgewickelte Unterwasserkabel war unsere gesamte Ladung für die kommende Reise zurück über den Atlantik bis nach Norwegen. Um überhaupt einigermaßen Tiefgang zu haben, wurden alle Ballasttanks geflutet sowie die Trinkwasser- und Brennstofftanks gefüllt – erst dann ging es los. Das Wetter blieb gut und die See war ruhig, sodass wir ohne große Vorkommnisse in einen Marinehafen nahe bei Bergen fahren konnten. Sobald wir die Hafeneinfahrt erreicht hatten, kamen Marineoffiziere von der NATO an Bord und blieben bis zum Auslaufen bei uns. Wir staunten nicht schlecht, als wir bei unserer Einfahrt an einem riesigen Atom-U-Boot vorbeiglitten. Gleich dahinter lagen mehrere kleinere U-Boote und überall wimmelte es von Marinesoldaten.

Die Luke wurde geöffnet und eine ähnliche Prozedur wie in Portsmouth begann. Während die Marinesoldaten ihre Arbeit machten, schlenderte ich an der Pier entlang, weiter an den U-Booten vorbei bis zu dem monströsen Atom-U-Boot. Kein Mensch war zu sehen, nicht einmal eine Wache. Ich erkundete das Gelände und entdeckte eine Reihe von Kasernen. Zwischen den Kasernen waren zwei Betonfundamente gegossen, auf denen zwei Ein-Mann-U-Boote aus dem Zweiten Weltkrieg lagen. Eine Auskunftstafel informierte darüber, dass die deutsche Marine diese Basis bereits im letzten Weltkrieg genutzt und ausgebaut hatte. Hier hatte sich ein Ausbildungslager für die legendären Ein-Mann-U-Boot-Fahrer befunden. Ich inspizierte die hier liegenden Boote ganz in Ruhe und wurde erstaunlicherweise nicht behelligt.

Zurück an Bord berichtete ich den Kollegen von dem, was ich gesehen hatte. Die halbe Besatzung ging daraufhin meine Tour nach – und wieder wurde niemand angehalten. Darüber war ich am meisten erstaunt. Aber vielleicht wurden wir ja über Kameras beobachtet, anders konnte ich mir die Freizügigkeit in der NATO-Basis nicht erklären.

Von der Maschine an die Hochschule für Schiffsbetriebstechnik in Bremen

Unsere nächste Reise führte uns in unseren Heimathafen nach Hamburg. Hier würde der »Chief« abmustern und Urlaub machen. Frühzeitig schleppten wir seinen Petter-Diesel an Deck und machten ihn klar zum Transport an Land. Als wir in Hamburg einliefen, hatte ich Wache und fuhr auch die Manöver. Die MaK-Maschine hatte einen »wunden Punkt«, von dem aus sie nach dem Umsteuern nicht mehr ansprang. Man musste noch einmal kurz Luft geben, um eine andere Stellung der Nockenwelle zu erreichen. Das kam zwar selten vor, aber doch hin und wieder. Was ich nicht wusste: Bei unserem Einlaufen stand der Reeder Weidtmann mit Gefolge an der Pier. Beim Rückwärts-Manöver schon dicht vor der Pier kam es prompt zum Umsteuerungsfehler. Mit der erworbenen Routine der häufigen Manöverfahrten konnte ich die Maschine jedoch unter mächtiger Rauchentwicklung am Schornstein noch rechtzeitig umsteuern. Das fiel dem Geschwader an Land natürlich auf und kaum dass wir festgemacht hatten, wurde ich auf die Brücke gerufen. Überraschenderweise empfing mich dort der Reeder sehr herzlich mit einem Glas Sekt. Der »Chief« hatte ihm schon zuvor von dem irreparablen Fehler in der Umsteuerung der Maschine berichtet. Es ergab sich ein freundliches Gespräch und ich war überrascht, dass so etwas überhaupt möglich war. Aber in der kleinen Reederei ging es eben recht familiär zu.

In Hamburg gab es viel Arbeit für uns. Wir übernahmen Ersatzteile und hatten wegen Leitungsschäden eine Rohrleitungsfirma an Bord. Nachdem alles in die Wege geleitet war, verließ der »Chief« das Schiff. Er hatte sich mit dem Reeder und dem Zoll verständigt und konnte seinen Motor mit nach Hause nehmen. Der neue »Chief« war schon etwas älter, wurde kurz eingewiesen und hielt sich im Übrigen an mich. Ein neuer »Zweiter« war noch nicht angemustert. Zu dieser Zeit konnten sich die Patentinhaber die Schiffe reihenweise aussuchen!

Auch ich hatte gebeten, über meine Ablösung nachzudenken, weil ich bereits acht Monate an Bord war und nach Hause wollte. Von der Schiffsingenieursschule in Bremen hatte ich zwischenzeitlich die Zulassung zum Herbstsemester bekommen. Da wollte ich vorher noch ein wenig Urlaub machen. Man gab mir die Zusage, dass innerhalb der nächsten vier Wochen meine Ablösung erfolgen würde.

Auch der Schmierer war von Bord gegangen. Weil ich den neuen Mann noch nicht kannte, ging ich an den beiden Abenden in Hamburg alleine an Land. Wie schon beim letzten Mal landete ich im »Cafe Keese« und wurde am nächsten Morgen sogar noch an Bord gebracht. Voller Service!

In Gedanken war ich schon ein wenig auf Heimaturlaub, als wir nach Bilbao ausliefen. Während der Reise war natürlich doppelt so viel zu tun wie sonst. Der »Chief« wollte richtig eingewiesen werden, weil er ja wusste, dass ich bald abgelöst werden würde. Auch den neuen Schmierer musste ich anlernen.

Von Bilbao aus ging unsere Reise nach Bayonne. Die Reederei hatte Wort gehalten und meine Ablösung stand an der Pier. Außerdem auch ein neuer II. Ingenieur. Bis zur letzten Minute vor dem Auslaufen der »Alsterfleet« blieb ich an Bord und gab alles Wissenswerte an die Ablösungen weiter. Guten Gewissens fuhr ich schließlich mit dem Taxi zum Bahnhof und reiste mit einer Fahrkarte, die der Agent besorgt hatte, mit dem Zug über Paris nach Bremen.

In Bremen genoss ich zunächst mal meinen Landurlaub, bevor es ernst wurde und das Semester begann. Pünktlich trat ich mein Studium an, lernte neue Leute kennen und machte interessante Erfahrungen. Vor allem aber eignete ich mir theoretisches Wissen über den Schiffsbetrieb an. Nach bestandener Abschlussprüfung bekam ich mein Patent direkt beim Senator für Häfen, Schifffahrt und Verkehr ausgehändigt, weil ich bereits als III. Ingenieur gefahren war und genügend Praxiswissen erworben hatte.

Trampfahrt zwischen den Kontinenten

Als II. Ingenieur auf MS »Nordenhamersand«

Das Wintersemester 1968/69 war zu Ende und nach bestandener Prüfung und Übergabe des Patents als Wachingenieur erhielt ich eine Job-Anfrage der Reederei Meyer Brake. Noch während der Studienzeit kümmerten sich damals die Personalchefs um die zukünftigen Patentinhaber, weil gut ausgebildete Leute dringend benötigt wurden. Der Aufbau der deutschen Handelsflotte lief zu dieser Zeit auf Hochtouren.

Meyer Brake war eine sogenannte »Korrespondenzreederei« und hatte eine Flotte von etwa dreißig Schiffen in der Größenordnung bis 4000 BRT. Die meisten Schiffe waren jedoch kleiner. Es handelte sich dabei überwiegend um neuere Schiffe, die als Geldanlage dienten und dann von dem Korrespondenz-Reeder gemanagt wurden. Ein Blick in die Eigentümerliste zeigt, dass viele Ärzte und Anwälte unter den Anlegern waren.

Ich wurde nach Brake gebeten und stellte mich bei der technischen Inspektion und der Verwaltung vor. Man bot mir zum sofortigen Einsatz die »Nordenhamersand« an. Ich sollte in Koper einsteigen, einem kleinen Hafen in Istrien im damaligen Jugoslawien. Ich sollte zwei Assistenten und einen Matrosen mit an Bord nehmen und erhielt die Flugtickets für uns alle. Am nächsten Morgen ging der Flug von Bremen über Frankfurt nach Mailand. Dort mussten wir in die Maschine nach Triest umsteigen. Für die restlichen 60 km Strecke bis Koper mietete ich auf Order der Reederei ein Taxi an. Als wir abends gegen 23.00 Uhr eintrafen, war von der »Nordenhamersand« keine Spur! Die weitere Order lautete für diesen Fall, in einem Hotel zu übernachten. Wir nahmen unsere Zimmer im Hotel »Triglav«, wo es eine tolle Nachtbar mit Varieté gab. Wir tranken noch ein paar Bier und genossen das Varietéprogramm, bevor wir uns auf unsere Zimmer begaben.

Der schmucke Schornstein der MS »Nordenhamersand« noch ohne »Jaffa« Schornsteinmarke

An Bord der MS »Nordenhamersand«

Die »Nordenhamersand« kam am nächsten Tag gegen Mittag an und lag erst einmal auf Reede. Wir wurden daher mit einem Boot an Bord gebracht. Mein Vorgänger machte noch eine Einweisung in die technische Anlage und regelte die Übergabe des Schreibkrams, dann fuhr er mit dem Boot an Land und reiste zurück nach Deutschland. Erst am nächsten Abend liefen wir in den Hafen von Koper ein und machten an der Pier fest. Das Schiff war bereits in der Fruchtfahrt und fuhr Apfelsinen von Israel nach Europa, und zwar überwiegend ins damalige Jugoslawien. Hier wurden die Apfelsinenkisten umgela-

Steckbrief MS »Nordenhamersand«

- **Baujahr:** 1965 bei der Brandt Werft, Oldenburg, 1599 BRT
- **Maschine:** 2000 PS, Deutz, RBV 358, 8-Zylinder Reihenmotor
- **Angelaufene Häfen:** Ashdod (Israel), Koper (Slowenien), Haifa, Rijeka (Kroatien), Ceuta, New York-Newark, Campbellton, Newcastle (Kanada), Puerto Cabello (Venezuela), San Juan (Puerto Rico), Port Royal, Neapel, La Spezia, Milos, Rotterdam, London, Piräus, Famagusta (Zypern), Ashdod, Torrevieja, Harbour Grace (Neufundland), New York, Port Empedocle (Sizilien), Dover, Vlissingen, Foway (England), Portland (Maine), Sydney (Kanada), Savona
- **Reeder:** Reeder-Union »Meyer Brake« AG, Brake
- **Dienstzeit:** Februar 1969 bis April 1970 als II. Ingenieur
- **Besatzung:** 18 Mann

den und per Eisenbahn weiter in den Norden Europas transportiert. Die Verfügbarkeit von Güterwaggons beeinflusste somit die Dauer unserer Liegezeit im Hafen. Gegen Ende der Fruchtfahrt, Anfang April, gab es regelmäßig Probleme mit der Vorhaltung von Eisenbahnwaggons, wodurch sich unsere Liegezeiten erheblich verlängerten. Weil viele Schiffe in der Fruchtfahrt beschäftigt waren, reichte der Platz im Hafen nicht aus und wir lagen dann wartend auf Reede.

Die »Nordenhamersand« hatte eine elegante Linienführung. Sie besaß einen sogenannten »Zerstörersteven«, der schnittig und spitz zulaufend war, fast wie bei einer Jacht. Ihr Rumpf war schwarz gestrichen, die Aufbauten in weiß gehalten. Masten und Ladegeschirr waren in einem sandfarbenen Ton gestrichen. Das Schiff bot einen schönen Anblick. Auch die Unterkünfte waren modern und großzügig geschnitten, hier konnte man sich wohlfühlen. Nicht ohne Grund sollte ich fast 14 Monate an Bord bleiben!

Die Schornsteinmarke mit dem Reederei-Emblem war auf der »Nordenhamersand« für die Zeit der Charter gegen das Emblem des Charterers CBM ausgetauscht worden: Jetzt prangte die »Jaffa-Apfelsine« am Schornstein. Die Reederei Meyer Brake hatte hier alleine sechs Schiffe im Einsatz. Pro Reise konnte die »Nordenhamersand« 70.000 Kisten Apfelsinen mitnehmen, wobei in einer Kiste 90 Apfelsinen gepackt waren. Das wusste ich bald ganz genau, denn pro Reise bekam jedes Besatzungsmitglied eine Kiste als Deputat, vermutlich um dem Diebstahl vorzubeugen. Wir nahmen die Kiste gerne an, hatten aber bald, weil wir die Apfelsinen nicht mehr sehen konnten, einen anderen Verwendungszweck für sie gefunden. Davon aber später.

Um die in Kisten gelagerten Früchte haltbar transportieren zu können, mussten sie belüftet werden. Die »Nordenhamersand« war speziell für diesen Zweck mit leistungsfähigen Lüftungsanlagen ausgestattet worden. Die Kisten wurden nach einem bestimmten System gestaut, das in der Ladung Lüftungsgänge freiließ. Durch diese Gänge zirkulierte die Luft und nahm die von den Früchten abgegebene Wärme mit. Auf diese

Weise wurde ein »Verbrennen« vom Inneren der Früchte her unterbunden. Der Fäulnisprozess beginnt nämlich im Kern der Frucht, wo der wärmste Punkt ist. Über die Lüftungsanlage gelangte die abgeführte Luft an Deck. Der Geruch von Apfelsinen und Pampelmusen war unser ständiger Begleiter.

Im Hafen von Koper hatte man eine Fabrik zur Herstellung von Fruchtsaft gebaut. Wenn zum Ende der Saison die Qualität der Früchte nicht mehr gehalten werden konnte und der Gärungsprozess einsetzte, wurden die Früchte zu Fruchtsaft weiterverarbeitet.

Interessanterweise wurden bei jeder Reise Stichproben aus verschiedenen Kisten genommen. Dazu wurde eine Art Spritze in die Frucht gesteckt und die Temperatur im Inneren gemessen. So konnte man genau erkennen, ob die Lüftung während der Reise immer in Betrieb war. Nur wenn die Früchte kühl genug waren, konnte man den natürlichen Gärungsprozess stoppen. Mit dem Betrieb der Lüftungsanlagen und deren steter Einsatzbereitschaft fiel der Maschinencrew eine wichtige Aufgabe zu.

Im Maschinenraum

Es sei leider nicht möglich, volle Drehzahl zu fahren, erklärte mir der »Chief« bei der Einweisung. Das Drucklager würde heiß werden und so müsse man die Temperatur des Lagers ständig im Auge behalten. Bereits zweimal sei die Anlage von einer Werft überholt worden, einmal in New Orleans und einmal in Triest, beide Male ohne Erfolg.

Frisch von der Schule und mit dem Wissen aus meiner Lehrzeit in einer Kurbelwellen- und Zylinderschleiferei, wollte ich mich mit dieser unbefriedigenden Situation nicht abfinden. Um den Drei-Wachen-Betrieb sicherzustellen, fuhren wir derzeit noch mit einem weiteren II. Ingenieur. Der »Chief« und wir beiden »Zweiten« berieten uns eingehend. Der »Chief« wollte am liebsten alles lassen, wie es war, und mit reduzierter Leistung weiterfahren. Ich machte das Angebot, im nächsten Hafen einen Versuch zu wagen, um Abhilfe zu schaffen. Der »Chief« war mehr als skeptisch, aber mein Kollege reagierte offener

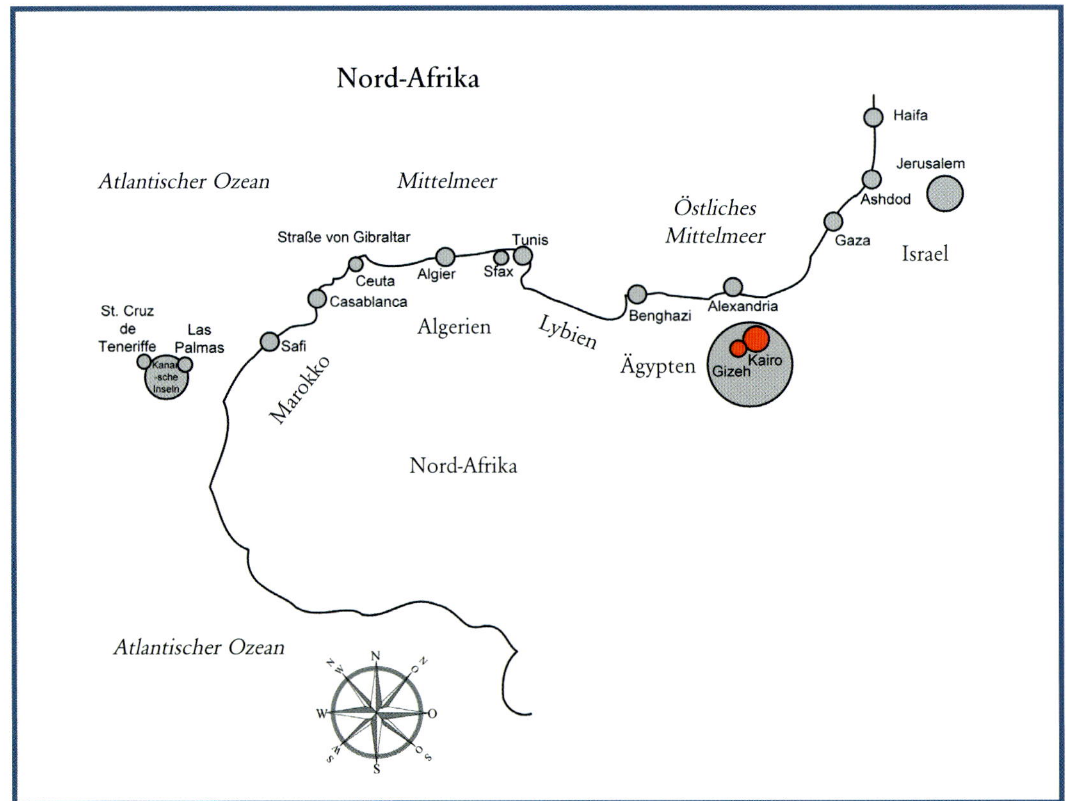

und gemeinsam überredeten wir den »Chief« zu einem Versuch.

Während der Fahrt war mir aufgefallen, dass ein Traglager am Abtrieb der Maschine an der Schwanzwelle zu warm wurde. Die Temperatur war allerdings im oberen Grenzbereich und wurde deshalb von niemandem näher beobachtet. Ich setzte offen gestanden mehr auf mein Gefühl als auf technische Nachweise. Mit einem Kettenzug hoben wir dann die Schwanzwelle geringfügig an, sodass ich die untere Lagerschale mithilfe der Törnmaschine und einem Spezialstift herausdrehen konnte. Mit dem vorhandenen Spiralschaber schabte ich die Lager in der ganzen Fläche aus, das hatte ich hundertfach in meiner Lehre geübt und nicht verlernt. Dem »Chief« wurde jedoch ganz anders, als die Späne flogen. Anschließend wurden die Schalen wieder eingesetzt und der Betrieb war wieder klar zum Auslaufen.

Vor dieser Reparatur war das Drucklager regelmäßig nach etwa einer Stunde so warm geworden, dass die Drehzahl reduziert werden musste. Jetzt liefen wir aus und es kam die Stunde der Wahrheit. Nervös liefen alle in der Maschinenanlage herum, fassten tausendmal das Drucklager an, jetzt auch das Traglager. Aber nichts geschah. Wir drehten voll und die Lager hatten Normaltemperatur. Nachdem die erste Wache normal verlaufen war, stieg die Hoffnung auf Erfolg. Für mich stand einiges auf dem Spiel und ich war besonders nervös. Zu Ende der Wache war ich allerdings überzeugt davon, den Fehler beseitigt zu haben. Und so war es auch. Mein Ansehen an Bord stieg schlagartig und der »Alte« meldete den Erfolg zur Inspektion nach Brake.

Nach der dritten Reise stieg mein Kollege aus, um sein Studium fortzusetzen. In der Folgezeit fuhren wir auf der »Nordenhamersand« nur noch im Zwei-Wachen-Betrieb und teilten uns die Heuer des III. Ingenieurs. In all den Monaten meiner Dienstzeit als II. Ingenieur an Bord der »Nordenhamersand« wurde mir kein einziges Ersatzteil von der Inspektion verweigert. Im Gegenteil: Sogar Brennstoffleitungen wurden nach Israel eingeflogen, weil ich diese als notwendige Maßnahme von der Inspektion angefordert hatte.

Oben:
Der 8-Zylinder Reihenmotor von Deutz mit 2000 PS

Unten:
Ladung in Foway (England)

Apfelsinenfahrer in Israel

Im Laufe der Apfelsinenfahrt konnten wir natürlich die Apfelsinen und Pampelmusen bald nicht mehr sehen. Unsere Damenbekanntschaften an Land und deren Familien hätten zwar gerne Apfelsinen gehabt, aber da war ja noch der Zoll... Schließlich wagten wir doch einen Versuch. Der Elektriker und ich gingen in Ashdod an Land, dabei nahm ein jeder seine Deputatskiste mit 90 Apfelsinen auf die Schulter. Natürlich wurden wir am Zolltor gestoppt. Als wir in der nun folgenden Diskussion angaben, die Kinder aus dem Mehrfamilienhaus, in dem unsere Damen wohnten,

Klagemauer und Davids-Tempel während eines Landausflugs nach Jerusalem, 1968

beschenken zu wollen, ließen sie uns jedoch tatsächlich durch.

Beim ersten Mal wurden wir noch beobachtet, ob wir uns auch an das Gesagte hielten. Das taten wir auch gerne. Nachdem unsere Bekannten versorgt waren, riefen die Frauen laut durchs Haus und die Kinder kamen aus den Wohnungen. Es war wie Weihnachten und wir konnten uns vor lauter Schulterklopfen und Danksagungen kaum retten. Von nun an versorgten wir diesen Wohnblock regelmäßig mit Apfelsinen. Das sprach sich sogar im Hafen herum, vor allem weil es legal war.

Von jetzt an wurden wir sehr entgegenkommend behandelt: Lagen wir auf Reede und warteten auf einen freien Liegeplatz, wurde uns durch die Behörden sogar ein Boot gestellt, mit dem wir an Land konnten und - natürlich nicht ganz uneigennützig - unsere Versorgungsaktion erledigen konnten.

Lief das Schiff ein, so waren wir fix an Bord und der Dienstbetrieb wurde nicht vernachlässigt. Selbst der Kapitän tolerierte unser Landgangsverhalten.

Insbesondere wenn wir in Ashdod lagen, führten wir auch die notwendigen Instandhaltungsarbeiten an unseren Maschinen durch. Einmal brannten wir das Lüftungsgitter des Turboladers aus und es qualmte tüchtig. In Windeseile war ein Jeep mit aufgebautem Maschinengewehr zur Stelle und ich wurde mächtig zusammengefaltet, weil ich diese Aktion nicht zuvor angemeldet hatte.

Während wir im Hafen lagen, hatten wir schon öfter in der Offiziersmesse den Wunsch geäußert, einmal nach Jerusalem fahren zu dürfen. Dann, eines Tages, wurde uns über unseren Agenten ein Taxifahrer empfohlen, mit dem wir eine Tagestour nach Jerusalem machen konnten. Schon bei der nächsten Reise, als unsere Liegezeit es zuließ, machten wir von dem Angebot Gebrauch.

Der I. und der II. Offizier sowie wir beiden II. Ingenieure taten uns zusammen und baten den Agenten, für den nächsten Tag besagten Taxifahrer an Bord zu schicken. Pünktlich um acht Uhr traf dieser auch ein. Er sprach deutsch und war etwa Mitte sechzig. Gleich zu Beginn erklärte er uns, er sei zwar gläubig, aber alles in einem vertretbaren Rahmen. In Jerusalem und auch in Bethlehem würde er sich gut auskennen und wäre dort gerne unser Fremdenführer. Das ganze Drumherum an den heiligen Stätten, die Geschäftemacherei mit dem Glauben lehne er allerdings ab. Das gefiel uns. Weil er auch sonst einen guten Eindruck machte und ein gepflegtes Auto hatte, charterten wir ihn für 100 Dollar bis zum späten Abend.

Es war der 21. März 1969. Der Sechs-Tage-Krieg der Israelis war noch in frischer Erinnerung und beinahe allgegenwärtig. Schon bei unserer Anreise sahen wir an vielen Stellen Panzerwracks und zerstörte Lkws am Straßenrand liegen. Unterwegs kamen wir auch an den Apfelsinenplantagen vorbei, deren Früchte wir nach Europa fuhren. Gegen den Wind und die drohende Versandung waren überall Schutzzäune aus Schilf am Rand aufgestellt. Es war gerade Erntezeit, schließlich hatten wir Hochsaison für Zitrusfrüchte. Wir fuhren durch eine felsige Gebirgslandschaft und die Straße schlängelte sich häufig zwischen hoch aufragenden Felswänden hindurch.

In Jerusalem angekommen, begann unsere Besichtigungstour auf dem Ölberg, denn von hier aus konnten wir die Ausmaße der Heiligen Stadt recht gut überblicken. Wir erfrischten uns in einem Hotel und gingen hinunter in die Stadt, durch das Stephans-Tor hindurch entlang der legendären Via Dolorosa. Wir empfanden den Leidensweg Christi nach und verharrten an den einzelnen Stationen. Als Nächstes stand die

Grabeskirche auf unserem Besichtigungsprogramm. Auf dem Weg dorthin hielten wir an der Klagemauer inne und betrachteten die vielen Gläubigen, die kleine Zettel mit ihren Wünschen in die Fugen der Mauer steckten. Sechs Religionen teilen sich das Gelände der Grabeskirche und es gibt eine Reihe von Gräbern, die den Religionen zugeordnet sind. Die Kirche wird daher auch »Kirche der Nationen« genannt.

Im Anschluss brachte unser Führer uns zum Berg Zion. Hier, in einem Nebenraum der Dormitio-Abtei, ist das steinerne Grab Davids zu sehen. Es wirkte auf uns ein wenig überladen, aber wir hatten bereits bemerkt, dass Glauben und Kommerz in Jerusalem dicht beieinanderlagen. Als Nächstes besichtigten wir die schöne Kapelle des Coenaculum, wo das Letzte Abendmahl stattgefunden haben soll. Unser Führer warnte uns: In dieses Gebäude sei in letzter Zeit schon öfter hineingeschossen worden und Menschen wären zu Schaden gekommen. Trotzdem ließen wir uns nicht davon abhalten, den Saal zu betreten. Ich fühlte mich hier der Glaubensgeschichte so nah wie nie zuvor und meinen Kollegen schien es ebenso zu gehen.

Wir wussten natürlich, dass wir mit der wenigen Zeit, die uns zur Verfügung stand, längst nicht alles sehen konnten, und beschränkten uns daher auf das Wesentliche. Unser nächstes Ziel war die Geburtskirche in Bethlehem. Ein Rundgang führte uns zur Geburtsgrotte, ein niedriges Gewölbe mit einem Altar. Am Boden war ein Davidstern aus Messing eingelassen. Allmählich wurde es Zeit, die Heimfahrt anzutreten, denn unser Taxifahrer wollte aus Sicherheitsgründen nicht in die Dunkelheit hineinfahren. So fuhren wir zügig durch und erreichten noch in der Dämmerung den Hafen von Ashdod. Für unseren Fahrer gab es noch ein Extra-Trinkgeld, denn was er uns in der kurzen Zeit zu sehen ermöglicht hatte, war in jedem Fall einen besonderen Dank wert. Schon bald waren wir wieder auf See, aber unsere Reise nach Jerusalem wirkte noch in vielen Gesprächen lange nach.

Schließlich war die Fruchtsaison zu Ende. Die Charter von »Jaffa« für die »Nordenhamersand« war beendet und wir verholten nach Rijeka, wo wir auf unsere neue Order warteten.

Auf Atlantikfahrt

Von Rijeka aus fuhren wir in Richtung Gibraltar, bunkerten in Ceuta und dann kam die neue Order. Unsere Reise ging ohne Ladung über den Atlantik nach New York. Unser Liegeplatz war Newark, die Hafenanlagen erreichte man über die Newark Bay. Gleich nebenan war der Flughafen »Newark International Airport«. Die startenden und landenden Maschinen flogen nur wenige Meter über die Pieranlagen und unseren Liegeplatz hinweg. Somit herrschte ein ständiger, ohrenbetäubender Lärm und wir sehnten, wie selten zuvor, das Auslaufen unseres Schiffes herbei.

Es blieb allerdings genug Zeit, nach New York hinüberzufahren. Gemeinsam mit unserem Elektriker machte ich eine kleine Sightseeing-Tour. Wir machten einen Abstecher zum Columbus Circle, an den Broadway, ins German Quarter mit seinen urdeutschen Kneipen und wir fuhren zum Empire State Building hinauf. Wie schon einige Jahre zuvor, war ich wieder sehr beeindruckt von New York. Das war schon eine besondere Stadt.

Weiter ging es ohne Ladung nach Campbellton im kanadischen New Brunswick. Hier luden wir Papier für Puerto Cabello in Venezuela. Die dreitägige Liegezeit nutzten wir abends für ausgedehnte Landgänge. Die Tanzflächen der Lokale grenzten direkt ans Meer, gelegentlich schwappten sanft die Wellen über. Laue Lüfte und das Zirpen der Grillen ließen uns alles vergessen. Dank der überaus entgegenkommenden Damenwelt fühlten wir uns wie kleine Könige. Doch alles geht einmal zu Ende...

Im Ballast fuhren wir von Venezuela nach San Juan in Puerto Rico. Auf Ladung wartend, bummelten wir am Abend durch das von Amerikanern dominierte Touristenviertel. Wilde Leuchtreklamen, hochpreisige Getränke, aber alles nichts für uns. Wehmütig dachten wir an Puerto Cabello zurück.

Um endlich Ladung aufzunehmen, fuhren wir später in die Hafenstadt Port Royal in Süd Carolina, wo China Clay (Porzellanerde) geladen wurde. Nachdem wir Gibraltar passiert hatten, bunkerten wir wieder einmal in Ceuta, bevor wir unsere Reise nach Neapel fortsetzten.

Oben:
Eine Fähre aus Neapel fährt in den Hafen von Capri ein

Unten:
Auf dem Gipfel Annacapri mit dem I. Ingenieur und dem II. Offizier

Hier kamen wir an einem Freitagabend an und weil es hieß, dass mit den Löscharbeiten erst am Montag begonnen werde, wollten der I. und der II. Offizier, der »Chief« und ich die Zeit für einen Ausflug nach Capri nutzen. Wir nahmen leichtes Gepäck mit, denn wir wollten auch über Nacht bleiben. Für die Überfahrt nutzten wir ein Tragflächenboot – und für mich war es das erste Mal, dass ich mit einem solchen »Flitzer« gefahren bin.

Mit einem Taxi gelangten wir in die Ortschaft Anacapri, wanderten noch ein Stück und genossen die herrliche Aussicht auf die Felseninsel. Doch was wäre Capri ohne die Blaue Grotte? Das Taxi brachte uns zum Anleger und weiter ging es in einem größeren Ruderboot zur Grotte. Wie schon Tausende Touristen vor uns überzeugten wir uns von den herrlichen Blautönen, einfach beeindruckend! Danach setzten wir uns erst einmal auf den Marktplatz von Capri und ließen die vielen Inselbesucher an uns vorbeiflanieren. Viele von ihnen strebten wieder den Fähren zu, allmählich nahm das Menschengewirr in den engen Gassen ab. Wir machten eine kleine Pension ausfindig, wo wir bequem übernachten konnten, und mischten uns wieder unter die jetzt vorwiegend einheimischen Nachtschwärmer. Nach dem Abendessen landeten wir in der Disco »Splash«. Es wurde ein langer Abend und eine kurze Nacht. Nach nur wenigen Stunden Schlaf brachte uns eine Motorfähre zurück nach Neapel. Müde, aber reich an Erlebnissen kamen wir an Bord zurück und erzählten den Kollegen von unseren Abenteuern.

La Spezia war unser nächster Hafen. Weil Sonntag war und wir freihatten, fuhren wir nach San Terenzo, einem in der Nähe von La Spezia gelegenen Badestrand, und verbrachten dort einen schönen Sonnentag am Wasser.

Werftzeit in Rotterdam

Unsere nächste Reise führte uns ins Ägäische Meer zur griechischen Insel Milos. Auf Reede liegend, nahmen wir Ladung für Rotterdam. Es wurde mit eigenem Geschirr geladen und wir hatten reichlich zu tun, um die Winden in Gang zu halten. Für einen Landgang blieb diesmal keine Zeit. Wir konnten lediglich von Bord aus ins klare Wasser springen und uns erfrischen, denn es war Juli und dementsprechend ziemlich warm.

Nachdem die Ladung in Rotterdam gelöscht war, gingen wir hier in die Werft. Die Werftzeit war hauptsächlich für Arbeiten an Deck bestimmt. Für die Maschine kam die Firma Deutz an Bord. Die Kollegen zeigten sich verwundert, weil unsere Kolben trotz der langen Laufzeit ohne Überholung ausgekommen waren. Sie waren deswegen extra aus Köln angereist.

Es stellte sich heraus, dass wir dieses Ergebnis erzielen konnten, indem wir die stark belasteten Auslassventile häufiger gewechselt hatten, nämlich nach Ablauf der Hälfte der von Deutz vorgegebenen Betriebszeit. Im Laufe der Zeit hatten wir außerdem mehrere zusätzliche Auslassventile und die dazugehörigen Ersatzteile bestellt und konnten auf diese Weise während längerer Seetörns die Ventile für den nächsten Wechsel aufbereiten. Alle Angaben wurden protokolliert und stark beeindruckt gingen die Deutzer Ingenieure von Bord. Über die Inspektion unserer Reederei erhielten wir großes Lob für diese Taktik. Allen Schiffen der Reederei, die mit denselben Anlagen fuhren, wurde empfohlen genauso zu verfahren.

Nach Abschluss der genannten Maßnahmen und nach der Übernahme diverser Ersatzteile konnte ich für drei Tage nach Bremen fahren. Ich traf viele Bekannte im »Treffpunkt Köln« und feierte ständig unser Wiedersehen. Nach drei tollen Tagen oder besser Nächten kam ich ziemlich kaputt wieder in Rotterdam an. Ein neuer Ingenieurassistent, von den Kollegen »Schorse« genannt, war eingestiegen. Er machte einen guten Job und war sehr ehrgeizig. Jahre später sollte ich ihn wiedersehen, da fuhr er auf der »Oceana« der Bremer Schreiber Reederei als Maschinist.

Feuer im Maschinenraum

Die erste Reise nach der Werftzeit führte uns nach London, für mich eine Premiere. Gemeinsam mit dem Elektriker ging ich für einen Stadtbummel an Land. Von den West India Docks aus fuhren wir mit der Linie 15 ins Zentrum und kamen am Bahnhof Charing Cross an. Wir sahen uns den quirligen Piccadilly Circus an, von dem aus wir das Vergnügungsviertel Soho durchstreiften, und am Trafalgar Square bestaunten wir das Denkmal von Lord Nelson. Weil zudem den ganzen Tag das Wetter mitgespielt hatte, kehrten wir nach dieser ersten kurzen Erkundungstour zufrieden an Bord zurück.

Unsere nächste Reise ging nach Piräus. Wie schon so oft kamen wir bei schönem Wetter am Kap St. Vincent vorüber. Ganz in der Nähe befindet sich auch der kleine Ort Sagres, der durch Heinrich den Seefahrer berühmt geworden ist. Im Alter hatte er sich hier niedergelassen, ein Observatorium und die erste Schule für Seefahrer in Europa gegründet. In Piräus hatten wir nur wenig Zeit. Es reichte gerade für ein Bier im legendären »John Bull«, dann mussten wir schon wieder zurück an Bord.

Auf der Weiterreise nach Famagusta auf Zypern erlebte ich meinen ersten Brand im Maschinenraum. Bis heute hat sich dieses Erlebnis tief eingeprägt. Ich wurde durch lautes Schreien geweckt: Feuer im Maschinenraum! Als ich aus der Koje sprang, bemerkte ich schon die erste Rauchentwicklung im Betriebsgang. Auf dem Poopdeck rief der Kapitän, dass er die CO_2-Anlage anstellen wollte. Ich hielt ihn zurück, um die Lage zu klären, und er ließ mich gewähren. Ein Motorenwärter informierte mich kurz über den aktuellen Sachstand. Demnach hatte der Reiniger die Aufgabe gehabt, mit Abbeizer die Farbe von den Flurplatten zu entfernen. Trotz mehrfacher Ermahnung, sich an das Rauchverbot zu halten, hatte er das Verbot ignoriert und sogar seine Zigarette auf die mit Abbeizer eingestrichenen Flurplatten geworfen. Es war sofort zu einer Verpuffung gekommen und die eingestrichene Fläche stand in Flammen. Seine Segeltuchschuhe waren ihm dabei am Fuß abgebrannt. Aber das Schlimmste war, dass der 25-kg-Eimer mit Abbeizer, der in der Nähe stand, ebenfalls Feuer gefangen hatte. Dicker schwarzer Qualm stand im Maschinenraum, elektrische Beleuchtung war nicht mehr zu erkennen. In dieser Situation zeigte sich einmal mehr, wie wichtig die Feuerschutzübungen waren, die ich regelmäßig durchführen ließ. Bei völliger Dunkelheit galt es nämlich, im Maschinenraum die entsprechenden Feuerlöscher zu finden.

Den fahrbaren Trockenlöscher hatte ich schnell ausfindig gemacht, das Feuer war mit wenigen Stößen gelöscht. Ich konnte Entwarnung geben und Ruhe kehrte ein. Als der schlimmste Rauch abgezogen war, sahen wir die Bescherung: Der dicke Rauch hatte überall im Maschinenraum einen schwarzen Schmierfilm hinterlassen - dabei hatten wir den Maschinenraum gerade weiß gestrichen. Reinigungsarbeiten waren auf dem verbleibenden Seetörn also unsere Hauptaufgabe. Allen voran war der Reiniger im Einsatz, durch dessen schuldhaftes Verhalten der Brand überhaupt erst entstanden war. Ich ließ ihm bis Famagusta keine Ruhe und er wusch zwölf Stunden am Tag Farbe ab. Die anderen Schmierer und Motorenwärter taten dies mit Überstunden-Bezahlung.

Als wir im Hafen von Famagusta ankamen, hatten wir den Maschinenraum wieder sauber bekommen. Den Reiniger, der schon zuvor mehrmals durch Alkoholmissbrauch aufgefallen war, schickte ich mit Einverständnis des Kapitäns auf eigene Kosten nach Hause. Das war die einzige fristlose Entlassung, die ich in meiner Laufbahn als Wachingenieur veranlassen sollte. Zwar bekamen wir nicht sofort einen Ersatzmann, aber das war mir egal. Innerhalb einer ansonsten gut funktionierenden Crew war ein unzuverlässiger Kollege ein ständiges Sicherheitsrisiko!

Inzwischen hatte ich über Norddeich Radio Kontakt zu meinem Freund Lothar und zur Reederei. aufgenommen. Mir war meine Wohnung gekündigt worden und ich wollte sofort abgelöst werden, um in Bremen alles Notwendige regeln zu können. Zu dieser Zeit war es für die Reedereien schwierig, neues Personal zu finden, und so wartete ich im Hafen von Torrevieja in Süd Spanien vergeblich auf meine Ablösung. Stattdessen gab es eine nicht alltägliche Vereinbarung zwischen der Reederei, Lothar und mir: Mein Freund hatte über seinen Hauswirt eine kleine Wohnung für mich gefunden und mietete diese in meinem Namen an. Er bestellte eine Umzugsfirma, die meine alte Bleibe unter seiner Aufsicht leer räumte und alle Sachen in die neue Wohnung brachte. Die Kosten hierfür übernahm die Reederei. Dank Lothar konnte ich also beruhigt an Bord der »Nordenhamersand« bleiben und hatte eine neue Wohnung, von der ich allerdings nicht einmal die Adresse wusste.

Von Neufundland ins Mittelmeer

In Torrevieja luden wir Salz für die Fisch verarbeitende Industrie auf Neufundland im Osten Kanadas. In Ceuta bunkerten wir für den Törn und brachten das Salz dann nach Harbour Grace. Zum Löschen benötigten wir fast eine Woche. Hier im Hafen lernte ich einen ausgewanderten Deutschen kennen. Er lud mich ein, gemeinsam mit seiner Familie am Sonntag einen längeren Ausflug mit dem Auto zu machen. Auf der Rückbank freundete ich mich rasch mit seinen beiden Jungs an, während seine Frau vorne auf dem Beifahrersitz sehr zurückhaltend war. Wir fuhren einige Stunden durch eine wilde und eindrucksvolle Landschaft, stellenweise lag schon Schnee. Höhepunkt der Tour war die Besichtigung eines kleinen Walfänger-Hafens. Ein teilweise zerlegter Wal lag hier an Land, sodass ich zum ersten Mal ermessen konnte, was für ein Riesentier dieser Meeressäuger ist. Wenig später bat ich meinen neuen Freund, mich wieder zurück an Bord zu bringen, woraufhin seine Frau sehr erleichtert schien. Als Quäkerin war der Sonntagsausflug mit einem Fremden spürbar nicht nach ihrem Geschmack gewesen. Ihr Mann entschuldigte sich am nächsten Morgen nochmals für das Verhalten seiner Frau, doch ich beruhigte ihn und meinte, das sei alles nicht so tragisch.

Unsere nächste Order führte uns nach New York. Auch diesmal blieb Zeit für einen Landgang und ich fuhr zum wiederholten Male nach Manhattan, machte einen Abstecher zum Central Park, an den Broadway und zum Times Square. Die U-Bahn brachte mich dann zurück nach Brooklyn bis zur Station Smith 9. Den Rest des Weges ging ich zu Fuß durch die Hafenanlagen bis zu unserer Pier. Das pulsierende Leben in New York hatte mich einmal mehr tief beeindruckt.

Unsere neue Ladung bestand aus alten Eisenbahnschienen für Ashdod in Israel. Es wurde gemunkelt, dass diese Schienen für den Bau von Bunkern an der Grenze zu Ägypten benötigt wurden. Während unserer Seereise rief mich der II. Offizier überraschend auf die Brücke: Ein U-Boot hatte uns offenkundig mitten im Atlantik als Übungsobjekt ausgesucht. Vielleicht nur hundert Meter neben uns tauchte das schwarze Ungetüm auf, umgeben von einem Teppich aus schäumenden Luftbläschen. Der riesige schwarze Rumpf wirkte bedrohlich, vermutlich war es ein Atom-U-Boot. Das Boot tauchte sehr schnell weg, um kurze Zeit später auf der anderen Seite unseres Schiffes erneut an die Oberfläche zu schießen.

Das war eine willkommene Abwechslung auf diesem Seetörn mit seinem eintönigen Seewachen-Betrieb. Zusätzlich machte uns die Zeitumstellung zu schaffen: Jeden zweiten Tag eine Stunde Zeitverschiebung und dazu noch der Zwei-Wachen-Rhythmus, das ging schon ein wenig an die Substanz!

Nachdem wir zum wiederholten Mal in Ceuta gebunkert hatten, kamen wir nach knapp zwanzig harten Seetagen endlich in Ashdod an. Wir hatten bei der Überfahrt nicht nur mit dem schlechten Wetter gekämpft, sondern auch mit unserer schweren Ladung aus Eisen! Dieses Mal würden wir mehrere Tage im Hafen liegen und ich probierte daher eine neue Reisevariante aus. Mein Ziel war Ashkelon, zu Zeiten Jesu einer der wichtigsten Häfen Palästinas. In der berühmten Altstadt soll König Herodes geboren worden sein. Außerdem sollte es hier einen traumhaften Sandstrand geben.

Ein Mitarbeiter der Agentur hatte mir erklärt, dass ich mit einem besonders gekennzeichneten Taxi fahren könne. Ich solle mein Ziel nennen, dann würde man zusammen mit anderen Fahrgästen zum nächsten Etappen- oder Endziel transportiert, wobei man sich anteilig an den Kosten beteiligt und gegebenenfalls in ein neues Sammeltaxi umsteigt. Ich versuchte mein Glück und alles klappte einwandfrei. Die Fahrgäste wechselten häufig. Mal saß ich zwischen Soldaten, die mit ihrer Waffe zwischen den Knien reisten, mal neben einer Bäuerin, die mir aus ihrem Tonkrug gebratene Hühnchen-Stücke anbot. Ich streifte durch die historische Altstadt von Ashkelon und ging nach einem Imbiss, bestehend aus Fladenbrot und Eiern, an den wirklich einmalig schönen Strand zum Baden. Am späten Nachmittag fuhr ich auf die gleiche Weise mit wechselnden Taxis zurück nach Ashdod.

Ich hatte ein neues, unbekanntes Abenteuer in dem doch so sensiblen Israel erlebt. Die Kollegen an Bord bewunderten meine Energie und Abenteuerlust - und auch wenn diese Reise nur halb so schwierig zu bewerkstelligen war, wie es nach außen hin schien, ließ ich es bei diesem Eindruck bewenden.

Unsere nächste Order führte uns nach Famagusta auf Zypern. Wir lagen hier zusammen mit der »Schwarza«, einem Schiff der Seereederei Rostock. Abends trafen wir uns und tauschten bei einigen Bierchen unsere Erlebnisse aus. Es ging sehr zwanglos zu, ganz ohne politischen Firlefanz. Mit einigen Besatzungsmitgliedern der »Schwarza« gingen wir sogar an Land und luden sie zum Bier ein, denn über Devisen verfügten sie nur selten.

Zwischenfall an Bord

Wir übernahmen Apfelsinen für Dover und liefen vier Tage später aus. Während unserer Seereise kam es im Mittelmeer zu einem tragischen Zwischenfall. Als meine Wache zu Ende war, wollte ich wie gewohnt den Maschinenraum verlassen. Ich öffnete die Tür zum Betriebsgang und traf dabei den völlig aufgelösten Steward am Kopf. »Kommen Sie schnell, der Koch ist tot!«, schrie er wie wild. Der Steward hatte den Koch wie immer am Morgen wecken wollen. Dabei hatte er dessen leblose Hand zu fassen bekommen - und sich beinahe zu Tode erschrocken.

Zusammen gingen wir in die Kammer des Kochs, der tatsächlich leblos in seiner Koje lag. Nachdem ich den Steward ein wenig beruhigt hatte, schloss ich die Kammertür und eilte nach oben auf die Brücke. Der »Alte« wurde geweckt und im Beisein von mir und dem II. Offizier bestätigte er den Tod des Kochs. Kurz darauf entschloss sich der Kapitän, einen Nothafen anzulaufen. Wir waren bereits querab von Sizilien und über Funk meldeten wir unser Einlaufen im Hafen von Port Empedocle an.

Kaum lagen wir im Hafen, kam die Polizei an Bord, um einen gewaltsamen Tod des Kochs auszuschließen. Schon bald wurde eine natürliche Todesursache bestätigt. Der Mann war übergewichtig gewesen und hatte Unmengen von Alkohol getrunken. Ein schwieriger

Eine außergewöhnliche Situation: Tod des Schiffskochs auf hoher See. Der Kapitän war gezwungen, außerplanmäßig den Hafen von Sizilien anzusteuern, um ihn dort beisetzen zu lassen

Mensch, dessen Kochkünste mehr als bescheiden waren. Das Mitleid der Besatzung hielt sich deshalb auch in Grenzen.

Wegen der Formalitäten mussten wir noch länger im Hafen liegen, die Kammer des Kochs wurde zwischenzeitlich verschlossen. Zum Gedenken an den Toten stellten Einheimische an der Pier ein hölzernes Kreuz mit einem Kranz auf. Es war ein warmer Oktober, schon bald entwickelte sich ein starker Geruch in der Nähe der Kammer mit dem Toten. Auf Druck des Kapitäns willigten die Behörden schließlich ein, dass die Leiche in einem Sarg von Bord gebracht werden durfte. Das war jedoch alles andere als einfach. Gegen den üblen Geruch schwenkten die Leichenträger Spiritusflaschen vor sich her, dann legten sie den massigen Mann in den Sarg. Aber als sie den schweren Sarg den steilen Niedergang nach oben bugsieren sollten, wollten die eher klein gewachsenen Männer aufgeben.

Um den Sarg nicht pietätlos über Kopf drehen zu müssen, holte ich einen Hubzug aus der Maschine, dann hievten wir mit einigen Tauen den Sarg zentimeterweise den engen Niedergang hinauf. Oben konnten die Träger wieder richtig zufassen und der Sarg ging von Bord. In einem Seefunkgespräch über Norddeich Radio hatte die Witwe ausrichten lassen, dass ihr Mann auf Sizilien beerdigt werden sollte. Von der Möglichkeit, den Leichnam in einem Zinksarg nach Bremen fliegen zu lassen, wollte sie augenscheinlich keinen Gebrauch machen. Am Vormittag des nächsten Tages ging ein Teil der Besatzung mit dem Kapitän zur Beerdigung und erwies dem Koch die letzte Ehre. Dann konnten wir endlich auslaufen, doch der strenge Leichengeruch sollte uns verfolgen.

Auf See legte der Kapitän das Schiff in den Wind, alle Schotten und Bullaugen wurden geöffnet. Der »Alte« lobte eine Kiste Bier und eine Flasche Whisky für denjenigen Mann aus, der aus der Kammer des Kochs Matratze und Bettzeug holen und beides über Bord werfen würde. Der Gestank war so unerträglich, dass sich einige Männer übergeben mussten. Der II. Offizier und ich übernahmen schließlich die unangenehme Aufgabe. Wir schwenkten die Spiritusflaschen vor unserer Nase und zerrten mit behandschuhten Händen die Matratze, das Bettzeug, Decken und Handtücher aus der Kammer und eilten an Deck. In hohem Bogen ging alles über Bord und bald danach war eine deutliche Verbesserung zu spüren. Schon aus Prinzip holten wir Bier und Whisky beim Kapitän ab und verteilten die Getränke unter allen Besatzungsmitgliedern.

Nachdem unsere Apfelsinenladung in Dover gelöscht war, liefen wir Vlissingen in Belgien an. Wir übernahmen Ausrüstung sowie Proviant und ein Teil der Mannschaft musterte ab, darunter auch der »Assi« Schorse, was ich persönlich sehr bedauerte. Unser nächstes Ziel war der Hafen Foway, ein kleiner malerischer Hafen in Cornwall im Süden von England. Hier fühlte man sich fast ins Mittelalter zurückversetzt. Die kleinen Häuser am Hafen, die alten Segelschiffe und Fischerboote sorgten für eine besondere Stimmung. Wir luden eine besondere Sorte Porzellanerde, die zur Glanzerzeugung bei hochwertigen Zeitschriften Verwendung findet. Bestimmt war die Ladung für Portland im US-Bundesstaat Maine.

Nach zehn Tagen erreichten wir den Hafen und löschten unsere Ladung. Die Arbeiten dauerten knapp eine Woche an, was uns genügend Zeit ließ, an Land zu gehen. Wir waren in einem Quäker-Staat gelandet, deshalb ging es bei einer abendlichen Tanzveranstaltung sehr gesittet zu: Die Damen saßen auf der einen Seite des Raumes, die Herren auf der anderen. Diese Sitzordnung wurde nach jedem Tanz wieder aufs Neue eingenommen. Am nächsten Abend besuchten wir die Bar »Circus Room«, wo es uns deutlich besser gefiel, weshalb wir es nicht bei einem Besuch beließen.

Nach angenehmer Liegezeit in Portland fuhren wir an der kanadischen Halbinsel Nova Scotia vorbei, bis wir den Hafen von Sydney erreichten. Hier luden wir Eisen, das für Savona an der Ligurischen Küste bestimmt war. Nach ruhiger Seereise kamen wir pünktlich am Heiligabend in Savona an und lagen die Feiertage über auf Reede. Später gingen wir an die Pier zum Löschen, wobei die Arbeiten über den Jahreswechsel 1969/1970 hinaus andauerten. Während der gesamten Liegezeit herrschte Regenwetter und dementsprechend waren die Wege im Hafen aufgeweicht und verschmutzt. Hatten wir das Hafentor passiert, mussten wir erst einmal unsere Schuhe gründlich reinigen, um irgendwelche Lokalitäten betreten zu können. Alles in allem verlebten wir kein besonders schönes Weihnachtfest. Lediglich das gute Essen erinnerte uns daran, dass dies besondere Feiertage waren.

Die zweite Fruchtfahrt-Saison

Erneut begann die Apfelsinenernte und wir gingen wieder für »Jaffa« in Charter. Von Ashdod in Israel führte uns die erste Reise ins slowenische Koper, wo wir herzlich von unseren Bekannten aus der letzten Fruchtfahrt-Saison begrüßt wurden. Wir waren wieder auf uns bekanntem Terrain - auch in punkto Nachtleben.

Während einer Vorstellung im Nachtclub des Hotels »Triglav« kam es zu einem amüsanten Zwischenfall: Auf dem Programm stand die Vorführung einer Drahtseiltänzerin, die allerdings schon fortgeschrittenen Alters war. Das Seil war etwa in einem Meter Höhe gespannt und mit der Grazie eines Elefanten tänzelte die Dame darauf hin und her. Ihre fülligen Formen reizten einen unserer Matrosen so sehr, dass er aus einer zerkauten Serviette ein klebriges Geschoss fertigte. Mit einem Gummiband schoss er diese nasse Papierkugel just in dem Moment ab, als die Dame in der Mitte des Seils mit einem Regenschirm herumtänzelte. Klatsch! Volltreffer! Das nasse Papier landete punktgenau auf dem drallen Bauch der Dame. Die schrie vor Schreck laut auf und fiel vom Seil.

Das Publikum johlte und der Nachtclub glich kurz darauf einem Tollhaus. Die Seiltänzerin beschwerte sich natürlich und bald mussten alle Ausländer den Club verlassen, weil der Schuldige nicht ausfindig gemacht werden konnte. Erst zwei Reisen später ließ man uns wieder in den Club - mit der Auflage, dass es zu keiner Wiederholung kommen dürfe...

In dieser Saison machten wir insgesamt acht Reisen mit Zitrusfrüchten. Ich war jetzt fast vierzehn Monate an Bord und hatte die Reederei bereits um meine Ablösung gebeten. Diese erfolgte dann auch in Triest. Schließlich bekam ich schon seit fünf Monaten Auslandszulage und wurde für die Reederei allmählich zu teuer. Mit der »Nordenhamersand« verbanden mich jedoch spannende Erlebnisse, weshalb ich das Schiff durchaus schweren Herzens verließ.

Am 2. April flog ich von Triest nach Mailand und dann weiter nach Frankfurt. Von dort ging es mit der letzten Lufthansa-Maschine nach Bremen. Wie schon so oft war der Flieger gut besetzt, überwiegend mit Berufstätigen, darunter viele Vertreter und Monteure - unter ihnen der damalige Bremer Bürgermeister Hans Koschnick. Er trank Whisky und war ebenso guter Dinge wie die Mehrheit der Bier trinkenden Passagiere.

Endlich hatte ich Urlaub und war wieder zu Hause in Deutschland. Mein Freund Lothar holte mich vom Flughafen ab und brachte mich in mein neues, mir noch unbekanntes Zuhause, eine Zwei-Zimmer-Mansardenwohnung mit Bad in der Linienstraße, in der Nähe des Sielwalls. Ich war sehr zufrieden und genoss meine neue Wohnung und das Leben an Land. Zwischendurch flog ich für vierzehn Tage nach El Arenal auf die spanische Baleareninsel Mallorca. Abends und nachts war ich oft unterwegs, tagsüber holte ich den entgangenen Schlaf am Strand nach. Ich amüsierte mich prächtig und die Zeit verging wie im Fluge. Nach meiner Rückkehr blieb ich noch für einige Zeit in Bremen, bevor es wieder auf große Fahrt ging. Neue Herausforderungen warteten auf mich, von denen ich nicht die leiseste Ahnung hatte!

Bohrinselversorger auf See

Weltweiter Einsatz für Öl und Gas

Die Versorgungsschifffahrt für Bohrinseln war ein neues Betätigungsfeld der DDG »Hansa«. Als ersten Versorger hatte die Reederei 1966 die MS »Kattenturm« in Dienst gestellt. Schon bald kam es zu einer engen Zusammenarbeit mit der VTG in Hamburg, die auf diesem Sektor bereits Erfahrungen gesammelt hatte. Beide Reedereien ließen Versorger gemeinsam als Schwesterschiffe oder in kleiner Serie bauen. Größter Auftragnehmer war die Hitzler Werft in Lauenburg an der Elbe, die wegen des hohen Anforderungsvolumens auch Aufträge an andere Werften abgab, darunter die Roland Werft in Bremen und die Jadewerft in Wilhelmshaven.

Die Neubauten waren standardisiert und ihre Namensgebung erfolgte bei den Schiffen der »Hansa« mit der Endung »-turm«, während die VTG die Endung »-tor« verwendete. Weil immer größere Bohrinseln nach immer mehr Leistung verlangten, steigerten sich auch die Maschinenleistungen der Versorger im Laufe der Jahre bis zu 7500 PS. Auch die Entwicklung von speziellen Ankerziehschleppern oder Röhrentransportern war eine Folge der gewachsenen Anforderungen seitens der Offshore-Industrie. Charterer für die Bohrinselversorger waren die großen Ölgesellschaften dieser Welt und ihre Tochterfirmen. Ölfirmen wie Esso, Shell oder BP dominierten nicht nur den Markt, sondern nahmen auch politischen Einfluss auf das Geschehen in den Entwicklungsländern mit Öl- oder Gasreserven.

Gemeinsam mit der VTG, einer Preussag Tochter, und der britischen Offshore Marine wurde 1968 die OSA (Offshore Supply Association) als neuer Geschäftsbereich für die Offshore-Versorgung gegründet. Mitte der 80er Jahre, als der Boom in der Offshore-Industrie vorbei war, verfügten beide Reedereien über etwa 100 Versorger unterschiedlichster Bauart für die sich fortwährend ändernden Anforderungen der Öl- und Gasförderindustrie.

Beherrscht wurde der Markt der Versorgungsschifffahrt bis dato von amerikanischen Firmen wie Tidex oder Marine Service. Für die Arbeit auf dem Kontinentalsockel der Nordsee mussten jedoch robustere Schiffe eingesetzt werden. Versorgungsschiffe aus dem Golf von Mexiko und der Karibik waren für das rauere Operationsgebiet der Nordsee nicht geeignet.

An Bord eines Versorgers

Versorger oder Heckträger sind reine Arbeitsschiffe, bei denen sich die Brücke vorne (auf der Back) befindet. Anfang der 70er Jahre waren die normalen Versorger bei einem Tiefgang von 3,60 Metern etwa 55 Meter lang und elf Meter breit, wobei die Seitenhöhe etwa vier Meter betrug. Sie waren mit 499 BRT vermessen. Hinter der Brücke und den Aufbauten der Wohnräume begann der Arbeitsbereich. Auf dem Hauptdeck im Anschluss an die Wohnräume war zumeist die Ankerziehwinde installiert, mit der die schweren Anker samt Zubehör an Deck gezogen wurden. Die Winden verfügten bei den kleineren Versorgern über eine Zugkraft von 80 Tonnen.

Der gesamte Heckbereich war bis zur Verschanzung glatt und mit Holz ausgelegt. Am Ende war die Heckrolle drehbar gelagert. Sie maß etwa einen halben Meter im Durchmesser. Beim Versetzen (»Rig Move«) einer Bohrinsel ermöglichte die Heckrolle das Hinaufgleiten des schweren Ankergeschirrs mit geringem Reibungsverlust. Versorger ohne Heckrolle hatten stattdessen eine stählerne Heckpforte, die entfernt werden konnte. An der Backbord- und Steuerbordseite stand jeweils noch ein kleineres Heckspill, um den Transport von Teilen des Ankergeschirrs zu unterstützen. Dazu zählten insbesondere Bojen, Stander und Ketten, die zur Positionsfestlegung des Ankers bestimmt waren.

Manche Versorger, wie z.B. die »Steinturm«, hatten oberhalb der Ankerziehwinde noch einen Kran, mit dem jede Art von Ladung übernommen werden konnte, außerdem wurde er beim Ankerziehen genutzt.

Die Maschinenanlage bestand aus zwei Motoren, die jeweils über ein Getriebe den in einer Kort-Düse gelagerten Propeller antreiben konnten. Die zwei Ruder verliehen dem Schiff eine hohe Manövrierfähigkeit. Hierbei erfolgte die Umsteuerung der Drehrichtung der Propeller mit dem Getriebe, während die Maschine immer in eine Drehrichtung lief. Zusätzlich unterstützte ein Bugstrahlruder mit einer Leistung von etwa 200 PS die Wendigkeit der Versorger beim Löschen der Ladung an der Bohrinsel sowie beim An- oder Ablegen in den Häfen. Drei Dieselgeneratoren sorgten für die Stromerzeugung an Bord. Sie wurden je nach Leistungsbedarf zusammengekoppelt.

Es gab zusätzliche Tanks für Drillwasser, Brennstoff und Trinkwasser, die nur für die Bohrinselversorgung bestimmt waren. Eine Zementladeanlage mit mehreren Tanks ermöglichte die Mitnahme bzw. Übergabe von Zement und anderen Mineralien, die für den Bohrbetrieb benötigt wurden.

Bohrgestänge und Bohrrohre (»Casings«) machten die Hauptladung aus. Wurde ein Bohrgestänge aus dem Bohrloch gezogen, dann war der Platz auf der Bohrinsel hierfür nicht ausreichend. Ein Großteil des Gestänges wurde daher an Deck des Versorgers gelagert, bis es wieder zum Weiterbohren benötigt wurde. War die Bohrung beendet, wurde das Gestänge vom Versorger in den Hafen gebracht und dort bis zum nächsten Einsatz an Land gelagert.

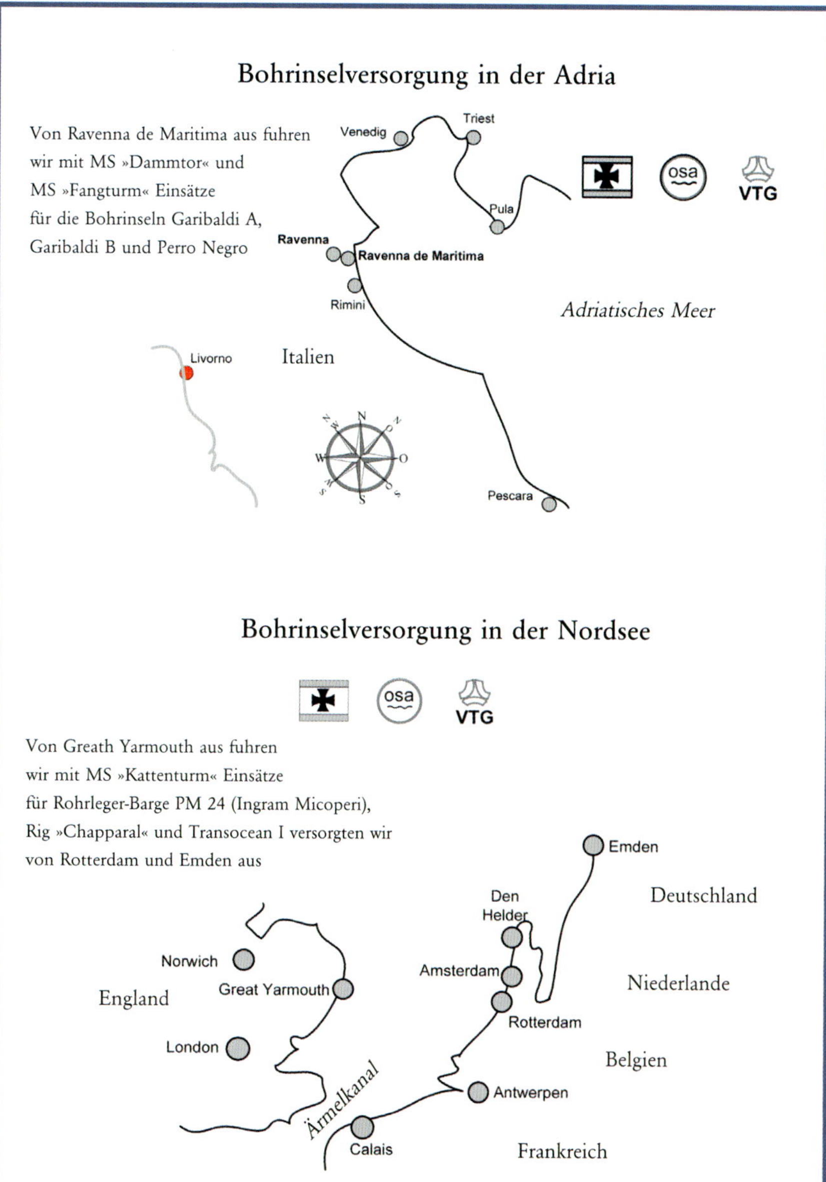

Alles, was für den Betrieb einer Bohrinsel benötigt wurde, schafften die Versorger heran. Ihre Ladung reichte von gekühlten Proviantcontainern über Ausrüstungsgegenstände für den Bohrbetrieb bis hin zu Dingen des täglichen Bedarfs für die Besatzung. Eine besondere Ladung stellten die Messcontainer der französischen Firma Schlumberger dar. Wenn ein solcher Container zur Bohrinsel gebracht wurde, konnte man davon ausgehen, dass die Bohrung bald ihre maximale Tiefe erreicht hatte. Die hochempfindlichen

Mit der MS »Dammtor« an der italienischen Bohrinsel Garibaldi A in Ravenna

Messinstrumente gaben genauen Aufschluss über den Stand der Bohrung und ermöglichten zudem ein rechtzeitiges Verschließen des Bohrlochs.

Nach Öl und Gas wurde und wird bekanntlich auf der ganzen Welt gebohrt, sodass die Besatzungen der Versorger ganz schön herumkommen. Versorgungsschifffahrt ist ein hartes Geschäft und verlangt ganze Seeleute auf leistungsfähigen, robusten Schiffen, die bei jedem Wetter einsatzfähig sein müssen. Junge Nautiker und Schiffsingenieure, die »ein gewisses Etwas« mitbrachten, also wirkliche geborene Seeleute waren, hatten zu dieser Zeit in der Versorgungsschifffahrt auf den »Supply Vessels« sehr gute Aufstiegschancen und konnten viel Geld verdienen.

Nach Ablauf der Dienstzeit, die in der Regel sechs Monate betrug, wurde die Besatzung eines Versorgers abgelöst. Flüge um die halbe Welt waren beim Austausch keine Seltenheit und so kamen die Versorgerbesatzungen schon Anfang der 70er Jahre in den Genuss langer Flugreisen, die noch mit viel Service durchgeführt wurden. Im harten Einsatz in der Nordsee erfolgte die Ablösung bereits nach zwei Monaten, um den Besatzungen Gelegenheit zur Erholung zu geben. War das Wetter zu schlecht für einen Helikopterflug, wurde die Besatzung der Bohrinsel nach Ablauf ihres Einsatzes mit dem Versorger ausgetauscht. War der Landurlaub vorbei, ging es wieder zurück an Bord – ganz egal, wo gerade nach Öl bzw. Gas gebohrt wurde und die OSA im Einsatz war.

Versorgungsfahrt in Italien

Nach 14 Monaten Fahrzeit auf der MS »Nordenhamersand« der Reederei Meyer Brake näherte sich mein Landurlaub seinem Ende zu und es galt, ein neues Schiff zu finden. Zufällig traf ich einen Bekannten aus früheren Tagen bei einem Glas Bier in der Bremer Altstadt. Er fuhr bei der DDG »Hansa« in der Versorgungsschifffahrt als I. Offizier und wusste zu berichten, dass man dort bei längerer Fahrtzeit im Ausland viel Geld verdienen und in Entwicklungsländern sogar steuerfrei fahren könne. Außerdem würden alle Schiffe im Zwei-Wachen-System mit Zulage für den fehlenden III. Ingenieur fahren. »Bohrinselversorger« hieß das Zauberwort.

Die DDG »Hansa« kannte ich natürlich von meiner Reise mit der »Kybfels«. Ich wusste also schon, dass diese Reederei zuverlässig und korrekt war. Eine Reederei, bei der man zwar viel Geld verdienen konnte, aber mangelhaft versichert war, und bei der die Rentenbeiträge nicht zuverlässig abgeführt wurden, kam für mich nicht infrage. Bei der »Hansa« hatte ich diesbezüglich nichts zu befürchten, also machte ich mich auf den Weg in die technische Inspektion, die ihre Räumlichkeiten an der Schlachte 6 hatte. Ich erwähnte die »Kybfels«, legte mein Zeugnis und Patent vor – und schon war ich als II. Ingenieur eingestellt.

Mein erster Einsatz sollte in Italien erfolgen. In Marina di Ravenna waren vier Versorger stationiert, die zwei Riggs und eine Bohrinsel versorgten. Wechselweise waren immer zwei Versorger draußen, während die anderen beiden im Hafen lagen und neue Versorgungsgüter an Bord nahmen. Es waren jeweils zwei »Hansa«- und zwei VTG-Versorger, die gemeinsam für die OSA, London, fuhren.

Am 19. Juni 1970 flog ich also von Bremen über Frankfurt nach Mailand. Hier nahm ich den Zug über Bologna nach Ravenna, wo ich am frühen Abend eintraf. Das Taxi brachte mich dann noch vom Bahnhof zum Hafen. Die »Hansa« hatte im Vorfeld angeordnet, dass ich mir die entsprechende Uniform mit dem Zeichen der Reederei zulegen sollte. Ich war kein Freund des Uniformzwangs und machte nur selten Gebrauch von diesen Kleidungsstücken, aber die Ausstattungskosten wurden von der Reederei übernommen.

Meine Schiffe waren die MS »Dammtor« und die MS »Fangturm«, während die MS »Brooktor« und die MS »Pagenturm« draußen auf See bei den Bohrinseln lagen. Die Schiffe waren im typischen Hansagrau gestrichen, nur die Aufbauten waren weiß gehalten. Der Bug war hochgezogen und auf der Außenhaut waren halbrunde Verstärkungen aufgeschweißt. Wie schon auf dem Bergungsschlepper »Atlantic« lief um das ganze Schiff herum eine Wallschiene. Zum Heck hin war sowohl an der Backbord- wie an der Steuerbordseite jeweils ein Schornstein hochgezogen. Hier liefen die Abgasleitungen der Hauptmaschinen und Hilfsmaschinen hinein. Außerdem befand sich darin ein Niedergang zum Maschinenraum.

Die »Dammtor« (OSA-Kennung 204) war 1966 bei der Hitzler Werft in Lauenburg als einfacher Versorger MS NVG 5 gebaut worden. Die Kammern der Schiffsoffiziere befanden sich über Deck, ein Deck oberhalb des Hauptdecks. Die Decksbesatzung hatte ihre Wohnräume unter Deck, wobei die Kammern über ein Bulleye verfügten.

Ich meldete mich an Bord, wurde herzlich empfangen und konnte in aller Ruhe meine Kammer beziehen. Wir sollten noch über Nacht liegen und der »Chief« animierte mich zum Landgang mit dem I. Offizier, am nächsten Tag sollte ich dann in aller Ruhe eingewiesen werden. Beim Landgang gab mir der I. Offizier erste Informationen darüber, wie das Geschäft in Ravenna für gewöhnlich ablief. Wie ich schon bemerkt hatte, lief hier alles in ruhigen Bahnen und beinahe fahrplanmäßig. Alle Männer waren zufrieden und wollten möglichst lange Dienst tun. Etliche Kollegen kannten die harten Einsätze in der Nordsee, in Afrika oder im Persischen Golf. Aber hier war es das reinste Paradies, so die allgemeine Überzeugung.

An Bord der MS »Dammtor«

Die Besatzung setzte sich zusammen aus dem Kapitän, dem I. Offizier, dem I. Ingenieur und dem II. Ingenieur. Dazu kamen noch vier Matrosen und der Koch. Am nächsten Morgen erfolgte meine Einweisung in die Maschinenanlage und in den Hilfsbetrieb. Die Maschinenanlage der »Dammtor« bestand aus zwei MWM-Hauptmotoren mit jeweils 950 PS. Dazu kamen drei Hilfsdiesel mit jeweils 140 PS. Die meisten Versorger hatten zum Manövrieren an den Bohrinseln ein Bugstrahlruder, das elektrisch angetrieben wurde. Später lernte ich amerikanische Versorger kennen, bei denen direkt oberhalb des Bugstrahlruders für Antriebszwecke ein Dieselmotor mit Drehzahlregelung stand.

Dann kamen für mich noch einige neue Dinge hinzu: Die Versorger hatten eine Zementanlage, denn auf der Bohrinsel wurden loser Zement oder Schwerspate benötigt, um den sogenannten »Mud« anzurühren. Mit dieser Masse wurden die Außenwände des Bohrlochs ausgekleidet, wenn es das Gestein zuließ. Zement oder zementähnliche Stoffe (Baryt) wurden lose in mehreren Tanks gefahren. Diese fassten auf der »Dammtor« zusammen rund 90

Gasförderung im Offshore-Bereich vor Ravenna

Versorgung der Hubinsel »Perro Negro« vor Ravenna

Kubikmeter. Die Tanks hatten einen Doppelboden. Im unteren Bereich lagen die Düsenstöcke. Sie waren so verteilt, dass der gesamte Boden von unten belüftet und der Zement wasserähnlich zum Fließen gebracht werden konnte. Der obere Teil des Doppelbodens war aus luftdurchlässigem Material und verlief schräg im Winkel zu einer Förder-Rinne.

Der Förderablauf hinauf zur Bohrinsel verlief folgendermaßen: Mit einem Kompressor wurden die Tanks von unten belüftet, während der Zement der Förder-Rinne zufloss. Hier lag eingebettet eine Förderschnecke, die mit einer drehenden Bewegung den Zement zum Förderkopf transportierte. An dieser Stelle kam ein zweiter Kompressor zum Einsatz. Mit hohem Druck wurde der Zement aus dem Förderkopf heraus in die Schläuche an Deck und hinauf zur Bohrinsel geblasen. Wichtig war das Zusammenspiel aller Komponenten in der richtigen Reihenfolge, denn andernfalls konnte es zu Verstopfungen im Förderschlauch kommen. Oftmals verursachten das die Leute von der Bohrinsel, weil sie das Ventil an ihrem Tank schlossen, obwohl dieser voll war. Unter heftigen Wortwechseln und Flüchen zwischen Bohrinselbesatzung und der Versorgercrew musste dann der verstopfte Schlauch gereinigt und wieder durchlässig gemacht werden.

Die Bohrinsel (»Rig«) wurde durch den Versorger weiterhin mit Trinkwasser und Drillwasser versorgt. Das Drillwasser (Bohrwasser) war im wesentlichen Trinkwasser, nur selten waren schon Beimischungen zugefügt. Für die technischen Anlagen, insbesondere für die Dieselmotoren, die die Generatoren antrieben, brachten wir natürlich auch den Dieselkraftstoff zum Rig. Alles andere, was auf einer Bohrinsel gebraucht wurde, fuhren wir an Deck. Viel Arbeit machte das Bohrgestänge. Beim Niederbringen der Bohrung musste es häufiger nach oben gezogen werden. Da auf dem Rig nicht ausreichend Platz war, wurde das Gestänge an Deck unseres Versorgers zwischengelagert. Wir lagen dann längsseits, um jederzeit zum erneuten Herablassen des Bohrgestänges zur Verfügung zu stehen.

Vor der Küste Ravennas wurde im Schelfgebiet in einer Tiefe zwischen 30 und 50 Metern nach Gas gebohrt und man war fündig geworden. Das Bohren war bereits abgeschlossen und die beiden fest stehenden Bohrinseln (»Garibaldi A« und »Garibaldi B«) hatten die Aufgabe, das Gas zu fördern und über ein Leitungssystem zu verteilen. Die schwimmende Bohrinsel (»Jack up rig«) namens »Perro Negro« wurde ebenfalls von uns versorgt. Mit dieser Bohrinsel wurde gebohrt, um weitere Erschließungen zu machen. Zwei Schwimmkräne machten die zu versorgenden Einheiten komplett.

Die schwimmende Bohrinsel wird als »Jack up rig« bezeichnet, weil sie ihre Standbeine nach dem Erreichen der Bohrposition selbstständig ausfahren konnte. Die Versorger schleppten das Rig auf Position und brachten die Anker aus. Nach dem Absenken stand die Insel dann auf dem Meeresboden und das Bohren konnte beginnen.

Vom Wetter her gesehen war die Versorgung von Ravenna aus nicht besonders schwierig, denn die See war meist ruhig. Jetzt im Sommer war das Wasser warm und lud schon morgens zu einem Bad ein. Wenn wir in der Nähe der Bohrinsel vor Anker lagen, sprangen wir über das tief liegende Heck von der Heckpforte in das erfrischende Nass.

Wenn regulärer Wachbetrieb war, wurden Sechs-Stunden-Wachen gegangen. Das galt auch für die beiden Kollegen an Deck. Durch die kurzen Einsätze und Anfahrtswege konnte die Wacheinteilung allerdings recht flexibel gehandhabt werden. So gab es mehr Freizeit für alle und ein gutes Betriebsklima. Auch die Reedereien hatten das erkannt. Sie schickten häufig ältere und kurz vor der Pensionierung stehende I. Ingenieure nach Ravenna, die dann überwiegend den II. Ingenieuren den praktischen Teil der Arbeitsanforderungen überließen. Wir »Zweiten« wiederum nahmen das Angebot der »Alten« nur zu gerne an, denn im Gegenzug gab es für uns am Wochenende uneingeschränkten Landgang - vorausgesetzt, wir lagen im Hafen. Viele Besatzungsmitglieder waren in Ravenna beinahe heimisch geworden: Einige hatten sich ein Mofa oder eine Vespa zugelegt, um vom Liegeplatz im Hafen in die Stadt fahren zu können. Ein II. Ingenieur war sogar mit dem Mercedes aus Deutschland angereist. An den freien Wochenenden fuhren wir damit nach Rimini, Riccione oder Cattolica und mischten uns unter die Touristen. Wir genossen den Strand ebenso wie das pulsierende Nachtleben, denn meistens hatten wir erst am Abend frei.

Die Arbeit an Bord beschränkte sich im Wesentlichen auf Instandhaltungsarbeiten. Unser besonderes Augenmerk galt den Anlagenteilen, die zur Versorgung der Rigs benötigt wurden. Die beiden Hauptmotoren der »Dammtor« von MWM Tb 12 RS 18/22 mussten vor dem Starten von Hand mit Öl vorgepumpt werden. Liefen die Motoren dann mit 1250 Umdrehungen pro Minute, dann verursachten sie einen Höllenlärm. Das metallische Trommelfeuer der Ventile war ohne Akustik-Schutz (Mickeymäuse) nicht zu ertragen. Bei Maschinenbetrieb trugen wir Ohrenschützer der Marke »Clark«, wie sie auch die Einweiser auf den Flughäfen benutzen.

Das war jedoch reine Gewöhnungssache. Der Schweiß, verursacht durch die Wärme im Maschinenraum, löste häufig einen Juckreiz aus. Vor allem in den Tropen war das eine unangenehme zusätzliche Belastung. Aber ohne Ohrenschutz war die Schädigung des Hörvermögens vorprogrammiert. Die später gebauten Versorgereinheiten hatten aus diesem Grund einen schallgeschützten Fahrstand, von dem aus die Maschinen überwacht werden konnten.

Liefen die Maschinen, so wurden die Manöver von der Brücke aus gefahren. Das Umsteuern erfolgte über ein Wendegetriebe und die unterschiedlichen Geschwindigkeiten des Schiffes wurden über den Lastwechsel der Maschinen erzeugt. Die »Dammtor« hatte noch kein Bugstrahlruder.

Wie schon erwähnt, lief hier in Ravenna alles in ruhigen Bahnen. Was es bedeutet, richtig hart an den Bohrinseln zu arbeiten, sollte ich erst später in England und Afrika erfahren.

Wechsel auf die MS »Fangturm«

Am 5. Juli 1970 stieg ich auf die MS »Fangturm« (OSA-Kennung 208) um. 1967 war sie ebenfalls bei der Hitzler Werft in Lauenburg als einfacher Versorger gebaut worden. Die Maschinenanlage war von der Firma MAN und bestand aus zwei Viertakt-V-Maschinen vom Typ V8V 16/18T mit je 966 PS bei 1500 U/min. Die »Fangturm« hatte ein Bugstrahlruder und eine Zementanlage, außerdem verfügte sie über eine Winde zur Unterstützung bei Ankerzieharbeiten. Vor dem Vorpumpen des Schmieröls von Hand wurde bei diesen Motoren noch in einen Anlassautomaten eine Dose Startpilot eingesetzt. Diese Vorgehensweise stellte einen sicheren Start der Motoren sicher. Ansonsten waren die einzelnen Anlageteile ähnlich und an den fast gleichen Orten installiert wie auf der MS »Dammtor«.

Übernahme von Versorgungsgütern im Hafen von Ravenna-Maritima

Mit dem I. Offizier Uli auf der MS »Fangturm« in Ravenna

An Bord der »Fangturm« war ein Kapitän aus Ostfriesland, ein zwei Meter langer, massiger Mann. Wir verstanden uns auf Anhieb gut. Auch der I. Offizier, ein junger dynamischer und gebildeter Mann, war ein sympathischer Mensch und wir freundeten uns sofort an. Während meiner Zeit an Bord hatten wir viele, auch ernsthafte Gespräche und es machte mir Spaß, die Wachen gemeinsam mit ihm zu verbringen. Der »Chief« war schon kurz vor der Rente und auch zwischen uns gab es keine Probleme. Ich machte meinen Törn an anfallender Arbeit und gemeinsam besprachen wir unser Vorgehen. Mittags war für ihn meist Feierabend und er erwartete nicht von mir, dass ich noch weitermachte. Meistens arbeitete ich noch bis zur Kaffeezeit, dann ließ ich es auch auslaufen. So war die Hierarchie gewahrt und ich hatte das Wohlwollen des »Chiefs« auf meiner Seite.

Der »Erste« und ich planten gerade, uns eine Vespa zuzulegen, als ein Schreiben über die Agentur an Bord kam. Hierin wurde die Ablösung des Kapitäns für die nächsten Tage angekündigt. Die Reederei hatte einen längerfristigen Versorgungsjob für die Shell in der Nordsee erhalten. Einzige Voraussetzung: Unser Kapitän sollte den Versorger führen. Der Mann war als einer der besten Versorgerkapitäne bekannt, der auch dann noch den Versorger an die Bohrinsel heranfuhr, wenn andere schon längst aufgegeben hatten. Vor allem die amerikanische Konkurrenz hatte in der Nordsee ihre Probleme, denn der Golf von Mexiko war bis auf wenige Ausnahmen ein wesentlich einfacheres Fahrtgebiet.

Als sich der Kapitän von uns verabschiedete, um nach Bremen zu fliegen, legte er seinen Arm um meine Schulter und meinte: »Wir sehen uns bald wieder! Dich brauche ich in der Nordsee.« Ich nahm diese Worte nicht so ernst, als auch für mich die Stunde des Abschieds von Marina di Ravenna kam. Der »Alte« hatte seine Ankündigung wahr gemacht und mich für Great Yarmouth im Osten von England angefordert. Einerseits war ich geschmeichelt, andererseits gefiel es mir in Ravenna. Aber ich war angestellter Schiffsoffizier bei der »Hansa« und hatte dem Wunsch der Reederei zu entsprechen.

Der Agent brachte meine Reiseunterlagen an Bord und aufgrund eines Streiks in der Luftfahrt musste ich mit der Eisenbahn bis nach Bremen fahren. Der Abschied fiel schwer, als ich mitten in der Nacht die »Fangturm« verließ. Gleich am nächsten Morgen ging ich ins Büro der Reederei und bekam meine Reiseunterlagen für Great Yarmouth ausgehändigt

Man ließ mir noch drei Tage Zeit, dann sollte ich nach London fliegen. Ich nutzte die Zeit, um meine persönlichen Sachen auf Vordermann zu bringen. Ich kaufte auch eine neue Kamera, eine Zeiss Ikon. Während meiner Seefahrtszeit habe ich viel fotografiert und diese Aufnahmen sind noch gut zu gebrauchen, obwohl einige von ihnen im Laufe der Jahre rotstichig geworden sind. Nach einem guten Abendessen in der Stadt zog ich durch bekannte Lokalitäten in Bremen und genoss die noch verbleibende Zeit bis zu meinem ersten Einsatz in der Nordsee.

Bohrinselversorgung in England

Am 15. August 1970 saß ich dann im Flieger von Bremen nach London. Ein Taxi brachte mich vom Flughafen zum Bahnhof und von dort fuhr ich dann mit der Eisenbahn in der 1. Klasse über Norwich nach Great Yarmouth. Der Hafen liegt an der Ostküste Englands in der Grafschaft Norfolk.

Laute Musik ertönte von der MS »Kattenturm«, als ich mit dem Taxi an der Pier vorfuhr. Der Kapitän und etliche Damen standen in der Nock und winkten zu mir herunter. Das fängt ja gut an, dachte ich und ging erwartungsvoll an Bord. Der »Alte« umarmte mich freundschaftlich und meinte: »Habe ich doch in Ravenna gesagt, dass wir uns bald wiedersehen!« Meine Freude war nicht ganz ungetrübt, denn ich wäre lieber in Ravenna geblieben. Noch ehe ich meinen Koffer ausgepackt hatte, lud mich der Kapitän zur Party ein. Ich meldete mich aber zuvor noch beim »Chief« und verstaute meine Sachen. Später im Salon lief die Party bereits auf vollen Touren und es floss reichlich Alkohol. Irgendwann schlich ich todmüde in meine Kammer. Wir lagen noch drei weitere Tage an der Pier – und das hieß drei Tage Party! Irgendwann lernte ich dabei ein Mädchen kennen und für die Dauer meiner Dienstzeit auf der »Kattenturm« sollten wir befreundet bleiben.

Die MS »Kattenturm« war der dienstälteste Versorger aus der Versorgerflotte der DDG »Hansa«. Mit ihr hatte alles angefangen. Das Schiff wurde 1966 auf der Rolandwerft in Berne-Ganspe gebaut und erhielt später die OSA-Kennung 212. Die Nachfolgebauten hatten sich zunächst noch an der »Kattenturm« orientiert, wurden aber später wesentlich verbessert. Auf der »Kattenturm« war der Maschinenraum eng und erinnerte aufgrund seiner Abmessungen an ein U-Boot. Die Maschinen waren die bereits bekannten MAN 16-Zylinder-V-Motoren mit jeweils 966 PS. Ansonsten war alles so ähnlich wie auf den anderen beiden Versorgern, auf denen ich bereits gefahren war. Eine kleine Besonderheit stellten die beiden kleinen Schornsteine dar, welche die originale Hansa-Schornsteinmarke mit dem Hansakreuz trugen. Alle anderen Versorger hatten bereits die OSA-Schornsteinmarke aufgemalt.

Nachdem wir Ladung und Versorgungsgüter übernommen hatten, ging es raus zur Rohrleger-Barge PM 24. Das ist ein großer schwimmender Ponton, von dem aus dicke Stahlröhren, die abschnittsweise an Deck der Barge zusammengeschweißt wurden, auf den Grund der Nordsee abgesenkt werden.

Nach dem Löschen der Ladung fuhren wir aber nicht wie erhofft nach Great Yarmouth zurück. Die Versorgungsbasis änderte sich: Wir versorgten nun von Amsterdam aus die Rohrleger-Barge PM 24. Unsere Pier lag im Eemshaven von Amsterdam.

Der Weg zur Barge betrug von Amsterdam aus 105 Seemeilen und die Ölgesellschaft, bei der wir in Charter waren, ließ uns bei jedem Wetter und auch für jede Kleinigkeit rausfahren. Wir waren schließlich voll gechartert und das wurde konsequent ausgenutzt. Die Landgänge waren, falls überhaupt möglich, kurz und kräftig. Amsterdam hatte auch zu jener Zeit einiges zu bieten. Unter anderem gab es ein Lokal, in dem man für einen Festpreis von fünfzig Gulden trinken konnte, egal was und so viel wie man wollte. Wir bestellten prompt den teuersten Whisky, den das Haus zu bieten hatte. Die Rechnung des Wirtes war allerdings anders aufgemacht, denn die vielen Hafenmädchen in der Bar sollten die anwesenden Männer zum intimen Zimmerservice bewegen. Wir aber wollten an diesem Abend nur trinken und brachten den Inhaber fast um den Verstand. Seine Verabschiedung war entsprechend frostig und die enttäuschten Damen schlossen sich ihm an. Wir freuten uns diebisch, hatten aber dafür am nächsten Tag einen dicken Kopf.

Wenige Tage später verholten wir erneut nach Great Yarmouth und versorgten wieder von dort aus. Es gab ein Wiedersehen mit meinem Mädchen und schöne Nächte an Land und im Hafen.

Dann ereignete sich während einer unserer Versorgungsfahrten ein tragischer Unfall an Deck. Wir waren an der Barge und hatten sehr schlechtes Wetter. Die See ging hoch und machte die Versorgung beinahe unmöglich. Wir mussten snatchen, um die schweren Teile nach oben zu bekommen. Der Versorger machte beim »Snatchen« nicht fest, sondern er manövrierte an die Barge heran. Dann wurde schnell der Kranhaken in das nach oben zu hievende Teil gehakt. Der Kran zog an und wir konnten wieder von der Barge wegmanövrieren. Bei hohem Wellengang war das eine riskante Arbeit für die Matrosen, die an Deck springen mussten, um jedes Teil einzuhaken.

Wir fuhren an die Barge heran und ein Matrose eilte an Deck zum Kranhaken. Plötzlich kam eine Woge von achtern durch die Heckpforte. Der frei stehende Container schwamm kurz auf und wurde gegen unsere Verschanzung gedrückt. Dazwischen befand sich der Matrose, der keine Chance hatte, noch zur Seite zu springen. Sein Bein wurde zwischen Container und Verschanzung eingeklemmt. Er schrie um Hilfe und der »Alte« fuhr wie ein Teufel eine Runde, um ruhiges Wasser zu machen.

Währenddessen stand ich im Schornstein, etwa in Deckshöhe, und habe alles mitbekommen. Als die See für einen Moment ruhiger war, sprangen die Matrosen und ich zum Container und drückten ihn ein wenig beiseite. Wir zogen den ohnmächtigen Matrosen heraus und schleppten ihn über Deck in die Unterkünfte. Sein Bein hing wie lose an ihm. Wir legten ihn in den Betriebsgang, weil wir Angst hatten, ihn noch weiter zu verletzen. So gut es eben ging, versorgten wir den Mann mit Decken und heißen Getränken. Die meiste Zeit aber war er nicht bei Bewusstsein, weil der I. Offizier ihn mit Morphium versorgt hatte.

Mit allem, was unsere Maschinen hergaben, fuhren wir auf die holländische Küste nach Den Helder zu. Der »Alte« hoffte, dass sich dichter unter Land die See beruhigen würde, sodass eine Übergabe gelingen könnte. Das Militärkrankenhaus in Den Helder war bereit alles zu tun, um zu helfen. Die Küstenwacht kam heraus, aber die Übergabe verzögerte sich um weitere sechs Stunden. Das Bein unseres Matrosen verfärbte sich bereits schwarz, er würde es also wahrscheinlich nicht behalten können. Endlich, mit einem verzweifelten und riskanten Manöver, gelang die Übergabe. Wir fieberten alle mit unserem Kollegen um sein Bein und um seine Gesundheit. Stunden später sollte sich herausstellen, dass das Bein nicht mehr zu retten war. Die Stimmung an Bord war sehr gedrückt und wir waren alle traurig.

Nach einigen weiteren Versorgungsfahrten wurde ich abgelöst: Afrika stand auf dem Einsatzplan. Als mich mein Mädchen zum Bahnhof brachte, fiel uns beiden der Abschied schwer. Würde es ein Abschied für immer sein? In London brachte mich ein Taxi zum Flughafen, wo ich mit einer Boeing 737 weiter nach Bremen flog. Hier tobte ein gewaltiger September-Sturm, als die Maschine zur Landung ansetzte. Der Pilot musste durchstarten und das Flugzeug noch einmal hochziehen, seither weiß ich, was Angst im Flugzeug ist. Spät am Abend machte ich mich noch auf den Weg in mein Stammlokal »Treffpunkt Köln«, um alte Freunde zu treffen. Mit der Wirtin Katja verband mich seit langen Jahren ein freundschaftliches Verhältnis und so manches Mal saß ich hier bis zum frühen Morgen. Im »Treff« war immer etwas los und wenn die Damen ihre tief ausgeschnittenen »Umsatzkleider« anhatten, schlug die Stimmung hohe Wellen.

Ich hatte drei Wochen Urlaub und plante nach Great Yarmouth zu fliegen, verwarf den Gedanken aber wieder. Wer wusste schon, was mich in dieser schnelllebigen Zeit und bei dem wechselnden Hafenbetrieb erwarten würde? So verbrachte ich meine Zeit in Bremen. Mein alter Studienkollege Reinhardt war auch an Land und wir vergnügten uns tagsüber mit Mini-Golf-Spielen oder Bowling. Bei einem Abendessen in der Gaststätte »Vosteen« am Ostertor lernte ich Roswitha kennen, die hier mit einer Gruppe von Arbeitskollegen einen Geburtstag feierte. Wir verabredeten uns für den nächsten Tag und trafen uns auch an den folgenden Tagen immer wieder. Abends gingen wir häufig aus und weil wir uns gut verstanden, reifte in mir der Gedanke, an Land zu bleiben und eine Familie zu gründen. Aber zunächst wollte ich nach Afrika, um dort möglichst steuerfrei Geld zu verdienen. Unsere Beziehung wurde intensiver und bei meinem nachfolgenden Afrika-Abenteuer sollte ich Erinnerungen und Sehnsüchte mitnehmen, die mir den harten Einsatz dort nicht leichter machten.

Odyssee Westafrika

Am 29. Oktober 1970 hatte die Reederei ihr Versprechen eingelöst und ich erhielt Order für Westafrika. Westafrika war für mich und auch für alle anderen Kollegen in diesem Geschäft hochinteressant, weil man hier nach sechs Monaten die Heuer steuerfrei bekam. Warum das? Es gab ein Gesetz, demzufolge Deutsche, die an der Auffindung von Bodenschätzen in Entwicklungsländern beteiligt waren, nach sechs Monaten Steuerfreiheit erhielten. Als Junggeselle mit hoher Steuerlast war das für mich natürlich ein Ansporn.

Der Wermutstropfen: Auf die Dauer des Einsatzes hatte weder die Reederei noch das Personal irgendeinen Einfluss. Lief eine Charter für den Versorger aus und das Einsatzland wurde gewechselt, war Schluss mit der Anwartschaft auf Steuerfreiheit. Die Zeit wurde gewissermaßen wieder zurück auf null gestellt. Und außerdem musste man auch bereit sein, länger als sechs Monate in diesem harten Job bei allen Witterungsbedingungen eingesetzt zu werden. Mit anderen Worten: Ein wenig Glück gehörte unbedingt dazu...

Mein Schiff sollte die MS »Warturm« sein, ein Ankerzieh-Schleppversorger, der für den Einsatz vor der Küste Nigerias vorgesehen war. Nigeria zählte damals zu den größten Erdölexporteuren Afrikas. Der Handel mit Erdöl und Erdgas machte immerhin über 90 Prozent der Exporteinnahmen aus und bildete praktisch die Haupteinnahmequelle des Staates.

Ich flog zusammen mit dem I. Offizier am 1. November 1970 von Bremen über Frankfurt nach Paris-Orly. In Paris wechselten wir zum Flughafen Le Bourget, von dort ging es weiter mit der französischen Fluggesellschaft UTA nach Cotonou ins heutige Benin. Wir wurden von der Agentur abgeholt und zogen zunächst in ein gemietetes Haus am Meer. Unser Visum für Nigeria fehlte noch, also genossen wir die freie Zeit und fühlten uns wie im Urlaub.

Drei Tage später stiegen wir auf die »Nobistor« (OSA-Kennung 306) ein, die uns nach Lagos in Nigeria brachte. Wir warteten weitere drei Tage im Hotel »Venus« auf unsere Visa, aber vergebens. Dann fuhren wir mit der »Nobistor« in das Ölfeld vor der Küste von Lagos. Beim Bohrschiff »Temple Tender« stiegen wir auf die »Holstentor« (OSA-Kennung 210) um. Da wir immer noch kein Visum hatten, flogen die beiden Offiziere der »Holstentor« statt unserer nach Port Harcourt, um die dringliche Ablösung auf der »Warturm« durchzuführen, während wir den Dienst auf der »Holstentor« übernahmen. Technisch war das kein Problem für mich, denn die »Holstentor« ist vom gleichen Typ wie die »Dammtor«, die ich bereits von Ravenna her kannte.

Für uns ging es weiter nach Accra, der Hauptstadt von Ghana, wo wir Spezialausrüstung für das Bohrschiff »Temple Tender« von der Firma Reading & Bates holten und für einige Tage im Hafen lagen. Täglich kursierten neue Schreckensmeldungen über Weiße, die hier ausgeraubt wurden, und auch seitens der Agentur riet man uns davon ab, an Land zu gehen. Im Hafen lagen jedoch koreanische Fischdampfer gleich hinter uns an der Pier. Schnell nahmen wir Kontakt auf und gingen später gemeinsam an Land. Vor den als skrupellos geltenden Koreanern hatte das lichtscheue Gesindel im Hafen nämlich regelrecht Angst.

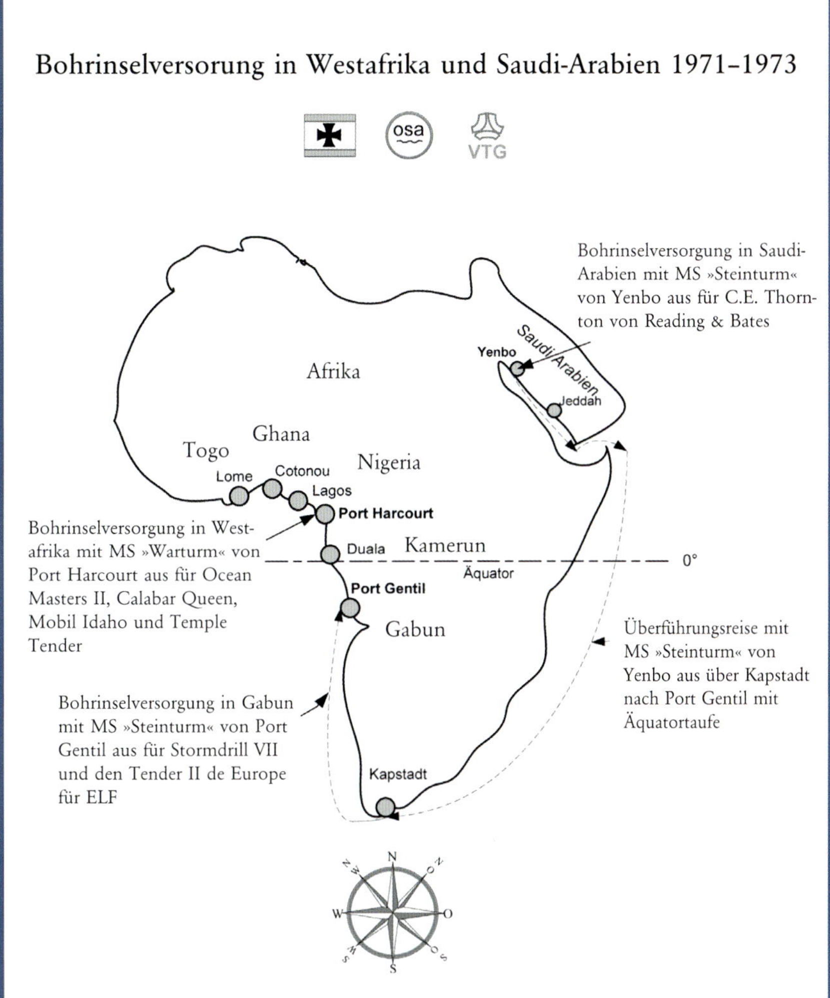

Unsere nächste Station war wieder Cotonou. Der aus zäher Bronze bestehende Flunken einer unserer beiden Schiffsschrauben hatte sich verbogen und wir wollten ihn wieder richten, um nicht aus der Charter zu fliegen. Dafür war eigens der Maschineninspektor aus Bremen angereist. Wir legten das Schiff durch Fluten der

Vorpiek und Lenzen der hinteren Tanks so weit wie möglich »auf den Kopf«. Durch Törnen der Maschine drehten wir den angeschlagenen Flunken nach oben und konnten so den Schaden in Augenschein nehmen. Zusammen mit dem Inspektor besorgte ich dann einen großen Schmiedehammer und einige Holzklötze. Von einem aus leeren Ölfässern bestehenden selbst gebauten Ponton aus schritten wir in Badehosen zur Tat: Einer hielt das Holzstück fest, während der andere mit dem Schmiedehammer kräftig zuschlug. Das war eine kräftezehrende und nicht gerade saubere Arbeit mitten im brackigen Hafenwasser.

Millimeterweise gelang es uns, die größte Verdrehung zurückzubiegen. Auf jeden Fall würden wir nun wieder annähernd Volllast fahren und manövrieren können. Abends waren wir erschöpft, aber zufrieden. Der Inspektor lud mich in ein Viertel am Stadtrand zum Essen ein und anschließend genehmigten wir uns einen kräftigen Schluck. Es gab große, kalte Biere aus Kalebassen, also ausgehöhlten Flaschenkürbissen. Hier saßen wir zwischen den Einheimischen und umgeben von Holzhütten und genossen die warme Tropennacht. Überall begegnete man uns freundlich und zuvorkommend - ganz im Gegensatz zu den vorherrschenden Gepflogenheiten in den ehemaligen englischen Kolonien in Afrika.

Die MS »Warturm« schleppt eine Bohrinsel vor Westafrika

Unterwegs für die Amerikaner

Unser Visum für Nigeria war allerdings noch immer nicht eingetroffen, weshalb wir die Hoffnung, auf die »Warturm« zu wechseln und in den Genuss der Steuerfreiheit zu gelangen, fast aufgegeben hatten. Doch am 1. Dezember war es endlich so weit und der zweite Teil unseres Abenteuers konnte beginnen. Der »Erste« und ich flogen von Cotonou nach Duala. Von hier aus operierte das amerikanische Konkurrenzunternehmen »Tidex«. Die Schiffsnamen der Firma enden alle mit »Tide«. Die Agentur hatte mit der Tidex abgestimmt, dass wir mit der »Tough Tide« ins Ölfeld fahren und dort auf See ohne Visum auf die »Warturm« umsteigen sollten.

Auf der »Tough Tide« fuhr ein deutscher Ingenieur und als wir eintrafen, bereitete er gerade seine Abreise nach Hamburg vor. Seine Ehe sollte geschieden werden und er musste unbedingt zurück nach Deutschland, da kam ich gerade recht. Die Barge, die von der »Tough Tide« geschleppt werden sollte, musste noch ent- und beladen werden. Das gab ihm Zeit. Während seiner Abwesenheit sollte ich für ihn einspringen, bis wir dann auf ein anderes Schiff würden umsteigen können.

Vier Tage später ging unsere Reise los. Die geschleppte Barge war randvoll mit wertvollem Bohrgestänge beladen. Nach etwa einem Tag bemerkten wir, dass die Barge immer tiefer im Wasser lag, und vermuteten eine Leckage an der Außenhaut. Der amerikanische Kapitän kehrte um mit Kurs auf Duala, denn die wertvolle Ladung durfte auf keinen Fall verloren gehen.

Ich hatte mich mit der Maschinenanlage, so gut es eben ging, vertraut gemacht. Dabei unterstützte mich ein cleverer Einheimischer, der schon lange an Bord war. Vieles war hier anders organisiert als in deutschen Maschinenanlagen, manches war auch einfacher. Zum Beispiel wurde das Bugstrahlruder direkt von einem Dieselmotor betrieben - und nicht wie bei uns elektrisch. Sämtliche Aggregate einer Seite waren dem Generator zugeordnet, der auf dieser Seite installiert war. Das war durchaus gewöhnungsbedürftig. Wollte man Brennstoff pumpen, dann musste der Steuerbord-Generator laufen, weil die Pumpe an der Steuerbordseite installiert war. So ging das bei allen Hilfsanlagen. Die Stromverteilung über Kreuz zu legen oder eine aufwendige Schaltanlage zu führen, das kannten die Amerikaner zu dieser Zeit nicht.

Unterwegs stöhnten alle Männer an Bord, weil die Klimaanlage ausgefallen war. Der Elektromotor des Lüftungsgebläses wurde warm und der Wärmeschutzschalter schaltete den Motor ab. Einen neuen Motor konnte ich nicht besorgen, aber ich hatte eine Idee: Ich nahm einen elektrischen Lüfter und installierte ihn in einen selbst gebastelten Tunnel oberhalb vom Elektromotor des Lüftungsgebläses. Der Lüfter blies nun mit voller Drehzahl in die Lüftungsschlitze des Gebläsemotors und daraufhin erfolgte keine Abschaltung des Motors mehr. Alle waren glücklich und das Ansehen von uns Deutschen beim Kapitän steigerte sich noch ein wenig.

Tatsächlich gelang es uns, die Barge wieder an die Pier zu schleppen. Sie wurde entladen und das Leck konnte binnen drei Tagen gefunden und beseitigt werden Kurz vor Auslaufen kehrte der »Chief« aus Deutschland zurück und alles war wieder im Lot. Nach fast zwei Tagen erreichten wir das Ölfeld und dann kam endlich unsere »Warturm« in Sicht. Wir stiegen über und die abgelösten Kollegen fuhren mit der »Tough Tide« zurück nach Duala, um von dort aus die Heimreise anzutreten.

Versorgung mit der MS »Warturm«

Die »Warturm« (OSA-Kennung 312) war 1968 bei der Werft Hugo Peters in Wewelsfleth als Ankerzieh-Schleppversorger gebaut worden. Sie hatte zwei MWM Motoren vom Typ TB RS 18/22, wobei jeder Diesel 1370 PS bei 1300 U/min leistete. Drei Hilfsdiesel mit je 175 PS lieferten mit ihren Generatoren je nach Bedarf den notwendigen Strom für den Schiffsbetrieb. Durch Zuschalten des zweiten Hilfsdiesels - und bei Bedarf auch des dritten - konnten an Deck die Schleppwinde und die anderen Spills zum Einsatz kommen. Ein Bugstrahlruder mit 200 PS vervollständigte die Maschinenanlage.

Die Zementanlage fasste in zwei Tanks insgesamt 100 Kubikmeter Zement. Eine Ankerzieh- und Schleppwinde mit 80 Tonnen Zugkraft war ebenfalls installiert. Die Heckrolle von etwa einem Meter im Durchmesser war am Heck in Lagern angebracht, sodass sie sich drehen konnte. Sie wurde insbesondere beim Ankerziehen gebraucht. Die Stahltrossen von Bojen und letztlich die Ankerketten konnten über die Rolle mit nur geringem Widerstand durch die Schleppwinde gezogen werden. Als Ankerzieh-Schleppversorger hatte die »Warturm« ihre beiden Abgasschornsteine nicht mehr in Hecknähe, sondern nach vorne gezogen in Höhe der Schleppwinde.

Mit der »Warturm« versorgten wir die Bohrinsel »Ocean Master II«, den Tender »Calabar Queen«, das Bohrschiff »Explorer« sowie die Förderplattform »Idaho« von Mobil Oil. Als Zwischenlager diente die »Mobil Deutschland«, ein 40.000-Tonnen-Tanker, der das geförderte Öl aufnahm und es später an kleinere Tanker abgab. Ein Leitungssystem unter Wasser, mit dem das Öl an Land gepumpt werden konnte, gab es zu diesem Zeitpunkt noch nicht.

In Port Harcourt

Wir waren ständig unterwegs und die Hafenliegezeiten in Port Harcourt waren nur kurz. Die Übergabe von Teilen aus dem Ölfeld und die Übernahme von Ladung bzw. Versorgungsgütern für das Ölfeld gingen relativ schnell vonstatten. Dann mussten wir wieder raus zu unseren Versorgungsobjekten im Ölfeld. Ein Landgang war in dieser Zeit ohnehin sehr gefährlich. Der Biafra-Krieg war gerade vorbei und noch längst war keine Ruhe eingekehrt. Für Leute wie mich und den »Ersten« war es ohne Visum doppelt gefährlich. Trotzdem nutzten wir einmal die Gelegenheit und tranken in einer Bar ein Bier. Plötzlich erschien ein dicker Armeeoffizier in Begleitung vom zwei Soldaten, die ihre Waffen auf uns gerichtet hielten. Der augenscheinlich betrunkene Offizier schrie uns unverständliche Worte zu, nahm seine Peitsche und schlug damit so heftig auf den Tisch, dass unsere Gläser zersprangen. Mit blutunterlaufenen Augen redete

er bedrohlich auf uns ein. Wir hatten wahnsinnige Angst und versuchten ihm begreiflich zu machen, dass wir deutsche Seeleute waren - und nicht etwa Engländer, gegen die er einen unbändigen Hass zu hegen schien. Endlich begriff er und verschwand mit seinen Soldaten. Wir waren restlos bedient und eilten an Bord. Auf weitere Landgänge verzichteten wir zukünftig!

In Port Harcourt lebten auch zwei Deutsche mit ihren Familien. Der eine leitete die Werkstatt der Firma Hochtief, der andere die Zementmühle von Dresser Magcobar. Hier in der Mühle wurden zum Teil aus Griechenland angelieferte Gesteinsbrocken, darunter Schwerspate, gemahlen und in Säcke abgefüllt. Die zerkleinerten Schwerspate fanden später beim Bohren auf den Bohrinseln Verwendung.

Die Deutschen kamen häufig zu uns an Bord. Sie tauschten Früchte und auch Alkohol gegen unser leckeres (Schwarz-)Brot ein. So manche Stunde saßen wir zusammen und schimpften gemeinsam über das Land, in dem wir jetzt arbeiteten. Immer wieder hörten wir Geschichten über die furchtbaren Gräueltaten, die sich während des Biafra-Krieges zugetragen hatten, und in dem die großen Ölgesellschaften die bestehenden Stammesfehden für ihre Zwecke genutzt hatten, nämlich um an die Bohrlizenzen zu gelangen. Dieses Land gefiel den meisten von uns nicht und wir freuten uns schon auf zu Hause. Aber das war eben der Preis für die Steuerfreiheit...

Im Verlauf des langen ununterbrochenen Auslandsaufenthaltes war die Maschinenanlage der »Warturm« ziemlich heruntergekommen. Ein Hansa-Frachter auf Linienfahrt unterbrach daher kurz seine Reise und brachte uns endlich die benötigten Ersatzteile mit. Auf See, fernab von Zoll- und ähnlichen Formalitäten, übernahmen wir die für uns so kostbare Ladung, darunter auch Zigaretten und Getränke aus Deutschland. Es war fast wie Weihnachten! Allerdings gab es auch mehr Arbeit und wir taten alles, um die gelieferten Ersatzteile einzubauen, denn Sicherheit und Funktionalität unseres Versorgers hatten oberste Priorität.

Um nicht aus der Charter zu fliegen, hatten wir zwischenzeitlich ein Kabel vom Stromverteiler der Schalttafel aus direkt an die Drillwasserpumpe gelegt. Auf diese Weise konnten wir den Service für die Ölgesellschaft aufrechterhalten, aber das war natürlich nur ein Behelf und wider die Vorschriften. Doch wer fragte hier im Ölfeld schon danach?

Wenn wir im Hafen lagen, fragten uns häufig Nigerianer nach Arbeit. Ein junger Mann fiel mir besonders auf. Er war sauber gekleidet,

Oben:
Die Bohrinsel hat eine Höhe von 90 Metern

Unten:
Die Bohrinsel am Einsatzort, jetzt folgt das Ausbringen der Anker

sprach gut Englisch und machte einen sehr aufgeweckten Eindruck. Der »Chief« und ich fragten den »Alten«, ob wir den jungen Mann beschäftigen könnten, denn im Maschinenraum mussten dringend Reinigungsarbeiten durchgeführt werden. Es gab so viele technische Probleme, dass wir uns nicht noch mit diesen Arbeiten belasten wollten - Schmutzgeld hin oder her. Außerdem konnte es nicht der Job eines Ingenieurs sein, den Maschinenraum zu reinigen. Also nahmen wir die Summe unseres gemeinsamen Schmutzgeldes und heuerten den Jungen an. Er hieß Inyam und war Ibo.

Eines Tages erfolgte eine große Veränderung an Bord: Die nigerianische Regierung hatte beschlossen, die Zahl der in Nigeria beschäftigten Ausländer zu reduzieren. Alle Arbeiten, die durch Einheimische ausgeführt werden konnten, mussten jetzt abgegeben werden. Was für uns hieß, dass unsere deutsche Decksbesatzung nach Deutschland ausfliegen musste. Nur der Bootsmann, der Koch und wir vier Schiffsoffiziere durften bleiben. Auf »Staatskosten« durften wir jetzt die doppelte Anzahl von Männern als Decksbesatzung beschäftigen. Die Nigerianer waren aber natürlich vollkommen unerfahren und mussten durch den Bootsmann erst mühsam geschult werden.

Von nun an wohnte die nigerianische Besatzung auf dem Hauptdeck in einem gemeinsamen großen Schlafraum. In einem Raum, in dem früher Tauwerk gelagert wurde, richteten sie ihre Küche ein. Meistens gab es Yam-Wurzeln mit einer in Öl getränkten Krabbenart.

Unser Bootsmann hatte einen schweren Stand, denn sein Englisch war ebenso mangelhaft wie das der Nigerianer und die Verständigung gestaltete sich entsprechend schwierig. Vor allem die Namen der Nigerianer konnte er nicht behalten. Er machte daher kurzen Prozess: Jeder »Lehrling« bekam an seinem Schutzhelm eine fortlaufende Nummer aufgemalt - und hieß auch so. Kurz darauf änderte der Bootsmann wöchentlich die Reihenfolge der Helmträger. Wer in der abgelaufenen Woche der beste Mann an Deck war, bekam Helm Nr. 1 und so weiter. Die Nigerianer waren enorm ehrgeizig und der Bootsmann hatte manchmal Mühe, seine Leute vor sich selbst zu schützen.

Alles in allem war es viel Arbeit, doch es gab auch einiges zu lachen und außerdem konnte der Bootsmann wirklich gut mit den Menschen umgehen. Wer gar nicht wollte oder konnte, wurde in der nächsten Hafenliegezeit ausgetauscht. Das wollte aber eigentlich niemand, denn an Bord waren die Nigerianer bestens versorgt und in einer Gemeinschaft aufgehoben - anders als an Land!

Wenn die Bohrinsel »Ocean Master II« von der Firma Loffland Brothers an eine andere Position geschleppt wurde (»Rig move«), blieb allerdings keine Zeit für Schulungen oder Experimente. Um dieses Geschäft auch ohne unsere deutschen Matrosen bewältigen zu können, hatten wir die Regelung getroffen, dass während des Rig move der I. Offizier und ich als II. Ingenieur an Deck arbeiteten. Der »Alte« und der »Chief« hingegen gingen in dieser Zeit die Wachen. Wir teilten uns also die anspruchsvollen bzw. gefährlichen Aufgaben auf und überließen unserer einheimischen Crew die einfacheren Arbeiten, die kein technisches Grundwissen erforderten. Das klappte ganz gut so und wir konnten die Anforderungen des Charterers, in diesem Fall die Mobil Oil, stets zur Zufriedenheit erfüllen.

Arbeitsalltag an der Bohrinsel

Die »Ocean Master II« war eine sogenannte Hubbohrinsel (Jack up rig). Wenn sie ihre Gerüstbeine nach oben gefahren hatte, war sie 90 Meter hoch. Ein gewaltiger Schwimmkörper von etwa 3000 Tonnen Wasserverdrängung trug diese Konstruktion. Die Bohrinsel hatte sechs Anker, von denen jeder einzelne vier Tonnen wog. Diese Anker wurden von uns ausgebracht, wenn das Rig an seiner neuen Position lag.

Das Ausbringen geschah folgendermaßen: Auf unserem Deck lag der Anker mit etwa 40 Metern Ankerkette in Windungen aufgeschossen. Am Ende der Ankerkette war der sogenannte Stander befestigt. An seinem Ende war eine riesige Plastikboje von etwa zwei Metern Durchmessern eingeschäkelt. Die Länge des Standers wurde je nach Wassertiefe festgelegt.

Der Anker hing auf Spannung über der Heckrolle. Zur Sicherheit war er mit einem Pelikanhaken abgesichert, in dem ein Stift steckte. War nun die Position der Bohrinsel erreicht, dann wurde der Bolzen mit einem Hammerschlag aus dem Pelikanhaken getrieben. Daraufhin sauste der schwere Anker in die Tiefe und riss das Seil des Standers mit sich. Ganz zuletzt wurde dabei die Boje über Deck gerissen und wenn alles gut gegangen war, schwamm sie als sichtbares Zeichen an der Wasseroberfläche. Verklemmte sich aber das Tau der Boje mit der Ankerkette, dann blieb die Boje unter Wasser und die Prozedur des Ankerziehens begann von Neuem. Mit der Schleppwinde wurde der Stander wieder zurück an Deck gezogen und das Ende der Ankerkette mit der Trosse der Schleppwinde verbunden. Irgendwann kam die Boje frei und schoss an die Wasseroberfläche. Dann wurde der Anker an Deck gezogen, die Kette und der Stander wurden in Bögen an Deck verlegt und das Spiel konnte von Neuem beginnen. Es war eine gefährliche und kräftezehrende Arbeit.

Die ausgelegten Anker dienten auch dazu, die Bohrinsel metergenau in die Position zum Bohren zu bringen. Mit Winden, die sich an Deck der Bohrinsel befanden, konnte die Position nach allen Enden hin korrigiert werden. War zur Korrektur nicht genug Kette vorhanden, mussten die Anker gezogen werden. Dann wurde der Anker dichter an die Bohrinsel herangebracht und konnte erneut zum Korrigieren verwendet werden.

Ein Rig move konnte je nach Seegang und Windstärke bis zu 36 Stunden und mehr dauern. Beendet wurde die Operation erst, wenn die Insel die richtige Position erreicht hatte und auf ihren Beinen stand. Vor Erschöpfung und aufgrund der herrschenden Temperaturen schliefen wir manchmal im Stehen ein, angelehnt an die Verschanzung.

Eine weitere größere Prozedur war das Hochziehen des Bohrgestänges, um beispielsweise einen Bohrer zu wechseln. Die einzelnen Joints (Strings) wurden auf dem Bohrdeck auseinandergeschraubt. Oben auf dem Monkey board stand ein Fänger und dirigierte die Röhren in ein Gestell, wo die einzelnen Bohrstangen senkrecht gelagert wurden. Die Anzahl der einzelnen Joints überstieg häufig die Kapazität des Gestells an Bord der Bohrinsel. Wenn das der Fall war, wurde unser Versorger herangerufen und die Joints bei uns an Deck gelagert. Diese waren natürlich durch das Bohren völlig verdreckt und mit Bohrschlamm bedeckt. Dementsprechend sah auch unser Deck aus, weil man mit dem Wasserschlauch nicht immer alles abspülen konnte.

Besondere Erlebnisse

Mittlerweile hatte die Regenzeit eingesetzt und alles war immer und überall feucht. Der Regen kam an manchen Tagen wie ein Wasserfall herunter. Auch unsere Kleidung fühlte sich fast immer feucht an. In den Kleiderschränken in unseren Kammern hatten wir Glühlampen mit kleiner Leistung eingeschaltet, um mit der ständig erzeugten Wärme die Schimmelbildung einzudämmen.

In einer regnerischen Nacht kam unser Bootsmann völlig durchnässt von Land zurück. Unser Reiniger Inyam hatte ihn mit in das Viertel der Einheimischen genommen. Der Bootsmann war nicht ganz nüchtern und brabbelte etwas von einem neuen Freund, den er dabeihätte. Unter seiner Regenjacke lugte ein kleiner schwarzer Hund hervor, der neugierig seine neue Umgebung beäugte. Nach Rücksprache mit dem »Alten« durfte der Vierbeiner an Bord bleiben. Wegen seines schwarzen Fells tauften wir ihn auf den Namen »Kohlensack«. Von nun an sollte er uns auf Trab halten.

Beim Laden waren an Deck einige Säcke mit Chemikalien aufgeplatzt. Die Kristalle hatten sich in »Kohlensacks« Pfoten gesetzt und müssen höllisch gebrannt haben, denn er jaulte ununterbrochen. Wir wuschen die verätzten Pfoten aus und »Kohlensack« wurde zur Erholung nur selten von der Leine gelassen. Alle bemitleideten und streichelten ihn, wenn er über Deck humpelte. Als alles verheilt war, hatte er sich angewöhnt, sofort wieder zu humpeln, wenn er ausgeschimpft wurde.

Wir lagen an der Pier auf dem Bonny River. Der Fluss strebte mit einer enormen Strömung dem Meer zu. Die Sonne brannte vom Himmel, aber »Kohlensack« spielte wie verrückt an Deck herum. Irgendwann bekam er wohl einen Hitzekoller und schoss beim Rennen über die Heckrolle hinaus in den reißenden Fluss. Der Strom trieb ihn sofort von uns weg und wir konnten nicht helfen, weil wir gerade Brennstoff und Drillwasser übernahmen. Aber wozu hat man Freunde?!

Über Sprechfunk riefen wir einen 6000 PS-Schlepper der amerikanischen Firma McDermott an, der in der Nähe auf Warteposition lag, und baten um Hilfe für unseren »Kohlensack«. Auch wir hatten den Amis schon mal beim Einstellen ihrer Maschinen geholfen und ohne zu zögern manövrierten sie mit dem riesigen Schlepper an »Kohlensack« heran. Ein Matrose stieg auf die Wallschiene, ergriff den Hund - und er war gerettet! Sie brachten unseren »Kohlensack« längsseits und wir bedankten uns erleichtert mit einer Kiste Beck's Bier.

In Port Harcourt, an der Pier der Zementmühle, lagen wiederholt Frachter, die Rohstoffe für die Mühle brachten. Als wir wieder einmal zum Laden an der Pier lagen, bat mich der deutsche Plant-Manager, zusammen mit ihm die Maschine eines Griechen anzusehen. Der »Chief« meinte, die Maschine springe schlecht an und ruße gewaltig und weil es sich um einen deutschen MAN-Motor handele, könnten wir vielleicht helfen. Tatsächlich war es ein doppelt wirkender Zweitakter vom gleichen Typ, wie ich ihn schon von der MS »Kybfels« der DDG »Hansa« kannte, auf der ich eine sechsmonatige Indien-Pakistan-Reise gemacht hatte.

Wir sahen uns zunächst einmal um und wollten uns informieren. Ich fragte nach Zeichnungen, um die Vorgehensweise zur Einstellung der Brennstoffpumpen nachzulesen. Eilfertig holte man alles Mögliche in englischer Sprache herbei. Wir sahen uns die Zeichnungen an und waren von der Stärke des Papiers überrascht. An einer Ecke konnte man allerdings erkennen, dass hier Papier aufgeklebt worden war. Wir zogen vorsichtig daran und zu unserer großen Überraschung löste sich das aufgeklebte Papier vollständig und darunter kam eine deutsche Zeichnung zum Vorschein. Bei dem Schiff handelte es sich um die »Altmark«, die den Zweiten Weltkrieg überstanden hatte!

Anhand der nun für uns gut lesbaren Zeichnungen und Beschreibungen konnten wir die Brennstoffpumpen unter Zuhilfenahme speziell dafür vorgesehener Metallkeile einstellen. Der anschließende Probelauf verlief zum Glück erfolgreich. Die Maschine sprang im Anlassvorgang direkt an und das Rußen war auch weniger geworden.

Der griechische Kapitän bestand darauf, uns zum Abendessen einzuladen. Sein Koch hatte sich mächtig ins Zeug gelegt und es gab ein original griechisches Menü, was uns ausgezeichnet schmeckte. Später haben wir noch reichlich Gin Tonic getrunken und trennten uns als gute Freunde.

Beim Stichwort »Freundschaft« fällt mir die Geschichte mit dem Mädchen und dem Boot ein. Eines Tages, als wir an der Pier lagen, kam an der Bonny-River-Seite ein etwa 14 Jahre altes Mädchen mit einem Kanu angepaddelt. Sie fragte nach einem leeren Ölfass. Wir hatten während unserer Fahrten flussaufwärts nach Warri und Burutu gesehen, was die Einheimischen mit diesen Fässern machten: Das Fass wurde aufgeschnitten und gerade gehämmert. Mit diesem Blechstück wurde dann das Hüttendach gedeckt.

Wir hatten immer einige leere Fässer an Deck, die zwar der Ölgesellschaft gehörten, aber sicher nicht vermisst wurden. Wir schwatzten ein wenig und vorsichtig legte ich dem Mädchen von der Heckrolle aus ein Fass aufs Kanu. Sie freute sich wie verrückt und paddelte davon. Bei unserer nächsten Hafenliegezeit war sie wieder da und hatte zum Dank mehrere frische Ananasfrüchte mitgebracht. Der »Chief« kam hinzu und fragte, ob sie ein zweites Fass haben wollte? Sie nickte ungläubig, aber wir legten ihr ein weiteres Fass aufs Kanu. Daraufhin fragte sie den »Chief«, welche Früchte er am liebsten mochte? Bananen, lautete seine Antwort.

Bei der nächsten Liegezeit kam das Mädchen wieder. Da wir nicht zu sehen waren, rief sie laut nach »Mister Ananas« und »Mister Banana«. Sie tat dies so lange, bis wir die mitgebrachten Früchte dankend angenommen hatten. Derzeit hatten wir kein Fass, aber für die nächste Reise versprachen wir, ihr eines zu besorgen. Als wir sie ohne Hintergedanken fragten, ob sie an Bord kommen wolle, um das Schiff zu besichtigen, winkte sie lachend ab und machte entsprechende Handbewegungen dazu. All unsere Beteuerungen konnten sie nicht überzeugen und bald paddelte sie auf dem reißenden Strom davon. Das Mädchen kam noch einige Male und bekam auch jedes Mal ein Fass. So war eine wechselseitige Freundschaft entstanden.

Mittlerweile hatte ich mehr als sechs Monate auf der »Warturm« verbracht. Ich war also steuerfrei, worüber ich mich sehr freute und was eine schöne Belohnung für die harte Arbeit war. Mit meiner Bremer Freundin Roswitha schrieb ich mir regelmäßig Briefe und wir versicherten uns gegenseitig, wie sehr wir uns auf ein Wiedersehen in Deutschland freuten.

Oftmals saß ich mit dem Bootsmann nachts an Deck, wenn wir am Anker bei der Bohrinsel lagen. Das Feuer und die Flammen aus den Rohren zum Abfackeln des ausströmenden Gases erhellten mit rötlichem Schein die nächtliche Szene. Wir tranken ein Bier oder auch zwei und waren eigentlich zu dritt – »Kohlensack« war immer bei uns. Abwechselnd schütteten wir einen Schluck Bier auf das glatte, rot gestrichene Deck, denn der Hund verschmähte keinen Tropfen. Einmal waren wir besonders großzügig gewesen, was dazu führte, dass wir »Kohlensack« über das Süll heben mussten, weil er nicht mehr in der Lage war, darüberzuspringen. Ab sofort hatte er Alkoholverbot.

Mit unserem Reiniger Inyam hatten wir einen guten Griff gemacht. Er hatte schnell gelernt und erledigte auch schwierigere Aufgaben zu unserer vollsten Zufriedenheit. Wir zwei hatten ein besonderes Verhältnis, weil ich ihn immer mit heranzog, wenn Arbeiten an unseren Maschinen anfielen. Schnell hatte er begriffen, worum es ging, und seine Handreichungen erleichterten mir die täglich anfallende Arbeit enorm.

Eines Tages hatte sich der Anker eines griechischen Frachters so sehr im Grund festgesetzt, dass ihn der Kapitän aus Zeitgründen vom Spill löste. Wir hatten unsere Hilfe angeboten und eine Leine mit Boje an der Ankerkette befestigt. Als der Frachter weg war, versuchten wir unser Glück. Mit unserer kräftigen Schleppwinde konnten wir den Anker nach einigen Manövern tatsächlich lösen und an Deck ziehen. Er war nun unser Eigentum und wir wollten ihn verkaufen. Aber an wen? Sicherheitshalber setzte unser Kapitän ein Schreiben auf, in dem jeder seinen Anteil festgeschrieben bekam. Das Dokument besitze ich bis heute, aber wo der Anker geblieben ist, das weiß der Teufel...

Werftzeit in Tema

Dann kam die Order aus Bremen zum kurzzeitigen Verlassen der Charter für eine Werftzeit. Die Unterseite des Schiffes, die Seekästen, Filter und die Zinkanoden mussten ersetzt werden. Wir sollten nach Tema in Ghana in die Werft gehen. Unser Inyam hatte keinen Reisepass und konnte nicht mitfahren. Er war todtraurig, weil er Angst hatte, seinen Job zu verlieren. Wir versprachen ihm, dass er bei unserer Rückkehr wieder an Bord kommen könne.

In der Werft in Tema wurden wir eingedockt und an der Außenhaut des Schiffes wurde tüchtig gearbeitet. Zwischenzeitlich versuchten wir auch, unseren geborgenen Anker zu verkaufen, aber leider ohne Erfolg. Ansonsten gab es reichlich zu tun in der Werftzeit. Abends blieb Zeit für einen Landgang. Ein riesiges Tanzlokal mit einem offenen Dach ist mir in Erinnerung geblieben. Durch die große ovale Öffnung konnte man den wunderschönen Nachthimmel mit seinen vielen Sternen sehen. Es sah aus wie ein Deckengemälde. Dann aber kam ein Regenschauer und in Windeseile war die Tanzfläche mit Wasser bedeckt, was der Freude aber keinen Abbruch tat. So schnell, wie alles nass geworden war, trocknete es auch wieder und wir nahmen alles recht gelassen hin.

Schon nach vier Tagen verließen wir die Werft und gingen zurück nach Port Harcourt. Als wir dort ankamen, traute ich meinen Augen nicht: Auf der hölzernen Pier stand unser Inyam im grauen Anzug mit Weste und einem Zylinder auf dem Kopf. Über dem Arm trug er einen Regenschirm. Er freute sich riesig, wieder an Bord kommen zu dürfen, und musste etlichen Spott für seinen ungewöhnlichen Auftritt über sich ergehen lassen.

Wir gingen wieder in Charter für Mobil Oil und nahmen unsere Versorgungsfahrten auf.

Kurz darauf erlitten wir einen herben Verlust. Unser »Kohlensack« hatte beim letzten Landgang augenscheinlich eine Freundin gefunden, denn er kam nicht wieder zu uns an Bord zurück. Alle waren traurig und vermissten unseren Bootshund. Jemand brachte uns schließlich eine junge Hündin an Bord, die sehr lieb war, weshalb wir sie als Ersatz für »Kohlensack« behielten. Sie musste allerdings noch erzogen werden. Als der Koch sie dabei erwischte, wie sie ein halbes Huhn vom Tisch zerren wollte, gab es tüchtig Prügel. Seit diesem Tag brachte »Trixi«, wie wir unsere Bordbegleiterin getauft hatten, nichts mehr dazu, auch nur eine Pfote über die Türschwelle der Kombüse zu setzen.

Dann erlebten wir eine der dunkelsten Stunden unserer Anwesenheit hier in Nigeria. Wir lagen im Hafen von Port Harcourt und nahmen Versorgungsgüter für die Bohrinsel an Bord. Lautes Geschrei und Rufe veranlassten mich an Deck zu gehen. An der Pier stand ein massiger Nigerianer in Begleitung von zwei Polizisten und zwei weiteren Männern. Sie fragten, ob unser Inyam an Bord sei? Der Kapitän, der »Chief«, der I. Offizier und ich formierten uns daraufhin zu einer Gruppe an Deck, sodass sich die Gegenpartei nicht an Bord wagte. Eine wilde Diskussion entspann sich. Die Polizisten fuchtelten mit ihren Maschinenpistolen herum und der Ton wurde schärfer. Sie wollten Inyam mitnehmen, weil er keine Arbeitserlaubnis besitzen würde. Die bräuchte er auch nicht, weil er auf einem deutschen Schiff arbeiten würde, hielten wir dagegen.

Uns war klar, dass wir diese Verweigerungshaltung nicht lange würden durchhalten können. Noch während wir diskutierten, kam ein Jeep mit aufgebautem Maschinengewehr an die Pier gefahren. Doch ehe die Situation weiter eskalieren konnte, kam unser Agent hinzu und beschwichtigte die streitenden Parteien. Aber auch er konnte die Auslieferung unseres afrikanischen Kollegen nicht verhindern.

Inyam hatte das Unausweichliche längst begriffen und seine Sachen zusammengepackt. Traurig ging er in Begleitung der Polizisten zum Hafentor. Wir sollten ihn nicht wiedersehen! Bis heute hoffe ich, dass Inyam heile aus dieser Geschichte herausgekommen ist, denn in diesem Land war damals alles möglich...

Oben:
Die »Warturm« ist ein kleines Schiff mit 3000 PS Leistung

Unten:
In der Werft von Tema in Ghana erfolgen die Vorbereitungen für die nächsten Einsätze vor Nigeria

Auf dem Sprung nach Bremen

Meine Zeit an Bord ging langsam ihrem Ende zu. Ich fühlte mich erschöpft und wollte nach den vielen Erlebnissen hier in Westafrika gerne wieder zurück nach Hause. Der Kapitän leitete auf meine Bitte hin meine Ablösung ein, die mir prompt für Mitte Juli in Aussicht gestellt wurde. Die Agentur Panalpina konnte allerdings noch kein Flugticket für mich bekommen. So räumte ich meine Kammer und nahm das Angebot des benachbarten deutschen Zementmühlen-Managers an, für ein paar Tage in

Abendstimmung im Ölfeld vor Nigeria

seinem Haus zu wohnen. Ich blieb an Land und half ein wenig beim Betrieb der Zementmühle.

Hier war ein neues Teil per Schiff eingetroffen, was auf die Zementmühle aufgesetzt werden sollte. Der vorhandene fahrbare Kran war aber nicht hoch genug, um das Teil ganz nach oben hieven zu können. Knallhart ließ der Manager den vorhandenen Kranausleger auseinandertrennen und setzte etwa drei Meter dazwischen. Ich war entsetzt und mehr als skeptisch. »Wir sind in Afrika, sei nicht so pingelig!«, bekam ich zu hören.

Nachdem der Kranausleger verlängert worden war, mussten alle Arbeiter das Gelände verlassen und wir zwei starteten das Unternehmen. Vorsichtig lüfteten wir das Teil an und in kleinen Schritten ging es nach oben. Der Kranaufbau ächzte, alles vibrierte. Der Manager machte langsam weiter und der Schweiß stand uns auf der Stirn. Der Dieselmotor des Krans schaffte das Gewicht, aber würde auch der Kranausleger halten? Unendlich langsam kam das gute Stück nach oben. Jetzt musste der Ausleger noch ein wenig geneigt werden, um es absetzen zu können. Der Kran zitterte, dann endlich konnte das Bauteil sicher abgesetzt werden. Wir versetzten den Kran noch ein wenig, gingen dichter an den Turm heran und brachten das Teil in die richtige Position zum Verschrauben. Alle Arbeiter kamen hervor und klatschten Beifall über die Leistung ihres Chefs. Für uns wurde es später ein bunter Abend mit gutem Essen und viel Gin Tonic.

Einen Tag später, am 14. Juli 1971, kam endlich der Agent mit meinem Flugticket. Meine beiden »Herbergseltern« brachten mich am nächsten Morgen zum Flughafen und regelten auch das problemlose Einchecken – ganz ohne Bestechungsgeld. Mit einer Fokker F-27 Friendship in Militärausführung flog ich zunächst nach Lagos. Ab Lagos ging es weiter mit der Swiss Air und Zwischenlandungen in Accra, Genf und Zürich. Die letzte Etappe war die Strecke von Frankfurt nach Bremen, wo ich schließlich gegen 22.00 Uhr ankam.

Ich fuhr direkt in meine kleine Wohnung, packte meine Sachen aus und dann zog es mich, obwohl es schon kurz vor Mitternacht war, in mein Stammlokal, den »Treffpunkt Köln«. Zu dieser Stunde war hier natürlich noch geöffnet und ich wurde mit lautem Hallo begrüßt. Es wurde eine lange Nacht.

Am nächsten Tag wollte ich endlich meine Freundin Roswitha wiedersehen und war voller Vorfreude. Nachdem ich mich ausgeschlafen

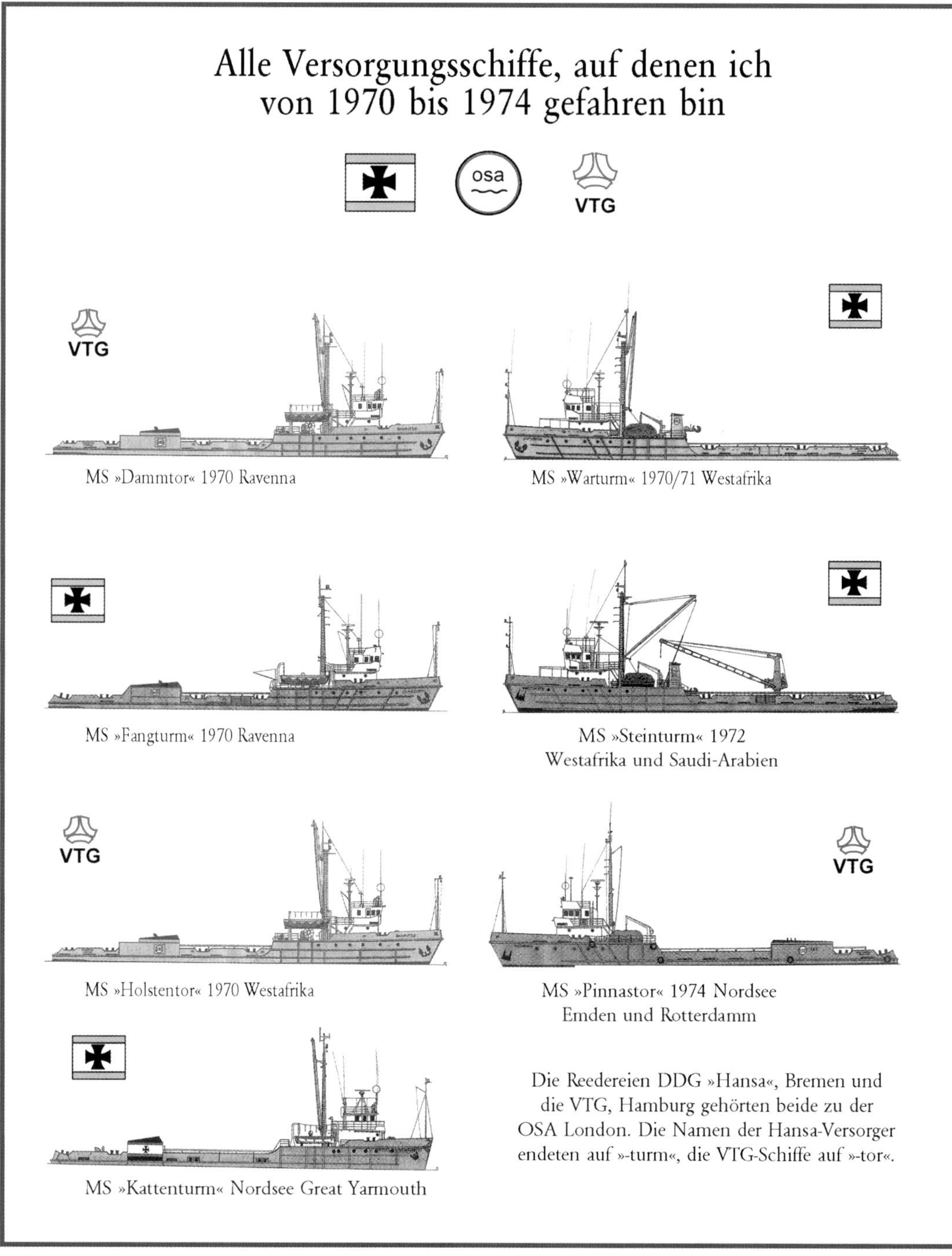

hatte, ging ich hinüber zur Sparkasse, um Geld abzuheben. Und dann erlebte ich eine der größten Enttäuschungen in meinem Leben: Völlig unerwartet begegnete ich Roswitha im Schalterraum. Leider war sie nicht alleine. Sie lächelte verlegen, sagte etwas von wegen Schicksal und dass es ihr leid täte. Ich war wie vom Schlag getroffen und entgegnete gar nichts. Wie betäubt verließ ich die Schalterhalle. Drei lange Nächte soff ich meine Enttäuschung herunter, bis ich wieder ins normale Leben zurückkehren konnte. Während all der Monate in Afrika hatte ich von einer gemeinsamen Zukunft geträumt - und dann das...

Schwergutfahrt in die Karibik und Versorgungsfahrt in Afrika

Weltweiter Einsatz für Öl und Gas

Nach einem längeren Urlaub an Land meldete ich mich bei der DDG »Hansa« zur Fortsetzung meines Dienstes zurück. Zwar konnte man mir keinen Versorger in Westafrika oder in einem anderen Land mit Steuerfreiheit anbieten, aber auf dem Mini-Schwergutfrachter »Mariaeck« brauchte man dringend einen II. Ingenieur für eine Vertretungsreise in die Karibik. Vom Personalchef erhielt ich die Zusage, dass ich erneut auf einem Versorger in Westafrika fahren könne, wenn ich dieses Job übernehmen würde. Ich willigte ein.

An Bord der MS »Mariaeck«

Am 22. Oktober 1971 stieg ich in Bremerhaven auf die MS »Mariaeck« ein. Ihr Rumpf war im üblichen »Hansagrau« gestrichen und trug den roten Schriftzug »Hansa Line«. Auch die Aufbauten waren standardmäßig in weiß gehalten. Das war aber auch schon alles, was die »Mariaeck« mit den anderen mir bekannten Schiffen gemeinsam hatte.

Der Mini-Schwergutfrachter hatte nur die Hälfte einer normalen Brücke auf Steuerbordseite. Für lange Decksladung, wie zum Beispiel

Steckbrief MS »Mariaeck«

- **Baujahr:** 1968, van Duijvendijks, Lekkerkerk Holland
- **Maschine:** 2 x Caterpillar D 399, 4-Takter mit zusammen 2280 PS
- **Angelaufene Häfen:** Rotterdam, Ponce (Puerto Rico), San Juan, Hamburg
- **Reeder:** DDG »Hansa«, Bremen
- **Dienstzeit:** Oktober bis Dezember 1971
- **Besatzung:** 11 Mann

Behälter für Zementanlagen, brauchte man fast die gesamte Länge des Decks. Mittschiffs befanden sich die beiden Schwergutbäume, die zusammen 160 Tonnen schwere Ladungsteile an Bord nehmen konnten. Am Heck waren zwei Masten aufgebaut, an denen die Heckklappe zum Öffnen hochgezogen wurde, und auch am Bug gab es eine bewegliche Klappe.

Die Maschinen waren am Heck installiert und hatten Backbord und Steuerbord jeweils einen kleinen Schornsteinaufbau, durch den die Abgasleitungen liefen. Man konnte also auf den ersten Blick erkennen, dass es sich bei der »Mariaeck« um ein Spezialschiff handelte.

Das Schiff war 77,0 Meter lang und 13,0 Meter breit. Der Tiefgang war mit 2,85 Metern angegeben, bei einer gesamten Vermessung von 499 BRT. Die Maschinenanlage bestand aus zwei Hauptmotoren der Firma Caterpillar mit jeweils 1140 PS. Damit war das Schiff 13 Knoten schnell. Drei Hilfsmotoren vervollständigten die Anlage. Das Schiff hatte zwei Schrauben und zusätzlich ein Bugstrahlruder.

Zur Ausstattung der »Mariaeck« gehörten auch zwei Kettenfahrzeuge, sogenannte Crawler. Sie waren ähnlich gebaut wie das Transportgerät für die Saturn V-Rakete, die Wernher von Braun maßgeblich konstruiert hatte. Die Crawler konnten schwere Ladung aufnehmen und damit am flachen Strand durch die Heckklappe an Land fahren. Der I. Offizier berichtete mir, dass diese Crawler schon spektakulär im Einsatz waren und in entlegenen Gebieten ohne Hafen Schwergutladung an Land gefahren hatten. Für unsere Reise wurden die Crawler jedoch nicht benötigt, sie blieben an Land.

Zunächst lagen wir 14 Tage in Bremerhaven, weil an den beiden Caterpillar D-399-Motoren die Nockenwellenlager ausgelaufen waren. Nockenwellen und Lager mussten komplett erneuert werden. Hinzu kam die gesamte Neueinstellung der Motor-Steuerung. Eine äußerst aufwendige Arbeit, die eigens von Caterpillar-Monteuren durchgeführt wurde, während wir den gesamten Hilfsbetrieb überholten und die entsprechenden Ersatzteile einbauten. Dann war es endlich so weit: Der Probelauf und die anschließende Probefahrt gingen ohne Komplikationen vonstatten und wir konnten auslaufen.

Die MS »Mariaeck« ist gut an der markanten Heckpforte zu erkennen. Das Spezialschiff, wie es nur wenige zu dieser Zeit gab, liegt hier in Ponce (Puerto Rico), 1971

Die Maschinencrew bestand aus drei Personen, die im Zwei-Wachen-Törn die Anlage fuhren. Der I. Ingenieur übernahm die 06.00 Uhr bis 12.00 Uhr Wache, während ich als II. Ingenieur die 00.00 Uhr bis 06.00 Uhr Wache ging. Der dritte Mann, der Schmierer, ging die Wache mit dem »Chief«. Das Betriebsklima war locker und jeder machte seinen Job. Alles lief ruhig und unaufgeregt ab.

Die Decksbesatzung ging mit dem Kapitän, dem I. Offizier und dem II. Offizier einen Drei-Wachen-Törn. Fünf Leute an Deck, der Koch sowie ein Steward vervollständigten die Mannschaft.

Zunächst liefen wir jedoch Rotterdam an, um Ladung für Puerto Rico aufzunehmen. Eine komplette Turbinenanlage von BBC sollte nach Ponce gebracht werden.

Nachdem unsere riesige Ladung im Laderaum und an Deck verstaut und gesichert worden war, liefen wir am 17. November aus. Im Laderaum standen große Holzkisten mit Teilen der Turbinenanlage. Wenn wir in die Maschine wollten, mussten wir über Kisten und Kasten steigen, die mit Drahtseilen verzurrt waren. Jeder Weg in den Maschinenraum dauerte fast 15 Minuten und war von vielen Turnübungen begleitet.

An Deck war fast über die gesamte Schiffslänge ein riesiger röhrenförmiger Behälter, der auf Holzformstücken lagerte und mit Spanndrähten festgezurrt war. Er hatte wohl einen Durchmesser von über fünf Metern und war von der Gutehoffnungshütte in Sterkrade angefertigt worden.

Am 24. November liefen wir den Hafen Ponta Delgada auf der Azoreninsel San Miguel an, um Dieselöl und Trinkwasser zu bunkern, bevor wir unsere Reise fortsetzten. Nach 17 Tagen ruhiger Seereise erreichten wir den Hafen Ponce in Puerto Rico. Bei unserer Ankunft herrschte wunderschönes Karibik-Wetter.

Unsere Ladung löschten wir zum Teil mit eigenem Geschirr. Insbesondere für den großen Behälter nahmen wir unser Schwergutgeschirr zu Hilfe und setzten ihn auf zwei Tiefladern an die Pier. Bereits nach zwei Tagen standen neben dem riesigen Behälter auch alle anderen Kisten und Kasten an Land.

Nach dem Löschen verholten wir binnen zwei Tagen nach San Juan, ebenfalls in Puerto Rico gelegen. Unterwegs auf See holten wir den großen Bordgrill heraus und bereiteten ein vorbereitetes Spanferkel zu. Wieder hatten wir traumhaftes Karibik-Wetter. Das Meer war ruhig und die Luft mild. Zum Essen wurde Bier getrunken und wir erzählten uns Seefahrer-Geschichten. Diese Aktion war eine tolle Idee des Kapitäns, der sich auch zukünftig um ein gutes Bordklima bemühte.

In San Juan bunkerten wir erneut, füllten Trinkwasser nach und übernahmen frischen Proviant. Auf Reedereiorder lagen wir hier fünf Tage auf Warteposition für Ladung. Diese Zeit nutzten wir für einen eintägigen Ausflug ins Landesinnere. Der Kapitän hatte über unseren Agenten einen VW-Bus angemietet, nur die unbedingt notwendigen Wachen blieben an Bord, alle anderen Besatzungsmitglieder fuhren mit.

Unterwegs kamen wir an Kaffeeplantagen vorbei bis zu einem paradiesischen Urwaldstück mit über 100-jährigen Bäumen und Lianen, von den Einheimischen »Zauberwald« genannt. Gegen Nachmittag waren wir wieder an der Küste und verbrachten den Rest des Tages an einem traumhaften Strand in der Nähe von San Juan. Hier wiegten sich die Palmen im Wind, der Sand war fein und das Wasser kristallklar. Die Luft war mild und warm, aber nicht heiß. Der Himmel zeigte sich blau und hin und wieder tauchten kleine weiße Wolkentupfer auf. An kleinen, mit Palmwedeln gedeckten Buden gab es kalte Getränke und Snacks. Wir tranken Kokosnussmilch aus frisch aufgeschlagenen Nüssen und schwammen weit aufs Meer hinaus. Viel zu schnell war dieser fantastische Urlaubstag vorbei, aber wir haben ihn bis auf die letzte Minute genossen.

Am nächsten Tag hatten wir noch einmal Gelegenheit, das Schwimmbad des Luxus-Hotels Jerome Hilton zu besuchen und uns wie Karibik-Urlauber zu fühlen. Dann brachte der Agent die Order der Reederei, als nächsten Hafen Rotterdam anzulaufen. Mit leerem Schiff und gefluteten Ballasttanks liefen wir am 10. Dezember aus.

Diesmal war die See nicht so ruhig wie auf der Ausreise nach Puerto Rico. Mit unserem leeren Schiff galt es einige Wellenberge abzureiten und es wurde uns einiges abverlangt. Das Schiff stampfte und gierte durch die aufgewühlte See wie ein Spielball. Aber Besatzung und Schiff hielten sehr gut durch und trotzten der See. Unsere Caterpillar-Motoren wurden von uns mit großer Sorgfalt beobachtet und liefen störungsfrei. Die Monteure in Bremerhaven hatten gute Arbeit geleistet.

Heiligabend erlebten wir auf See, noch zwei Tagesreisen von Rotterdam entfernt. Der Koch hatte sich große Mühe gegeben und es gab ein richtiges Festmenü. Der »Alte« hielt eine kurze Ansprache, dann wurde Glühwein ausgeschenkt und alle saßen noch lange beisammen. Die Wachen kamen abwechselnd

MS »Steinturm« an der Bohrinsel in Saudi-Arabien. Der Bordkran ist das prägnanteste Merkmal eines Versorgers

hinzu. Auch wir aus der Maschine schauten kurz vorbei, denn mit leerem Laderaum konnten wir unseren Arbeitsplatz wieder schnell erreichen, falls ein Alarm auflief.

Am 26. Dezember erreichten wir Rotterdam. Hier löschten wir einige Teile der Verpackung und Holzkonstruktionen von unserer Ladung aus der Hinreise. Nach knapp zwei Tagen ging es ohne Landgang weiter nach Hamburg, wo schon der II. Ingenieur der Stammbesatzung an der Pier stand, um seinen Arbeitsplatz wieder einzunehmen. Ich fuhr mit dem Taxi zum Bahnhof und erreichte pünktlich zur Silvesterparty den »Treffpunkt Köln« in Bremen. Im Kreise vieler Freunde konnte ich hier den Jahreswechsel 1971/72 feiern.

Bei meiner Rückkehr kündigte mir die Reederei DDG »Hansa« bereits den nächsten Einsatz für Anfang des Jahres an: Versorgungsschifffahrt für Bohrinseln in Saudi-Arabien. Darüber freute ich mich sehr und traf die entsprechenden Vorbereitungen, indem ich mir passende Kleidung und einen neuen Koffer kaufte. Mein alter Lederkoffer hatte bei den Flugreisen nach Afrika stark gelitten. Jetzt erstand ich einen modernen Hartschalenkoffer von Samsonite, der mir in den folgenden Jahren beste Dienste erwiesen hat.

Versorgungsfahrt in Saudi-Arabien und Westafrika

Wie von der »Hansa« Reederei zugesagt, bekam ich Ende Januar einen Versorger in Afrika, die MS »Steinturm«. Die Versorgungsbasis der »Steinturm« war zu der Zeit Yenbo in Saudi-Arabien. Zusammen mit zwei Matrosen flog ich am 24. Januar 1972 von Bremen nach Düsseldorf. Weiter ging es über Brüssel, Belgrad und Athen nach Yeddah in Saudi-Arabien. Spätabends kamen wir dort an. Die Agentur hatte für uns Zimmer im Hotel »International« bestellt und nach einem kurzen Abendessen fielen wir todmüde ins Bett.

Am nächsten Morgen holte uns der Agent mit einem Taxi ab, das uns nach Yenbo bringen sollte. Vor uns lagen 380 Kilometer Fahrt durch die Wüste. Die Straßen waren zur Autobahn ausgebaut und führten schnurgerade durch das Land. Die Hitze flimmerte über dem Asphalt. Manchmal sahen wir Autowracks am Straßenrand. Der Taxifahrer erklärte uns, dass die Fahrer vor Eintönigkeit und Hitze eingeschlafen und dann von der Straße abgekommen waren. Riesengroße Kamelherden zogen an uns vorbei. So weit das Auge reichte nur

Kamele, die gemächlich entlang der Schnellstraße durch das Ödland schaukelten.

Wir fuhren in weitem Abstand an Mekka und Medina vorbei. An den Ausfahrten waren schon die ersten Kontrollstellen der Islamwächter zu sehen. Auf unsere Frage, ob wir auch dorthin reisen könnten, lächelte unser Fahrer nur. Ungläubige hätten keinen Zutritt zu den Kultstätten des Islam. Mehrfach machten wir Pause an Raststätten, bei denen es sich um ehemalige Karawansereien handelte. Schon bald fühlten wir uns wie in Tausendundeiner Nacht. Im Hof standen Brunnen, daneben zumeist ein größeres Bassin, in dem reichlich Fische schwammen, die auf Wunsch auch zubereitet werden konnten. In dem von Palmen eingerahmten Hof war es angenehm kühl. Wir konnten ungestört draußen sitzen, tranken Cola und aßen dazu belegte Fladenbrote. Besonders angenehm fiel uns auf, dass wir von niemandem angebettelt wurden, ganz anders als in den von uns bereisten nordafrikanischen Staaten wie Tunesien, Algerien oder Ägypten.

Am späten Nachmittag kamen wir in der Hafenstadt Yenbo an. Die »Steinturm« lag an der Pier, aber wir durften noch nicht an Bord. Die Fremdenpolizei musste uns erst einklarieren und ließ uns stundenlang in einem Zelt an der Pier warten. Schließlich bekam ich mit langem Palaver klar, dass wir zur »Steinturm« gehen konnten, um uns etwas zu trinken zu holen. Ich teilte ein, wer bei unserem Gepäck bleiben sollte, damit nichts gestohlen würde. Plötzlich ertönte in schneidendem Ton eine Stimme, die mir unmissverständlich auf Deutsch zu verstehen gab, dass wir in Saudi-Arabien seien: Hier wird nicht gestohlen! Wir sollten unser Gepäck stehen lassen und alle zum Schiff gehen.

Mir ließ das keine Ruhe, denn ich hatte auf meinen Reisen in andere arabische Länder genügend schlechte Erfahrungen gemacht. Ich ging also zu dem Offizier und erklärte ihm unsere Situation. Da wurde er zugänglicher und erzählte mir von seiner Studienzeit in Heidelberg. Ich bat ihn darum, unsere Einklarierung zu beschleunigen, und als die ausgeschickten Matrosen mit Cola zurückkamen, entließ er uns an Bord mit der Auflage, in zwei Stunden wieder am Zelt zu erscheinen.

Wir schleppten unsere Sachen an Bord und zwei Stunden später gingen wir mit den Kollegen, die wir ablösen sollten, wieder zum Zelt zurück. Jetzt wurden uns endlich unsere Unterlagen ausgehändigt, während die Kollegen die Ausreisestempel für ihre Fahrt nach Yeddah und den anschließenden Heimflug erhielten. Müde und erschöpft von der Reise und dem anstrengenden Warten in der Hitze gingen wir an Bord. Glücklicherweise blieb das Schiff über Nacht liegen, sodass wir uns in Ruhe einrichten und erholen konnten.

An Bord der MS »Steinturm«

Die MS »Steinturm« (OSA-Kennung 310) war ebenfalls als Ankerzieh-Schleppversorger bei der Hitzler-Werft in Lauenburg an der Elbe gebaut worden. Im Unterschied zur »Warturm« verfügte sie jedoch über einen hydraulischen Bordkran von MAN mit einer Hebeleistung von fünf Tonnen. Die Maschinenanlage war identisch: jeweils zwei MWM Motoren vom Typ TB RS 18/22, wobei jeder Diesel 1370 PS bei 1300 U/min leistete. Drei Hilfsdiesel mit je 175 PS lieferten mit ihren Generatoren je nach Bedarf den notwendigen Strom für den Schiffsbetrieb. Anders als bei den Versorgern, die ich schon kannte, waren bei der »Steinturm« die Schornsteine für die Abgasrohre der Dieselmotoren nach vorne hinter die Brückenaufbauten gezogen.

Als besonders angenehm empfand ich den schallisolierten und klimatisierten Fahrstand. Bei den hier vorherrschenden Temperaturen war das auch notwendig und eine echte Arbeitserleichterung. Die Zementanlage war die bekannte von Claudius & Peters aus Hamburg und konnte 100 Kubikmeter Zement aufnehmen. Aufgrund der Typenähnlichkeit brauchte es nicht viel Zeit, sich an Bord zurechtzufinden. Alle offenen Fragen konnte mir der »Chief« schon bei der Einweisung beantworten.

Am nächsten Morgen fuhren wir dann zum ersten Mal in das Ölfeld. Zusammen mit der »Schaartor« von der VTG im OSA-Verbund und dem Crew-Boot »Brown Fish« versorgten wir das Jack up Rig »C. E. Thornton« von der Firma Reading & Bates. Die Fahrtdauer zum Rig betrug 27 Stunden.

Während wir an der Bohrinsel lagen, sollte die »Brown Fish« einen Crew Change durchführen. Das bedeutete, dass die frisch eingeflogene Crew von Land an Bord gebracht wird, während die Besatzung der letzten 14 Tage zur Erholung an Land geht. Ich wollte einen solchen Personalwechsel unbedingt einmal selbst erleben. Kapitän und »Chief« gaben grünes Licht und so durfte ich auf die »Brown Fish« wechseln.

Wir fuhren etwa zwei Stunden über See und gelangten dann in eine Bucht mit glasklarem Wasser. Wenige Palmen standen in Ufernähe, dann kam nur noch Wüste, wohin man auch sah. Der Kapitän der »Brown Fish« hatte mich gebeten, mit einem Schlauchboot an Land zu fahren, um die neue Crew abzuholen. Er wollte sicherheitshalber lieber an Bord bleiben. Leise klatschten die Wellen ans Ufer, als ich das Boot mit ausgeschaltetem Motor auf den Sand gleiten ließ. Eine Gruppe von Beduinen mit ihren Kamelen kam aus den Dünen und zog schweigend am Strand entlang, während ich auf die Ankunft des Flugzeuges wartete. In einiger Entfernung sah ich einen Mast, an dem ein Windsack schlaff herunterhing, dort musste also auch die Landebahn sein. Bald schon war das dröhnende Geräusch einer DC-3 zu hören, wenig später setzte der zweimotorige Flugzeug-Veteran in eine Staubwolke gehüllt zur Landung an.

Versorgungseinsatz mit der MS »Steinturm« in Saudi-Arabien

Die neue Crew schleppte ihr Gepäck heran und ich musste mehrmals fahren, um alles an Bord der »Brown Fish« zu bringen. Die neue Besatzung wurde dann mit einem Korb (Basket) nach oben auf die Bohrinsel geholt. Wenig später befand sich die alte Crew an Bord der »Brown Fish« und per Schlauchboot ging es an die Küste, wo die wartende DC-3 stand. Ich musste mehrmals fahren, bis alle Männer mit ihrem Gepäck an Land waren. Dröhnend stieg die Maschine in den

Freiwache im Ölfeld vor Yenbo in Saudi-Arabien

Versorgungsgüter werden bei ruhiger See übergeben

Himmel und verschwand. Für mich war dieser Crew Change eine unterhaltsame und interessante Abwechslung vom Einerlei der Versorgungsfahrten gewesen.

Alltag in Yenbo

Im Hafen der kleinen Stadt Yenbo war nur wenig los. Nachdem das Tagesgeschäft abgewickelt war, wurde es ruhig im Hafen. Nur selten luden oder löschten wir unsere Ladung nachts, das geschah nach Möglichkeit tagsüber. Rief der Muezzin von seinem Minarett die Gläubigen zum Gebet, blieb alles stehen und liegen

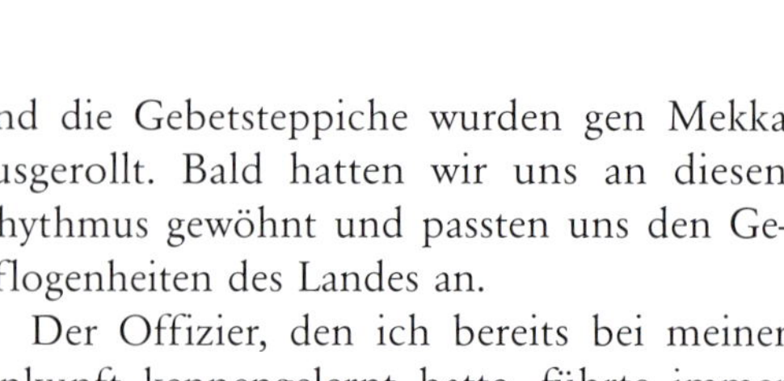

und die Gebetsteppiche wurden gen Mekka ausgerollt. Bald hatten wir uns an diesen Rhythmus gewöhnt und passten uns den Gepflogenheiten des Landes an.

Der Offizier, den ich bereits bei meiner Ankunft kennengelernt hatte, führte immer die Einklarierung durch, wenn wir in den Hafen einliefen. Mit Rücksicht auf die religiösen Vorschriften bat er uns darum, die Panzerblenden vor die Bulleyes in unseren Kammern zu klappen, wenn wir Bier trinken wollten. Alkohol an Deck zu trinken, war ohnehin eine straffällige Handlung und wir haben das während unserer Zeit in Saudi-Arabien auch nie getan. Die geltenden Strafen, die hier konsequent umgesetzt wurden, hielten uns natürlich auch davon ab.

Also tranken wir unser Bier bei geschlossenen Türen und abgedunkelten Bulleyes - und alle waren zufrieden, auch der »Immigration Officer«. Immer wenn er an Bord kam, klopfte er an und machte sich lautstark bemerkbar, um uns nicht in Verlegenheit zu bringen.

In Yenbo gab es auch einen kleinen Basar, den wir häufig besuchten. Eine Menge kleiner Läden bot alles feil, was man sich denken kann, von der Kamera über Gewürze bis hin zu Tabakwaren aller Art. Mehr zum Vergnügen ließen wir uns Hemden oder Shorts aus feinstem Stoff anfertigen. Die Schneider nahmen Maß, erfüllten sämtliche Sonderwünsche und lieferten eine gute Ware ab. Die Händler waren stets höflich und beim Feilschen wurde so manche Tasse Tee getrunken. Direkt am Hafen gab es ein beliebtes Lokal, wo wir mit den einheimischen Männern zusammensaßen. Weil wir wie sie Wasserpfeife rauchten und Tee tranken, gelang die Verständigung gleich besser.

Im Lokal stand ein großer hölzerner Kasten mit einem Vorhängeschloss. Der Inhalt bestand aus einem Farbfernseher, wie wir bald merken sollten. Gegen 19.00 Uhr wurde die Holzklappe geöffnet, mit einem Holzstab abgestützt und der Bildschirm wurde frei. Nun durften wir mit den Einheimischen gemeinsam fernsehen, meistens Trickfilme mit Mickey Mouse oder Donald Duck. Aber Punkt 20.00 Uhr kam der örtliche Polizist und schickte uns zurück an Bord, weil dann die Ausgangssperre für Ausländer begann.

Wir nahmen diese Bestimmungen klaglos hin, denn was sollte man hier an Land abends schon groß anfangen? Frauen bekamen wir so gut wie nie zu Gesicht. Hinter den steinernen Wänden ihrer Hauseinfriedungen hörten wir sie manchmal lachen und tuscheln, wenn wir durch die Straßen zum Basar gingen. Gesehen haben wir lediglich alte Frauen, die Holzbündel schleppten, um sie in den Straßen zu verkaufen.

Sprengung

Dann war die Explorationsphase für unser Rig »C. E. Thornton« beendet. Die Bohrungen hatten nicht den gewünschten Erfolg gebracht, aber im Fahrwasser standen noch die etwa einen Meter dicken, mit Zement gefüllten Standrohre aus Stahl. Weil sie Hindernisse für die Schifffahrt darstellten, mussten sie entfernt werden. Das sollte unsere letzte Aufgabe sein, bevor unsere Charter für Reading & Bates enden würde.

Zuvor mussten wir noch zusammen mit der »Schaartor« die Bohrinsel nach Yeddah schleppen. Wir zogen die Anker und der Rig Move konnte beginnen. Gemeinsam schleppten wir innerhalb von fünf Tagen die Bohrinsel bei ruhiger See und gutem Wetter in den Hafen. Nachdem wir die Bohrinsel an ihren Liegeplatz manövriert hatten, nahmen wir die Beseitigung der Standrohre in Angriff. Zu diesem Zweck kam eine kleine Gruppe französischer Taucher an Bord, die die Sprengladungen unter Wasser anbringen und die Sprengungen durchführen sollten. Unsere Aufgabe war es, die Tauchergruppe von Standrohr zu Standrohr zu fahren und ihre Ausrüstungsgegenstände zu transportieren.

Das Anbringen der Sprengladungen unter Wasser war natürlich alles andere als ungefährlich, außerdem gab es hier viele Haie. Wir hatten einmal zum Zeitvertreib versucht einen Hai zu fangen – und schon nach kurzer Zeit ein mehr als drei Meter langes Tier an der Leine. Als der Hai an der Heckrolle am Köder zappelte, warf ein Matrose einen dicken Tampen um seine Schwanzflosse. Wir zogen die Schlinge zu und hakten sie in unseren Kranhaken ein. Dann zogen wir den Hai in die Höhe. Er wurde bestialisch abgeschlachtet und seine Schwanzflosse kam später traditionsgemäß in den obersten Mast. Das Gebiss wurde mit Caustic Soda ausgekocht. Tagelang wurden kleine Löcher in die einzelnen Zähne gebohrt, um mit Nylonfäden Ketten zu erstellen. Eine Menge kleiner Bohrer wurde bei dieser Aktion »verheizt«, sodass wir in der Maschine Angst um unsere Reserven hatten. Stolz trugen die Matrosen dann später ihre Ketten aus Haifischzähnen um den Hals.

Mit solchen Sachen gaben sich die französischen Taucher nicht ab. Angst vor Haien kannten sie nicht. Selbst wenn Haie in der Nähe unseres Schiffes waren, sprangen sie ins Wasser und badeten. Das hätten wir uns niemals getraut.

Als nun unsere Aktion zur Beseitigung der Standrohre begann, brachten die Taucher einen Haikäfig mit. Außerdem hatten sie einen kleinen Honda-Benzinmotor dabei, der einen Generator antrieb, um die Unterwasserkamera zu versorgen. Wir konnten nun von Deck aus den Tauchern bei ihrer Arbeit zusehen. Über ein Mikrofon bestand Verbindung zu ihnen. Wir fuhren dann nach und nach zu den einzelnen Standrohren und die Kollegen aus Frankreich brachten die Sprengladungen unter Wasser an. Der Haikäfig war in unserem Kran eingehängt und so fierten wir ihn unter Wasser. Tatsächlich kam er gar nicht zum Einsatz; stattdessen passte immer ein Taucher auf, während der andere arbeitete.

Wenn alles bereit war, hielten wir einen gehörigen Abstand zum Standrohr, erst dann zündeten die Männer die Sprengladungen. Das Rohr sackte in sich zusammen und sank auf den Meeresgrund. Anhand der Position wurde nochmals überprüft, ob die Sprengung erfolgreich war, dann fuhren wir zum nächsten Standrohr. Einmal senkten wir den Haikäfig nach der Sprengung ab und die Taucher füllten ihn mit Fischen, deren Schwimmblase geplatzt war. Wochenlang hatten wir jetzt Fischgerichte auf dem Tisch...

Nachdem alle Standrohre gesprengt waren, blieb noch eine größere Menge Dynamit übrig. Diese Reste durften wir nicht mit in den

Hafen bringen. Also fuhren wir eine ganz kleine Insel an, von denen es eine Unmenge in diesem Gebiet gab. Die Taucher brachten das Dynamit auf die Insel und legten ihre Zündkabel. Als wir weit genug von der Insel entfernt waren, sprengten die Männer einfach die Insel. Nichts war mehr zu sehen, nachdem sich der Staub verzogen hatte. Das war unsere letzte Aktion im Schelfgebiet vor Yenbo in Saudi-Arabien am Roten Meer!

Wir fuhren in den Hafen von Yeddah und warteten auf unsere nächste Order. Einen Teil unserer Freizeit verbrachten wir im Hotel »Alatoss«. Hier übernachteten auch die Stewardessen der Fluggesellschaften und so wurden freundschaftliche Bande geknüpft, die mit einer zünftigen Party bei uns an Bord gefestigt wurden. Nach der Eintönigkeit der Versorgungsfahrten hatten wir endlich einmal wieder unseren Spaß.

Äquatortaufe

Aus Bremen kam bald schon die neue Order: Für die MS »Steinturm« war eine neue Charter in Westafrika abgeschlossen worden. Als Einsatzgebiet war Gabun vorgesehen und wir sollten vom Hafen Port Gentil aus unsere Versorgungsfahrten durchführen. Dazu war natürlich die Reise aus dem Roten Meer in den Indischen Ozean notwendig. Für die Überführung musste sowohl die nautische als auch die technische Schiffsführung verstärkt werden, um das vorgeschriebene Drei-Wachen-System umsetzen zu können. Es kamen also zusätzlich ein zweiter Kapitän und ein zweiter Ingenieur an Bord. Durch die Straße von Hormus und Bab el-Mandeb verließen wir bei ruhiger See das Rote Meer. Unser erstes Ziel war Kapstadt, wo ein »Hansa-Frachter« neue Ausrüstung und Proviant für uns deponiert hatte, darunter auch ein 35-PS-Außenborder.

Zunächst aber überquerten wir nach Verlassen des arabischen Meeres den Äquator. Auf die unbedingt notwendige Äquatortaufe freuten sich alle. Eifrig wurde alles vorbereitet und den Täuflingen wurde tüchtig Bange gemacht. Ich selbst konnte der Taufe gelassen entgegensehen, denn ich hatte meinen Taufschein von der »Ferdinand Retzlaff« dabei: Bereits am 30. November 1966 war ich auf den Namen »Garnele« getauft worden.

Unser Schlauchboot wurde an Deck gelegt und mit Wasser gefüllt, ab sofort diente es als Taufbecken. Schon Stunden vorher wurden die Täuflinge in das überhitzte Deckshaus eingesperrt und mussten Durst leiden. Dann begann die eigentliche Prozedur: Einer der Kapitäne mimte den Pastor, während der andere den Neptun spielte. Ein Matrose war die Meerjungfrau mit langen Haaren, die aus zwei Bündeln Hanf gefertigt waren. Meine Aufgabe war es, den Polizisten zu spielen und die Täuflinge vorzuführen.

Aus Farbresten und Schmiermitteln war eine Mixtur vorbereitet worden, mit der die Täuflinge vom Friseur nach Strich und Faden eingeseift wurden. Ihr Widerstand wurde von mir, dem Polizisten, mit einem Holzknüppel andeutungsweise gebrochen. Es war ein köstliches Schauspiel und alle machten begeistert mit. Unterdessen fuhr der I. Offizier gemeinsam mit dem vertretungshalber eingesetzten II. Ingenieur das Schiff und so konnten wir uns alle an den ausgegebenen Getränken der Täuflinge schadlos halten. Das taten wir ausgiebig – und hatten noch am nächsten Tag mit den Nachwehen zu kämpfen...

Durch die Straße von Mozambique führte unser Kurs an Madagaskar vorbei zum Kap der Guten Hoffnung. Wir wechselten vom Indischen in den Atlantischen Ozean und kamen bald darauf in Kapstadt an. Das Wetter war gut, die Sicht klar und der Tafelberg war sehr gut zu erkennen. Ich wäre zu gerne dort hinaufgefahren, aber die Übernahme von Ausrüstung und Proviant ließ mir keine Zeit dazu. Erst spät am Abend waren wir fertig und konnten an Land gehen, um einen Streifzug durchs Hafenviertel zu machen. Der Agent hatte uns um Vorsicht gebeten, weil es laufend Raubüberfälle auf Weiße gab. So blieben wir als Gruppe zusammen und kamen nach wenigen Drinks wieder unbehelligt an Bord zurück. Die Auswirkungen der Apartheid waren auf Schritt und Tritt zu spüren, wir fühlten uns nicht wohl dabei.

In Port Gentil

Am nächsten Morgen reisten wir weiter. Vorbei an der Küste von Namibia und Angola erreichten wir nach acht Seetagen den Golf von Guinea und unseren Zielhafen Port Gentil in Gabun. Die gesamte Überführungsreise hatte 26 Seetage gedauert. Der Kapitän flog jetzt zurück nach Deutschland, während der II. Ingenieur noch ein paar Tage an Bord blieb, bis er auf die »Alstertor« umstieg.

Zuvor aber legten wir noch einen gemeinsamen Landgang ein und besuchten ein Tanzlokal mit einer größeren Kapelle. Dort tranken wir einiges und zwischendurch erzählte mir der »Zweite«, dass er Trompete spiele und auch schon in einer Band gespielt habe. Irgendwann zur fortgeschrittenen Stunde sprach ich während einer Tanzpause den Bandleader an. Er war zunächst skeptisch, erklärte sich dann aber bereit, unseren »Zweiten« mitspielen zu lassen. Das klappte seht gut und das notwendige Vertrauen war da. Nun aber sollte der »Zweite« ein Solo spielen. Der ließ sich nicht lange bitten und spielte. Es wurde schlagartig ruhig im Lokal und alle hörten fasziniert zu. Anschließend erntete er frenetischen Beifall und musste noch etliche Zugaben spielen. Auch dem »Zweiten« hatte dieser abwechslungsreiche Abend ausgesprochen gutgetan, denn erst vor Kurzem war seine Frau verstorben und während unserer Überführungsreise hatte er sehr zurückgezogen gelebt.

Von Port Gentil aus versorgten wir das Ölfeld mit vier deutschen Versorgern. Außer uns waren noch die »Schartor«, die »Alstertor« und die »Petriturm« im Einsatz. Wir gingen für die französische Ölgesellschaft »Elf« in Charter und versorgten das Rig »Stormdrill VII« sowie den Tender »Ile de l'Europe«. Die Tender hatten im Ölfeld die Aufgabe, die Bohrlöcher nach einem bestimmten Förderzeitraum aufzubohren und den mit nach oben gespülten Sand und andere Sedimente zu entfernen. Wir schleppten den Tender an die Bohrplattform heran und legten seine Anker aus. Dann begann dieselbe Arbeit wie bei einer Bohrinsel. Ein Standrohr zu setzen, war hier natürlich nicht notwendig. Aber das Bohrgestänge wurde bei den Nachbohrarbeiten genauso gezogen wie bei einer Neubohrung.

Brach ein Bohrer ab oder verklemmte sich, sodass er nicht mehr nach oben gezogen werden konnte, dann waren die Spezialisten gefragt. Sie führten den sogenannten »Fishing Job« durch und bargen den Bohrer. Hierbei handelte es sich durchweg um gut bezahlte Leute, unter ihnen etliche Exzentriker. Dank ihres speziellen Wissens gelang es ihnen aber häufig, Bohrer und Gestänge zu retten.

Die Kollegen rauschen mit der »Petriturm« vorüber

Eine weitere Gruppe Spezialisten waren die Leute von der französischen Firma Schlumberger. Überall in der Welt kamen sie an Bord der Bohrinseln, wenn die Bohrung entweder kurz vor dem Abschluss war oder eine unklare Situation für die Bohrmannschaften hinsichtlich der geförderten Bohrkerne vorlag. In ihre markanten, firmeneigenen blauen Container waren spezielle Messgeräte eingebaut. Mit ihrer hoch entwickelten Messtechnik konnte die Firma Schlumberger Sonden in das Bohrloch hinunterlassen und feststellen, wann das Ziel erreicht war. Die chemische und mineralische Zusammensetzung gab Aufschluss über das weitere Vorgehen beim Bohrvorgang. Ob zum Beispiel die Bohrung mit Rohren ausgekleidet werden musste, weil das Gestein porös war, und vieles mehr. Sie trug die Verantwortung, wenn der Bohrer in das Ölreservoir eintauchte. In der Regel wurde in das Ölreservoir gebohrt und der oberhalb des Reservoirs stehende Gasdruck beförderte das Öl nach oben.

Das hier angewendete Bohrverfahren war das sogenannte »Rotary-Bohren«. Das Prinzip besteht darin, dass ein am unteren Ende des Bohrgestänges angeschraubtes Bohrwerkzeug (Meißel oder Krone) zusammen mit dem Bohrgestänge in eine drehende Bewegung versetzt wird und sich auf diese Weise durch die Gesteinsschichten frisst.

Die deutschen Bohrinselversorger vor Port Gentil

Das abgetragene Gestein (Bohrklein) wird mit der durch das Bohrgestänge nach unten gepumpten und zwischen Gebirge und Gestänge aufsteigenden Spülflüssigkeit zutage gefördert. Ist das Gestein zu porös, wird Zement nach unten gepumpt und die Bohrung ausgekleidet. So kann der Spülvorgang fortgesetzt werden, ohne dass die Spülflüssigkeit im porösen Gestein verschwindet.

Unsere Versorger brachten den Zement bzw. die Schwerspat-Mischungen mit einer speziellen Zementanlage zur Bohrinsel. Auf der Bohrinsel wurden diese Mischungen dann in einem sogenannten Mud-Becken aufbereitet, wobei der Mud-Sampler die Verantwortung für den Einsatz trug.

Wir fuhren gerne für die französische Firma »Elf«. Zu den Annehmlichkeiten gehörte es auch, dass wir abends zwischen 18.00 Uhr und 20.00 Uhr sicher sein konnten, nicht zur Übergabe von Versorgungsgütern gerufen zu werden. Das war nämlich die Abendbrotzeit bei den Franzosen – und die war heilig. Hin und wieder wurden wir eingeladen und genossen die zweistündige Mahlzeit. Was auf einer amerikanischen Bohrinsel völlig undenkbar war, war hier selbstverständlich: Es gab Rotwein zum Essen. Der gehörte einfach und selbstverständlich dazu. Und die Franzosen konnten mit dieser Freiheit gut umgehen. Niemals habe ich einen angetrunkenen Mitarbeiter auf dem Tender »Ile de l'Europe« gesehen. Auf der »Steinturm« verlegten wir unsere Abendbrotzeit ebenfalls auf 18.00 Uhr und so war jegliche Hektik zu dieser Zeit fast ausgeschlossen.

Damals war es in Westafrika nicht schwer, an Rauschmittel zu kommen. Ein gesunder Respekt hielt mich selbst immer davon ab, doch nicht alle an Bord dachten so und es wurde schon hin und wieder herumprobiert. Auch der I. Offizier nahm, wenn es unser Einsatz zuließ, gerne einen tüchtigen Zug. Wir saßen dann gemeinsam in seiner Kammer, er mit einem dicken Joint aus Zeitungspapier und ich mit einer Flasche Bier. Wenn ich meine Flasche Bier ausgetrunken hatte, war er häufig schon eingeschlafen und lächelte selig. Auch bei den Matrosen wurde gerne mal ein Joint geraucht. Größere Vorkommnisse gab es in dieser Hinsicht aber nicht und so wurde die Situation toleriert.

Der »Erste« war bei seiner Arbeit ein guter und umsichtiger Offizier. In seiner Freizeit an Land galt er jedoch als ein total verrückter Hund. Seine Storys waren unglaublich, aber im Kern immer wahr. So erzählte er mir auch die folgende Geschichte: In einer bei Seeleuten beliebten Bar im Bremer Steintor-Viertel wurde so manche Nacht fürchterlich gesoffen. Einer der Kumpane fiel gewohnheitsmäßig vom Stuhl und schlief sofort ein, was ihm zum Verhängnis wurde. Der »Erste« nämlich hatte einen einfachen Fichtenholzsarg besorgt, der tagsüber in den Bierkeller der Kneipe geschafft wurde. Als der Zechgenosse bei nächster Gelegenheit vom Hocker fiel, schleppten ihn die anderen Trunkenbolde fürsorglich in den Bierkeller und legten ihn in den Sarg. Rings um den Sarg wurden Kerzen aufgestellt, die Getränke in den Keller geholt und interessiert wartete man auf das Erwachen des Delinquenten. Irgendwann war es dann so weit. Zu Tode erschrocken sprang er auf und stürzte aus dem Keller. Das war das letzte Mal, dass man ihn in dieser Kneipe gesehen hat.

Einige Zeit nach unserem Einsatz in Westafrika schlenderte ich durch die Sögestraße in Bremen und hörte, wie aus einem Fenster heraus jemand nach mir rief. Ich blickte nach oben und erkannte den »Ersten«, der mich zu einem Besuch in seine Wohnung bat. Als ich eintrat, stockte mir der Atem, denn an einer Wand stand der Sarg, von dem er erzählt hatte. Obenauf lagen Kissen zum Sitzen. Er klappte den Deckel auf und holte zwei Flaschen Bier heraus. Die tranken wir auch und ich konnte nicht aufhören, mich über diesen verrückten Hund zu wundern.

Noch aber waren wir in Afrika und machten gemeinsam unseren Job. Der Kapitän war ein erstklassiger Mensch und Vorgesetzter. Er war gerade durch den sprichwörtlichen »Scheuersack des Lebens« gegangen, weil er mit einem Versorger untergegangen war und auch Leute verloren hatte. Das machte ihm sehr zu schaffen. Soweit ich weiß, war das der erste Untergang eines deutschen Versorgers überhaupt gewesen. Das Verhältnis zu meinem »Chief« hingegen hatte sich immer mehr eingetrübt. Wir hatten sehr unterschiedliche Auffassungen von der Arbeitsaufteilung und der Umsetzung anfallender Aufgaben in unserem Zuständigkeitsbereich. Wir tolerierten uns zwar, so weit das möglich war, aber Spaß machte das Fahren mit ihm nicht.

Aufgrund unseres Wechsels von Saudi-Arabien nach Gabun war die sechsmonatige Aufenthaltsdauer zur Erlangung der Steuerfreiheit in einem Entwicklungsland unterbrochen worden. Das war sehr ärgerlich, aber leider nicht zu ändern oder gar zu beeinflussen. Als uns nach sechs Monaten die Reederei turnusmäßig die Ablösung in Aussicht stellte, stimmte ich daher erleichtert zu und reiste zurück nach Deutschland.

Am 29. Juli 1972 flog ich von Port Gentil über Libreville, Genf und Frankfurt nach Bremen. In der Folgezeit kaufte ich mir in der Bremer Neustadt eine Eigentumswohnung und richtete sie nach meinen Wünschen und Vorstellungen ein. Mein bereits 1968 von Bord der MS »Alsterfleet« per Funkverbindung abgeschlossener Bausparvertrag hatte diesen Schritt in die ersehnte Unabhängigkeit überhaupt erst möglich gemacht. Jetzt war ich endlich »Neu-Bremer«!

Ein wenig müde geworden von der Seefahrt, versuchte ich mich in einer Landstellung. Zunächst hatte ich ein Gespräch bei der Bremer Schreiber-Reederei. Diese betrieb mehrere Ausflugsschiffe für Hafenrundfahrten und fuhr in Linie zweimal wöchentlich nach Bremerhaven. Allerdings waren unregelmäßige Arbeitszeiten und deutlich weniger Gehalt zu erwarten, außerdem war ich mit meinem Seefahrtspatent für diesen Job überqualifiziert...

Mein zweiter Versuch schien da schon vielversprechender. Mit der Aussicht, zum Schichtingenieur aufsteigen zu können, fing ich in der Kaffee-Extraktionsanlage bei »Jacobs« in der Bremer Neustadt an. Schon nach fünf Wochen Berufspraxis wusste ich allerdings, was ich an der Seefahrt gehabt hatte: Nicht nur erheblich mehr Geld, sondern auch viel weniger Dauerbelastungen durch das Einerlei des Alltags. Jetzt musste ich meine Wohnung sauber halten, waschen, einkaufen und Essen zubereiten. Dazu kam noch der Drei-Schicht Betrieb, auch an den Wochenenden. Nein! Das konnte es auch nicht sein. Dann besser zurück zur Seefahrt!

Zur Abwechslung heuerte ich dann wieder auf einem kleineren Frachter der Reederei Meyer Brake an. Auf der MS »Burhaversand« war ich als II. Ingenieur in der weltweiten Trampfahrt unterwegs. Das Geld stimmte und auch das Fahrtgebiet war interessant. So war wieder alles im Lot!

Einsätze auf Versorgungsschiffen					
1.	»Fangturm«	OSA 208	Ravenna	Garibaldi -A- und Garibaldi -B-	1970
2	»Dammtor«	OSA 204	Ravenna	Rig Perro Negro (ENI saipem)	
3.	»Kattenturm«	OSA 212	Great Yarmouth	Rohrleger »PM 24« (Ingram Micoperi)	1970
4.	»Holstentor«	OSA 210	Cotonou	»Temple Tender« (Reading & Bates)	1971
5.	»Warturm«	OSA 312	Port Harcourt	Rig »Ocean Master II« (Loffland Brothers)	1971
				Tender »Calabar Queen«	
				Bohrschiff »Explorer«	
				Förderplattform »Idaho«	
6.	»Steinturm«	OSA 310	Port Gentil	Ile de l'Europe (Elf)	1972
			Yenbo	Stormdrill VII (C.E. Thonton)	1972
7.	»Pinnastor«	OSA 219	Rotterdam	Rig »Chapparal« (Birgitta Elferat)	
				Transocean I	1974

Hitze, Apfelsinen und Zement

Als Wachingenieur auf MS »Burhaversand«

Das neue Schiff

Nach meinem Einsatz in der Versorgungsschifffahrt und dem Kauf einer Eigentumswohnung in der Bremer Neustadt wollte ich wieder etwas anderes machen und kontaktierte meinen ehemaligen Arbeitgeber, die Reederei »Meyer Brake«. Hier zeigte man sich erfreut über mein Interesse und gab mir eines der neueren Schiffe, die MS »Burhaversand« (Baujahr 1969), auf der ich als II. Ingenieur Dienst tun sollte. Am letzten Januartag 1973 saß ich dann im Flieger nach Frankfurt. Weiter ging es über Mailand nach Triest. Der Agent holte mich vom Flughafen ab und brachte mich zum Hafen, wo mein neues Schiff schon an der Pier lag.

Die MS »Burhaversand« hatte eine klassische Linienführung und der Bug war als Wulstbug nach der Maier-Form gebaut. Die Aufbauten befanden sich achtern und waren in weiß gehalten. Der Rumpf war schwarz gestrichen, die Masten und das Ladegeschirr sandfarben. Am Schornstein befand sich das Emblem des Charterers CBM mit dem Schriftzug »Jaffa«. Es war Zitrusfruchtsaison und wir sollten für »Jaffa« Apfelsinen und Pampelmusen von Israel ins damalige Jugoslawien fahren. Das Fahrtgebiet und die Häfen kannte ich

Steckbrief MS »Burhaversand«

- **Baujahr:** 1965, 1599 BRT
- **Maschine:** Deutz, RBV 358, 12-Zylinder V-Motor, 3000 PS
- **Angelaufene Häfen:** Lissabon, Gaza, Constanza (Rumänien), Gaza, Ashdod (Israel), Koper (Kroatien), Haifa
- **Reeder:** Reeder-Union »Meyer Brake« AG, Brake
- **Dienstzeit:** Januar bis August 1973 als II. Ingenieur
- **Besatzung:** 19 Mann

bereits aus meiner Fahrtzeit auf der MS »Nordenhamersand«.

Die Maschinenanlage bestand aus einem Deutz-Hauptmotor vom Typ RBV 12 M 350. Der umsteuerbare 12-Zylinder V-Motor erbrachte eine Leistung von 3000 PS bei 350 U/min, damit lief das Schiff 15 Seemeilen pro Stunde. Drei Hilfsdiesel, ebenfalls von der Firma Deutz (Typ F 6M 716), sowie ein Hafendiesel vervollständigten die Anlage. Speziell für die Fruchtfahrt war auch hier eine überdimensional große Lüftungsanlage für die Laderäume installiert worden. Zum Zeitpunkt ihrer Indienststellung war die »Burhaversand« das 28. Schiff der »Meyer-Flotte«. Vom Prinzip her erinnerte es an die »Nordenhamersand« bzw. an die »Tegelersand« und die »Seefeldersand«, denen wir später auf Gaza-Reede begegnen sollten.

Meine Kammer als II. Ingenieur lag auf dem Hauptdeck und bot ausreichend Platz, um sich während der begrenzten Freizeit wohlzufühlen. Die Maschinenanlage wurde im Zwei-Wachen-Törn gefahren und die Heuer des fehlenden II. Ingenieurs teilten sich der I. Ingenieur und ich zu jeweils 40 Prozent.

Auf Apfelsinenfahrt

Die erste Reise ging nach Haifa und von dort wieder nach Triest. Die nächste Reise führte uns dann von Haifa nach Marseille. Auf Order der Maschineninspektion in Brake sollten hier zwei defekte Kühlschränke aus der Mannschafts- und der Offiziersmesse erneuert werden. Der Kapitän verweigerte jedoch die Neuanschaffung, weil die Kühlschränke in Frankreich angeblich zu teuer seien. Das sollte später noch unangenehme Folgen für das Klima an Bord haben. Der Kapitän war ohnehin recht speziell, sehr ostfriesisch und sparsamer als es dem Bordklima zuträglich war.

Einmal hatten wir Offiziere an Land den guten Parma-Schinken gekauft. Zum Abendbrot legten wir ihn ganz normal auf die Back. Der »Alte« kam in die Messe, sah den Schinken, lief augenblicklich rot an und brüllte nach dem Koch. Als dieser erschien, deutete der »Alte« auf den Schinken und fragte, wie er angesichts des geltenden Verpflegungssatzes solche teuren Sachen auf den Tisch bringen könne? Der Koch wusste gar nicht, wie ihm geschah, und blickte verdutzt auf unseren Schinken. Wir ließen sich die beiden noch ein wenig kabbeln, bevor wir schließlich den Koch entlasteten und der »Alte« peinlich berührt die Messe verließ. Wir freuten uns diebisch, aber es zeichnete sich bereits ab, dass das Bordklima unter der altmodischen Einstellung des Kapitäns leiden würde. In der Folgezeit sollte es immer wieder zu unschönen Auseinandersetzungen mit ihm kommen.

Abwechselnd fuhren wir nun unsere Zitrusfrüchte von Haifa und Ashdod aus nach Koper und Rijeka. Dabei wurden wir Zeugen, wie beim Löschen der Früchte in Jugoslawien die Ware umetikettiert wurde: Hier saßen an langen Holzbänken etwa 60 Frauen an der Pier. Jede unserer 70.000 Apfelsinenkisten enthielt etwa 90 Apfelsinen, die in ein Seidenpapier mit der Aufschrift »Jaffa – Product of Israel« eingewickelt waren. Die Frauen packten die Apfelsinen aus, das Papier kam in leere Container und die Früchte wurden mit Aufschrift »Product of Gaza« ausgezeichnet. Dann kamen alle Apfelsinen zurück in die Kisten. Politik treibt seltsame Blüten. Angeblich sollten die Apfelsinen nach Russland exportiert werden.

Wie schon auf der »Nordenhamersand« erledigten wir unsere Wartungs- und Routinearbeiten in den Häfen von Israel, um in Jugoslawien mehr Zeit für Landgänge zu haben. Wir hatten diese Vorgehensweise mit unserer Maschinencrew gut abgestimmt und unsere Maschinenanlage war immer gut in Schuss. Während die Maschinencrew an Land war, musste die Deckscrew Wache gehen und an Deck bleiben. Die Männer drängten nun auch auf eine verbesserte Regelung und wollten in Jugoslawien nur das Notwendigste machen. Das aber wollte der »Alte« nicht, weshalb es ständig zu Reibereien zwischen ihm, dem »Chief« und mir kam. Wir wussten die Maschineninspektion jedoch auf unserer Seite und setzten uns durch. Eine betriebssichere, saubere Maschinenanlage war schließlich ein unschlagbares Argument. Dazu stimmte das Betriebsklima in der Maschine – was also wollte man mehr?

Als wir einmal in Ashdod lagen, gingen der I. Offizier und ich abends in eine Bar am Hafen und setzten uns dort etwas im Hintergrund an einen freien Tisch. Am Tresen standen Seeleute aus unterschiedlichen Nationen und diskutierten, unter ihnen auch unser Bootsmann. Wir tranken unser Bier und unterhielten uns, als plötzlich ein lauter Schrei ertönte. Unser Bootsmann taumelte auf unseren Tisch zu, dabei strömte Blut aus einer Wunde an seiner Schulter. Wir eilten ihm schnell zu Hilfe, legten einen Druckverband an und bekamen dabei selbst einiges an Blut ab. Bald war der Krankenwagen da und transportierte den Bootsmann ins nächste Krankenhaus.

Was war passiert? Der Bootsmann und ein jugoslawischer Seemann waren aneinandergeraten, dabei hatte der Jugoslawe mit einem Messer zugestochen. Wir glaubten, den Mann wiedererkennen zu können, und machten uns auf die Suche. Tatsächlich konnten wir ihn in einer anderen Kneipe ausfindig machen und verständigten die Militärpolizei. Die fackelten nicht lange. Als die Polizisten das Messer bei dem Seemann fanden, zerrten sie ihn brutal nach draußen und warfen ihn in den bereitstehenden Jeep. Unser Kollege wurde kurz darauf nach Deutschland geflogen und in Koper kam ein neuer Bootsmann zu uns an Bord. Noch heute denke ich mit Schaudern an diesen unerfreulichen Vorfall zurück.

Viel zu lachen gab es hingegen bei einer anderen Reise, als ein neuer Vertreter der Agentur in Haifa an Bord kam. Der Mann war deutschstämmig und hieß mit Nachnamen Fink. Wir standen auf der Brücke zusammen, der »Alte«, der »Chief« und ich, und meine Kollegen eröffneten die höfliche Vorstellungsrunde: Specht hieß der eine, Adler der andere. Als der Agent diese Nachnamen hörte, lief er rot an. Wütend schrie er, dass er sich alleine verarschen könne, und machte Anstalten, das Schiff zu verlassen. Also wurden die Seefahrtsbücher hervorgekramt – und bald war der Frieden unter den drei (Spaß-)Vögeln wieder hergestellt.

Anfang Mai ging die Fruchtfahrt zu Ende und wir schraubten wieder das Emblem der Reederei »Meyer Brake« an unseren Schornstein. Die »Jaffa-Marke« wurde bis zur nächsten Saison verstaut.

Auf Trampfahrt

Als ersten Hafen liefen wir Lissabon an, was mich sehr freute, auch wenn wir nur kurz an Land gehen konnten. Hier luden wir auf Reede Zementsäcke für Israel. Es staubte tüchtig und unser Schiff war bald mit Zement überpudert. Zunächst liefen wir Ceuta zum Bunkern an, dann erst fuhren wir weiter nach Gaza. Hier wurde auf Reede gelöscht: Mit kleinen Booten wurden die Zementsäcke an Land gebracht, vorausgesetzt, die See war einigermaßen ruhig. Kamen Seegang oder Schwell auf, so wurde der Löschvorgang sofort abgebrochen. Eine ewig lange Liegezeit stand uns bevor.

Die Situation war deutlich angespannt, zumal da die fehlenden Kühlschränke noch immer nicht beschafft worden waren und im Gaza-Streifen Temperaturen über 30 Grad Celsius herrschten. Wer Wache ging und nachts zur Wache etwas essen wollte, hatte dazu keine Möglichkeit. Es sei denn, der Koch öffnete später am Abend noch mal seine Kombüse. Aber das gefiel dem »Alten« nicht und er versuchte dies zu unterbinden, wo es nur ging.

Aus Neugierde fuhr ich einmal mit einem der Boote an Land und sah mir die Stadt Gaza an. Das Leben ging hier zwar seinen normalen

Zementladung für Gaza aus Lissabon, löschen auf Reede

Die »Lemwerdersand«, baugleich mit der »Burhaversand«

Gang, aber an vielen Häusern waren die Spuren der vergangenen Kämpfe deutlich zu sehen: Einschusslöcher großkalibriger Geschosse, Risse in den Hauswänden oder Ruinen gehörten zum Stadtbild dazu. Nach einer zweistündigen Erkundungstour fuhr ich wieder zurück an Bord. Meine Kleidung musste ich anschließend waschen, weil sie vom Zementstaub erheblich verschmutzt worden war. Aber ich war in Gaza an Land gewesen und nur das zählte. Dass diese Region auch in den folgenden Jahrzehnten immer wieder in den politischen Schlagzeilen sein würde, konnte ich damals freilich nicht ahnen.

Ärger an Bord

Die Tage gingen dahin und unser Wasservorrat wurde allmählich knapp. Mit uns zusammen lagen gleich mehrere Reedereischiffe mit gleicher Ladung auf Reede, auch Schwesternschiffe mit gleicher Ladekapazität. Weil unser Kapitän innerhalb der Schiffsklasse die meiste Ladung hatte mitnehmen wollen, war am Trinkwasser bewusst gespart worden. Das ärgerte die anderen Kapitäne und Schiffsoffiziere so sehr, dass sie sich weigerten, uns etwas von ihrem kostbaren Trinkwasser abzugeben. Im Gegenteil: Sie fuhren an uns auf Reede vorüber und duschten mit mehreren Leuten an Deck, nur um uns zu ärgern. Bei uns an Bord kippte die Stimmung, Meuterei lag in der Luft.

Der Kapitän hatte so viel Angst vor der Inspektion, dass er sich aus Kostengründen nicht traute, nach Ashdod zu fahren, um dort Trinkwasser zu bunkern. Es kam sogar so weit, dass wir die Tankdeckel aufschrauben und mit Eimern das Restwasser aus den Tanks schöpfen mussten. Pro Tag und Mann gab es einen Eimer voll - und das bei hochsommerlichen Temperaturen und defekten Kühlschränken!

Der »Alte« fühlte sich zusehends nicht mehr wohl in seiner Haut. Immer öfter wurden unverhohlen Drohungen in seine Richtung ausgesprochen. Uns Schiffsoffizieren erlaubte er jedoch, seinen persönlichen Kühlschrank zu nutzen. Wenn wir also an den warmen Sommerabenden Bier tranken, dann gingen wir in seine Kammer, lagerten neue Flaschen ein und holten Nachschub. Meistens knallten wir dabei mit der Tür. Der »Alte« lag währenddessen in seiner Koje und schreckte jedes Mal aufs Neue hoch. Wir murmelten etwas von »Bier holen« und gingen wieder. Dauerte unsere Party länger, wurde es stetig lauter - der »Alte« sollte sein Zugeständnis bitter bereuen. Wir dachten nur eines: Strafe muss sein...

Nach vier Wochen auf Reede eskalierte die Situation weiter. Dem Koch war untersagt worden, seine Kombüse nachts offen zu lassen. Um dennoch nachts an etwas Essbares zu kommen, öffneten wir Schiffsoffiziere das Skylight der Kombüse. Ich kletterte hinunter, zunächst auf den Herd und dann auf den Boden. Aus dem Kühlschrank entnahm ich Aufschnitt und Brot, das uns Wachgängern ohnehin zustand.

Dann stieg ich wieder auf den Herd und reichte alles nach oben. Als ich noch auf dem Herd stand, ging die Tür auf und der »Alte« stand mit dem Koch da. »Proviantdiebstahl!«, schrie der »Alte«. Der Koch nickte beflissen. »Morgen früh um 8.00 Uhr auf die Brücke zum Tagebucheintrag wegen Proviantdiebstahls«, so lautete die Anordnung des Kapitäns.

Jetzt reichte es uns endgültig. Noch vor 8.00 Uhr erschienen wir auf der Brücke. Der I. Offizier verlangte seine sofortige Ablösung, der »Chief« schloss sich ihm an. Ich bestand auf einem Seefunkgespräch mit der Reederei, um die Situation an Bord zu schildern. Angesichts dieser Drohungen bekam es der Kapitän doch mit der Angst zu tun. Er verzichtete auf den Tagebucheintrag und versprach die Kombüse zu öffnen, wenn wir Ruhe geben würden. Wir stimmten zu in der Hoffnung, dass der »Alte« mit uns Schiffsoffizieren ab sofort vernünftig umgehen würde. Im Übrigen hatten wir streng darauf geachtet, die Besatzung nicht mit in diese Sache hineinzuziehen, und wir versuchten nach Kräften, eine weitere Eskalation zu verhindern.

Party der internationalen Besatzung der »Burhaversand«

Endlich war der letzte Sack Zement in eines der Boote verladen und wir konnten nach Ashdod einlaufen, um Wasser zu bunkern - so wie dies die anderen Kapitäne der Meyer-Schiffe bereits von Reede aus sehr vorbildlich getan hatten.

Uns stand eine weitere Zementreise bevor, dieses Mal sollte es von Constanza in Rumänien zurück nach Gaza gehen. Aber was wurde hier eigentlich mit dem vielen Zement gemacht? Befestigungsanlagen gebaut, so hieß es. Dass dafür eigens Zement aus dem damaligen Ostblock angefahren werden musste, machte uns freilich doch stutzig...

Wir fuhren vom Ägäischen Meer durch die Meerenge der Dardanellen ins Marmarameer. Vorbei an Istanbul ging es durch den Bosporus weiter ins Schwarze Meer und dann nach Constanza, wo uns drei Liegetage bevorstanden. Wir freuten uns verdientermaßen auf eine schöne Zeit an Land, aber schon wieder wollte uns der »Alte« einen Strich durch die Rechnung machen: Er hatte nämlich beim Agenten kein Geld bestellt, weil er der Ansicht war, dass hier im Ostblock niemand an Land gehen wolle. Folglich mussten wir schon wieder Druck machen, um Selbstverständlichkeiten zu realisieren. Die Stimmung wurde dadurch natürlich nicht besser und wir verfluchten den Kapitän in tausend Höllen.

Nachdem nun der Agent die gewünschten Devisen an Bord gebracht hatte - nicht ohne seine Verwunderung über das zögerliche Verhalten des Kapitäns zum Ausdruck zu bringen -, konnten wir endlich an Land gehen. Die lange Liegezeit auf Gaza-Reede hatte uns allen zugesetzt und wir wollten uns an Land endlich mal wieder richtig austoben. Die Gelegenheit dafür war günstig, denn mit unserem Geld (vor allem mit der D-Mark) kamen wir glänzend zurecht. Selbst die gesalzenen Eintrittspreise in den Discos konnten uns nicht schocken. Unsere ostdeutschen Landsleute von den Nachbarschiffen waren da vergleichsweise schlecht dran. Wir luden daher einige von ihnen kurzerhand ein und achteten darauf, dass auch die Stewardessen mit von der Partie waren. So wurden es gesellige Abende, an die wir uns gerne zurückerinnern sollten.

Nach drei Liegetagen verließen wir Constanza und fuhren wieder direkt nach Gaza-Reede. Dieses Mal hatten wir gut aufgepasst und die Trinkwassertanks waren voll, denn wieder stand uns eine längere Liegezeit bevor. Tatsächlich sollten wir vier lange Wochen auf Reede liegen. Unsere Zementladung wurde in gleicher Weise gelöscht wie beim letzten Mal. Die Stimmung an Bord war aber zum Glück etwas besser geworden. Es wurde sogar mehrfach abends gegrillt und wir saßen gemütlich zusammen. Der Kapitän hatte ein wenig dazugelernt.

Inzwischen hatte ich von der Hochschule für Technik in Bremen die Nachricht erhalten, dass ich mein Patent mit einem zusätzlichen Semester Studium verbessern könne. Die Hochschule wollte mit dieser Maßnahme älteren, erfahrenen Maschinisten die Gelegenheit geben, praxisbezogen eine Verbesserung ihrer Patente zu erreichen. Ich sagte meine Teilnahme zum Beginn des Wintersemesters zu und begrenzte daher mit Einverständnis der Reederei meine Fahrzeit auf der »Burhaversand«.

Ein Sturz mit Folgen

Nach vier Wochen auf Reede gingen wir endlich in den Hafen von Ashdod, wo Brennstoff und Wasser gebunkert wurden. Über Nacht sollten wir hier liegen bleiben, also ging ich zusammen mit einigen Kollegen an Land. Auf dem Rückweg zum Schiff geriet ich nicht mehr ganz nüchtern in die Schienen einer Gleisanlage und stürzte unglücklicherweise direkt auf den Kopf. Oberhalb des Auges war die Haut tief aufgerissen und ich wurde ins Krankenhaus von Tel Aviv gebracht. Die Wunde konnte genäht werden, aber die Ärzte behielten mich noch zur Beobachtung da, um einen Schädelbruch ausschließen zu können. So verbrachte ich fünf weitere Tage im Krankenhaus von Tel Aviv.

Die »Burhaversand« war unterdessen ausgelaufen. Ich bekam ein Flugticket und meine gepackten Koffer vom Agenten ausgehändigt. Nach den Vorkommnissen an Bord hatte der Kapitän natürlich kein Interesse daran, mich im angeschlagenen Zustand mitfahren zu lassen.

Mit der Lufthansa flog ich über Frankfurt nach Bremen. Erschöpft und nicht gerade glücklich kam ich spätabends in der Hansestadt an. In der vertrauten Umgebung meiner neuen Wohnung aber stellte sich schnell ein Gefühl der Erleichterung ein, ich war endlich wieder zu Hause angekommen.

Meinen Wohnungsschlüssel hatte ich zwischenzeitlich einem Miteigentümer im Haus anvertraut, den ich bei der ersten Eigentümerversammlung kennengelernt hatte. Er hatte während meiner Abwesenheit meine Interessen im Hause vertreten und mir auch wichtige Post nachgesandt. Mein Nachbar war bereits Rentner und konnte sich für die Seefahrt begeistern. Als Passagier hatte er bereits mehrere Reisen auf Frachtschiffen mitgemacht. Wir passten also gut zusammen und ich war ihm für seine Hilfe sehr dankbar.

An Bord der MS »Burhaversand« hatte ich zum Glück Geld sparen können, denn bei diesem Fahrtgebiet war kein großes Geldausgeben möglich gewesen. Jetzt stand mir ja noch ein Semester Studienzeit ohne Verdienstmöglichkeit bevor. Die Reederei hatte mir zwar einen Kredit angeboten, den ich später im Rahmen einer verpflichtenden zweijährigen Fahrzeit hätte zurückzahlen können, aber ich hatte diesen Vorschlag abgelehnt.

Aufgrund eines Arbeitsgerichtsurteils hatte ich nämlich den Flug von Tel Aviv nach Bremen selbst bezahlen müssen. Die Reederei und ich hatten es auf eine Gerichtsverhandlung ankommen lassen. Mein Anwalt erwies sich leider als wenig kompetent und so war es kein Wunder, dass wir die Verhandlung verloren haben. Dennoch wollte mich die Reederei ausdrücklich weiter beschäftigen, aber ich war sauer und lehnte weitere Angebote ab. Für diese Firma wollte ich nicht mehr fahren.

Mitte September begann dann das Semester, das ich Ende Januar auch erfolgreich abschließen konnte. In diese Zeit fiel ein einschneidendes Erlebnis, denn ich hatte meine zukünftige Frau kennengelernt und es zog mich endgültig an Land. Doch zunächst musste ich Geld verdienen, um die verdienstlose Studienzeit wieder auszugleichen.

Abschied vom Meer

Aufgrund einer Ausschreibung im Bremer »Weser-Kurier« hatte ich mich im Technischen Zentrum an der Universität Bremen als Schichttechniker beworben. Man teilte mir mit, dass ich Geduld haben müsse, weil für diese Stelle ein ausführliches Ausschreibungsverfahren im Rahmen der Drittelparität angelaufen sei. Um jederzeit für ein persönliches Vorstellungsgespräch zur Verfügung stehen zu können, beschloss ich daher, nicht mehr auf »große Fahrt« zu gehen, und fragte bei der VTG in Bremen an, ob ich kurzfristig auf einem ihrer Versorger eingesetzt werden könnte. Man kam mir bereitwillig entgegen und bot mir eine zweimonatige Urlaubsvertretung auf MS »Pinnastor« an. Die »Pinnastor« operierte in der Nordsee von Rotterdam aus und war somit das ideale Schiff für mich.

Versorgung der Bohrinsel »Chapparal« von Rotterdam aus

An Bord der MS »Pinnastor«

Und so fuhr ich Anfang März 1974 mit der Eisenbahn nach Rotterdam und ging als II. Ingenieur an Bord. Die »Pinnastor« (OSA-Kennung 219) versorgte gemeinsam mit dem niederländischen Versorger Smidt-Lloyd 12 das Rig »Chapparal« und die deutsche Bohrinsel »Transocean I«. Das Schiff war 1973 wie so viele andere Versorger bei der Hitzler Werft in Lauenburg an der Elbe gebaut worden. Sie verfügte über zwei MWM-Reihenmotoren vom Typ TBD 440-8 mit je 950 PS bei 800 U/min. Die Tanks der Zementanlage fassten 156 Kubikmeter Zement. Außerdem gab es Tanks für Bohrwasser, Frischwasser und Brennstoff. Ein Bugstrahlruder war jetzt serienmäßig bei jedem einfachen Versorger installiert worden, so auch bei der »Pinnastor«. Sie wurde auch »Sparschweinchen« genannt, weil sie technisch nicht so hochgerüstet war wie die Ankerzieh-Schleppversorger oder gar die Ankerzieh-Schlepper.

Unsere Versorgungsfahrten während meiner Vertretungszeit waren ungefähr so anstrengend, wie ich das im Vorfeld erwartet hatte. Schuld daran war nicht etwa der Dienst an Bord, sondern vielmehr das schlechte Wetter im Fahrtgebiet Nordsee. Sobald wir nämlich unsere Nase aus dem Hafen streckten, gab es Zunder. Die Versorgung auf der rauen See war stets schwierig und verlangte von allen Männern volle Konzentration. Das Bordklima war vergleichsweise gut, denn jeder brachte seine Leistung ein und einer konnte sich auf den anderen verlassen.

Nach zwei Monaten neigte sich meine Vertretungszeit dem Ende zu. Als wir Spezialteile für den Bohrbetrieb auf der »Chapparal« von Emden holten, wurde ich dort von dem zur Stammbelegschaft gehörenden II. Ingenieur abgelöst. Mit dem Einsatz auf der »Pinnastor« endete meine aktive Zeit bei den Bohrinselversorgern.

Unterwegs mit dem Schlepper »Bugsier 19«

Meine Landstellung an der Universität Bremen war immer noch nicht in Sichtweite gerückt, aber zu Hause herumsitzen, das wollte ich auch nicht. Mir kam in den Sinn, auf einem Hafenschlepper für die »Bugsier-, Reederei- und Bergungs-AG« Schuchmann aus Hamburg zu fahren, denn auch dann könnte ich immer schnell wieder vor Ort sein. Außerdem war ich bei der Reederei ja kein Unbekannter, was meine Jobaussichten erheblich verbessern würde. Und tatsächlich: Nach einem kurzen Telefonat erhielt ich einen Vorstellungstermin bei Gerd Schuchmann, dem Sohn des legendären »Alten« Schuchmann, in Bremerhaven. Dort hatte man sich bereits meine Personalunterlagen angesehen und war mit der Regelung »Auf Abruf« grundsätzlich einverstanden.

Ich bekam das Angebot, auf der »Bugsier 19« als Alleinmaschinist zu fahren. Der Schlepper hieß eigentlich »Kirchwerder« und war wie alle anderen durchnummeriert worden. Seine Aufgabe bestand darin, in Wilhelmshaven den Schwimmkran »Roland« zu schleppen. Der Schlepper war Baujahr 1956 und hatte einen Deutz-Reihenmotor 8 M 545 mit 850 PS, der auf ein Wendegetriebe von Renk wirkte. Außerdem waren noch zwei F 417 Deutz-Hilfsdiesel im Einsatz.

Gerd Schuchmann meinte, es wäre ihm sehr recht, wenn ich den Schlepper alleine, also ohne den »Zweiten« fahren würde. Im Gegenzug wollte er mir einen Teil von der Heuer des »Zweiten« zu meinem regulären Gehalt dazuzahlen. Für mich sei das zwar in Summe anstrengender, aber mehr Geld könnte ich nicht verdienen. Ich stimmte zu und nahm den Fulltime-Job an.

Wir waren uns in diesem Gespräch schnell einig geworden, aber eine Hürde galt es noch zu überwinden: Schuchmanns Vater wollte mich sehen. Also gingen wir ins Nachbarbüro, wo der »Alte« Schuchmann saß. Ich musste mich vor seinem Schreibtisch aufstellen, er stand auf, stützte sich auf seinen Gehstock und umrundete mich einmal wortlos. »So, auf der ›Atlantic‹ und der ›Eilenau‹ bei uns gefahren, das ist gut!«, sagte er schließlich. Auch

Oben:
Im Hafen von Rotterdam zur Ladungsübernahme

Unten:
MS »Pinnastor« an der »Chapparal« zur Versorgung

Ein Gigant seiner Zeit:
Der »Roland« kann 1000 Tonnen heben!

Die »Bugsier 19« schleppt den »Roland« in Position

dass ich in der Versorgungsschifffahrt gearbeitet hatte, fand bei ihm anerkennende Zustimmung und so nickte er das Vorhaben seines Sohnes ab. Als wir draußen waren, grinste mich Gerd Schuchmann an und meinte knapp: »Das musste sein!«

Bereits am nächsten Tag fuhr ich nach Wilhelmshaven und stieg auf die »Bugsier 19« ein. Meine Vorgänger waren bereits von Bord, nur der Kapitän und die beiden Matrosen waren noch anwesend. So gut es ging, machten wir eine Übergabe, die Feinheiten musste ich mir im Laufe der Zeit erarbeiten. In der Maschinenanlage gab es viel zu tun, wie ich bald merken sollte. Um meine Vorstellungen vom optimalen Ablauf des Betriebes umzusetzen, musste ich nach und nach einiges verändern. Aber ich hatte ja eine langjährige Berufserfahrung und so bekam ich alles auf die Reihe.

Schwieriger war die hier geforderte Buchführung über den Verbrauch an Treibstoff und Schmieröl. Schließlich waren wir in Deutschland, da musste der Zoll genaue Nachweise erhalten. Weil Brennstoff fehlte, konnte ich nur mithilfe einer Art von eidesstattlicher Erklärung von null an beginnen.

In Wilhelmshaven wurde damals für die Mobil Oil eine neue Pier gebaut, damit auch größere Tanker hier löschen konnten. Unsere Arbeit bestand darin, den Schwimmkran »Roland«, der 1000 t heben konnte, aus dem Hafen an seine Position an der neu errichteten Pier zu schleppen. Mit einem bordeigenen Schottelantrieb konnte sich der »Roland« dann in die endgültige Position manövrieren.

Der Schwimmkran hatte ein riesiges Beton-Fertigteil am Haken und ein zweites Teil lag bei ihm an Deck. War er auf Position, so setzte er das Teil ein, nahm das zweite Teil von seinem Deck an den Haken und setzte auch dieses ein. Dieser Vorgang dauerte zwischen sechs bis acht Stunden. Während dieser Zeit lagen wir am Anker und führten unsere Routinearbeiten durch. Ich hatte reichlich zu tun, um die Maschine richtig einzustellen. Bald hatte ich alle Düsen gewechselt und die Ventile neu eingestellt. Nachdem ich dann noch die Brennstoffpumpen eingestellt hatte, lief die

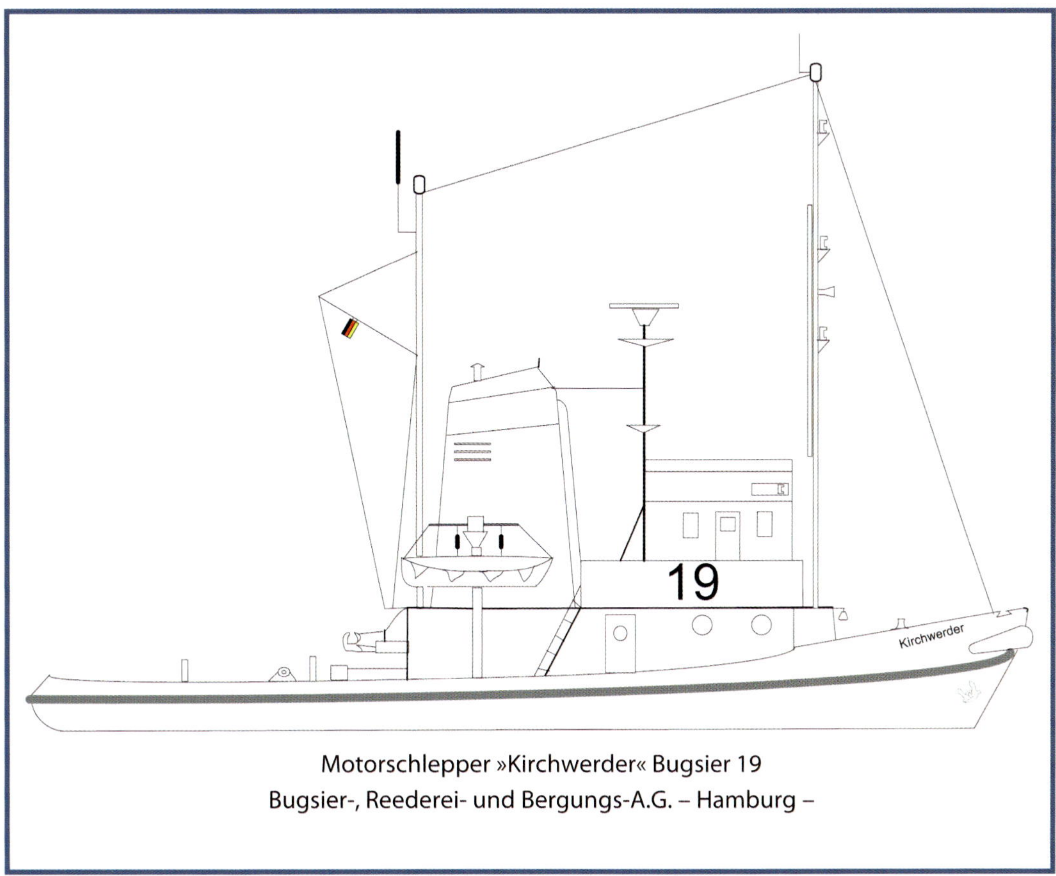

Motorschlepper »Kirchwerder« Bugsier 19
Bugsier-, Reederei- und Bergungs-A.G. – Hamburg –

Maschine wie am Schnürchen, mit gutem Klang und völlig rußfrei. Der Kapitän war sehr erfreut. Er hielt mich aber auch dazu an, ein wenig kürzerzutreten. Wir hatten in der Tat oft lange Arbeitstage, vor allem wenn noch eine zweite Fahrt des »Roland« an die Pier erfolgte. Das lag daran, dass die Bauarbeiter aus Holland kamen und gerne schon am Donnerstag nach Hause fahren wollten. Daher waren es für uns schon manchmal 20 Stunden ununterbrochene Arbeitszeit!

An den Wochenenden lagen wir im Marinehafen und hin und wieder konnte ich nach Bremen fahren. Zeitig am Montagmorgen ging es dann wieder an die Arbeit zurück. Einige Male nahm die Reederei allerdings auch unsere Wochenenden in Beschlag. Wir fuhren dann in die Nordsee hinaus, brachten die Crew eines Tankers zu ihrem Schiff und nahmen die abgelöste Crew mit an Land. Bei dieser Fahrt verließen wir die vorgeschriebene »Drei-Meilen-Zone« und der Kapitän durfte das zollfreie Lager öffnen. Wir versorgten uns nicht nur mit Zigaretten und Alkohol, sondern auch mit Steaks, die der Kapitän eingekauft hatte. Die nahm ich dann bei der nächsten Heimfahrt mit nach Hause, um sie einzufrieren.

In diesem Sommer 1974 fand die Fußball-Weltmeisterschaft in Deutschland statt und wann immer wir Zeit hatten, sahen wir uns die Spiele in der kleinen Messe auf einem winzigen Schwarz-Weiß-Fernseher an. Das Essen bereitete immer einer der beiden Matrosen zu und während dieser Zeit half ich an Deck mit aus. Den Speiseplan besprachen wir einen Tag im Voraus und jeder half ein wenig mit. Das galt auch für die Backschaft. Alles in allem lebten wir sehr eng aufeinander, aber wir waren uns sympathisch und jeder beteiligte sich an den täglich anfallenden Routineaufgaben.

Schon vor meiner Zeit funktionierte die Ölheizung zur Warmwasserbereitung nicht

MS »Stoller Grund«. Die Ära der Containerfrachter läuft an

richtig. Der Schornstein rauchte und rußte, was das Zeug hielt. Oft fiel die Heizung aus und wir hatten kein warmes Wasser. An einem Wochenende erbarmte ich mich und riss das völlig verdreckte Ding auseinander. Nachdem ich alle Teile gereinigt und eine neue Düse eingesetzt hatte, lief die Heizung einwandfrei und alle waren zufrieden. Ich wäre allerdings gut als Schornsteinfeger durchgegangen, so viel Ruß und Heizöl klebten an mir.

Zwischendurch gab es an den Wochenenden immer mal wieder Einsatzfahrten, die aber mit zusätzlichen Prämien bezahlt wurden. Geld konnte ich hier genug verdienen. Nicht umsonst kursierte der Spruch: Als Leibeigener von Schuchmann kannst du reich werden! Man musste nur seine ganze Arbeitskraft der Firma zur Verfügung stellen. Für gute Arbeit gab es bei dieser Reederei auch gutes Geld. Das machte Spaß und beide Seiten hatten etwas davon.

So langsam nahm ich Abschied von der Seefahrt. Vorbei war das unstete Leben in »Bilgen, Bars und Betten«. Ich wollte einen neuen Lebensabschnitt beginnen und ernsthaft sesshaft werden. Reisen kann man schließlich auch, wenn man an Land ist...

Schon während unserer Einsätze in Wilhelmshaven war der Maschinist eines kleinen Schlepperunternehmens zu mir gekommen und hatte nach einem Job gefragt. Ich hörte mich daher im Hafen um. Demnach genoss der Mann einen guten Ruf, er war zuverlässig und musste eine Familie ernähren. Bei Gerd Schuchmann schlug ich ihn als meinen Nachfolger vor. Der Vorschlag wurde angenommen und der neue Kollege war überglücklich, bei Schuchmann fahren zu dürfen.

Dann erhielt ich endlich die lang ersehnte Einladung für ein Vorstellungsgespräch auf meine Bewerbung als Schichttechniker an der Universität Bremen. Ich absolvierte das Vorstellungsgespräch, aber leider wurde immer noch keine Entscheidung getroffen. Täglich erwartete ich eine Nachricht, aber nichts passierte. Langsam wurde ich unsicher, ob ich mit meiner Bewerbung überhaupt Aussicht auf Erfolg hätte.

Um die Wartezeit sinnvoll zu überbrücken, nahm ich ein Angebot der Bremer Reederei Dietrich Sander an: Ich sollte eines ihrer Containerschiffe von Rotterdam in die Werft nach Bremerhaven überführen, wo der Hauptmotor überholt werden musste.

Containerfrachter MS »Stoller Grund«

Im Bremer Büro der Reederei Dietrich Sander hatte ich mich beim Maschineninspektor vorgestellt und dieser musterte mich prompt als I. Ingenieur an. Für den nächsten Tag bekam ich bereits eine Fahrkarte nach Rotterdam. Dort sollte ich den Containerfrachter MS »Stoller Grund« übernehmen und nach Bremerhaven überführen.

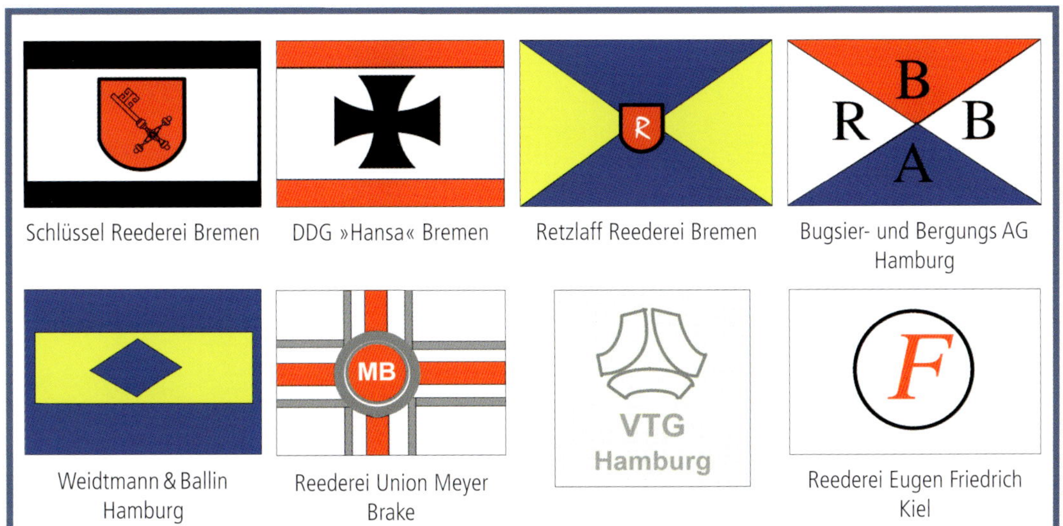

Die Reedereiflaggen der Schiffe, auf denen ich während meiner Seefahrtszeit gearbeitet habe

In Rotterdam hatte ich ein wenig Zeit, um mich mit der Maschinenanlage und mit dem Schiff vertraut zu machen. Verantwortung zu übernehmen, hatte ich im Laufe der zurückliegenden Jahre ja hinreichend gelernt und so fiel es mir nicht sonderlich schwer, die Maschinenanlage als leitender Ingenieur zu übernehmen. Etwas Lampenfieber hatte ich allerdings schon.

Der II. Ingenieur kam wie ich aus Deutschland, während die anderen Mitglieder der Maschinencrew Südamerikaner waren. Sie sprachen zwar kein Deutsch, aber mit meinen Spanisch-Kenntnissen kamen wir durchaus klar. Das Schiff wurde bereits von der Brücke aus gefahren, das Fahren von Manövern war also nicht notwendig. Auf Bitten des Kapitäns blieb ich trotzdem während der Manöverfahrt im Maschinenraum, denn hin und wieder streikte die Maschine und dann musste aus dem Maschinenraum heraus gefahren werden. Ein unmöglicher Zustand, den ich in der Werftzeit zu beseitigen hatte.

Nachdem die letzten Container gelöscht waren und die automatischen Trimmpumpen das Schiff ausgerichtet hatten, ging unsere Reise nach Bremerhaven. Auf See gab es keine besonderen Vorkommnisse. So erreichten wir bald Bremerhaven und gingen ins Dock der Schichau Seebeckwerft an der Unterweser.

Hier an Bord wohnte ich richtig komfortabel. Ich hatte einen Wohnraum, einen Schlafraum und ein Bad. Der Wohnraum war natürlich gleichzeitig auch Büro. Während der Werftzeit war so einiges los in meiner Kammer: Besprechungen mit Werftingenieuren und Firmenvertretern wechselten einander ab.

Dann begannen wir mit den Überholungsarbeiten an der Maschine, einem 3000 PS MaK-Viertakt-Motor mit acht Zylindern. Der Turbolader musste komplett erneuert werden. Das war ein hartes Stück Arbeit, aber alles ging glatt und der Probelauf verlief störungsfrei. Zwischendurch wurde die Pneumatik der Fahranlage von einer Spezialfirma ausgetauscht und die Maschine konnte wieder von der Brücke aus gefahren werden. Als Nächstes wurden die Ein- und Auslassventile gewechselt und neu eingestellt.

Nachdem die Brennstoffpumpen eingestellt und die Düsen der einzelnen Zylinder erneuert waren, war auch meine Arbeit hier an Bord beendet. Die abschließende Probefahrt im Hafen von Bremerhaven verlief störungsfrei und somit waren alle Aufgaben zur Zufriedenheit der Reederei erledigt worden. Kurz nachdem wir wieder an der Pier lagen, verabschiedete ich mich von allen Kollegen und fuhr nach Bremen. Und dann erhielt ich endlich die ersehnte Zusage für meine Landstellung im Technischen Zentrum der Universität Bremen. Von nun an blieb ich an Land und legte allmählich die Eigenheiten aus der Seefahrtszeit ab. Ganz gelungen ist mir das freilich bis heute nicht.

Schiffsrisse

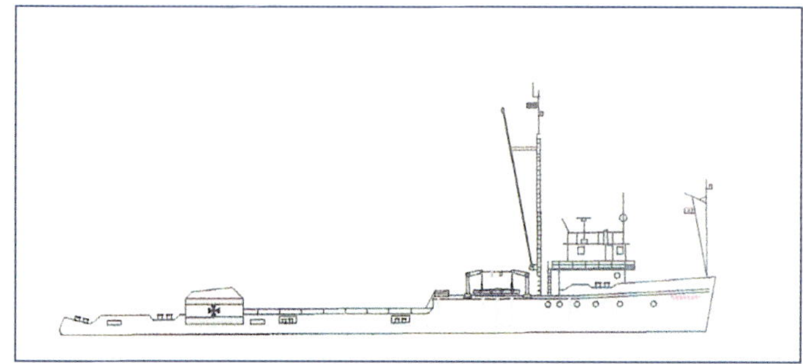

MS »Kattenturm«

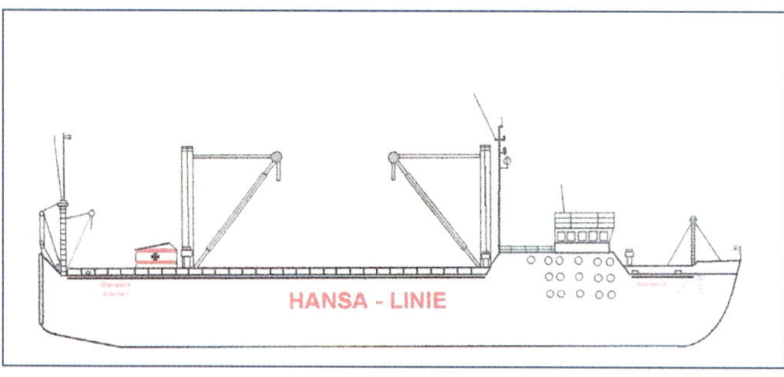

MS »Mariaeck«

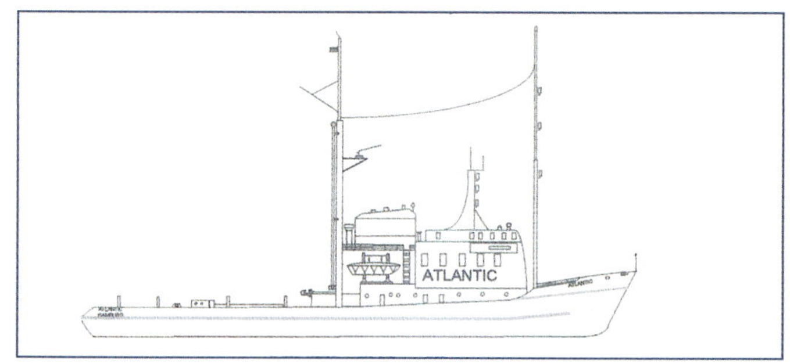

BMS »Atlantic«

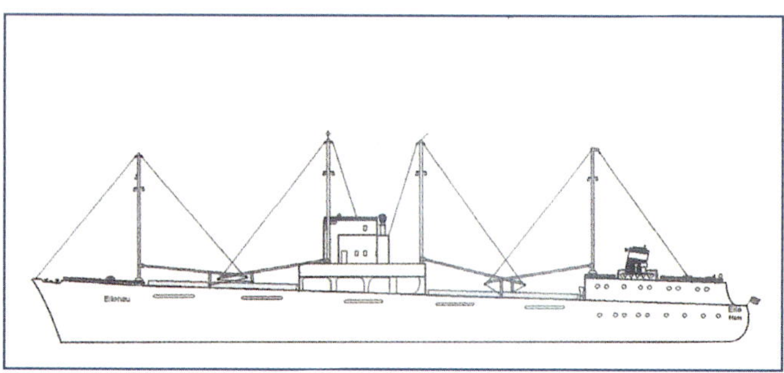

MS »Eilenau«

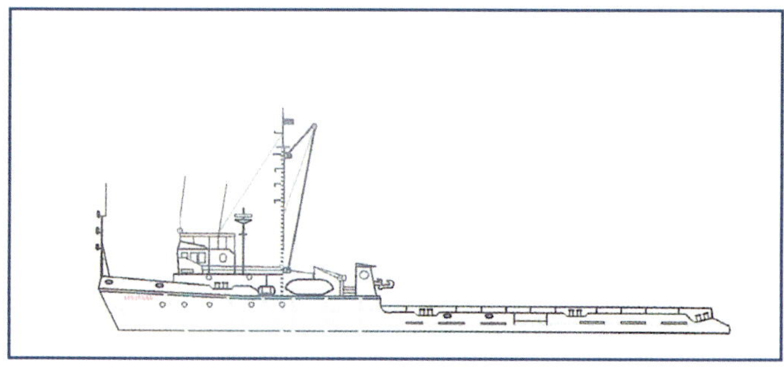

MS »Warturm«

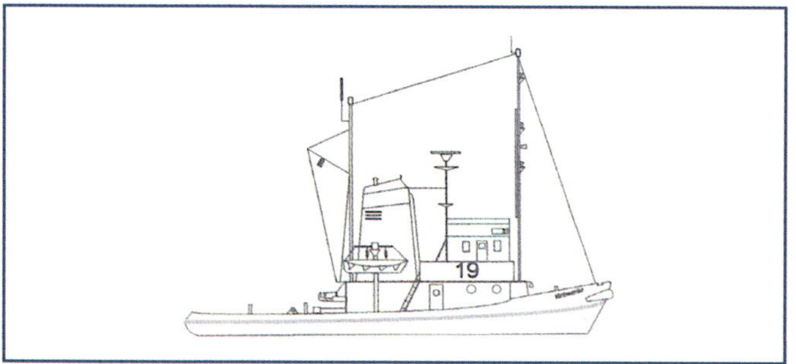

»Bugsier 19«

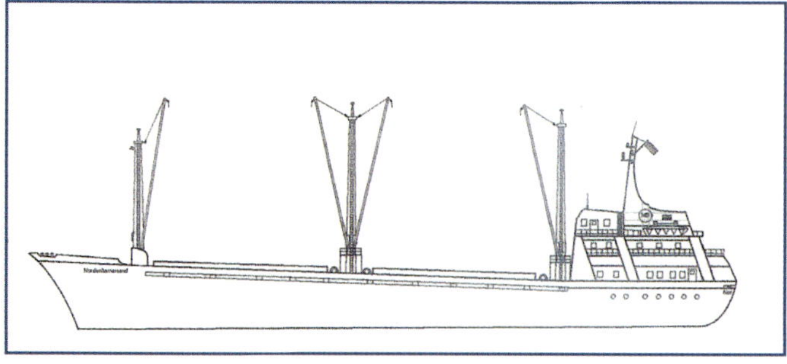

MS »Nordenhamersand«

Glossar

Agent	Schiffsmakler, Abwicklung der Geschäftsbeziehungen zwischen Kapitän, Reederei, Spediteuren und Behörden
Aufbauten	alles, was in voller Schiffsbreite über das Hauptdeck eines Schiffs hinausragt
Back	1. Aufbau auf dem Vorschiff 2. Tisch in Messe
Backschaft	Tischdienst an Bord
Basket	Käfig zur Personenbeförderung vom Versorgungsschiff zur Bohrinsel
Bootsmann	auf Handelsschiffen ein Rang, der dem des Meisters an Land entspricht
Bulkcarrier	Frachtschiff für Massengut (Kohle, Getreide etc.)
Casing	Stahlrohre zur Auskleidung des Bohrlochs
Chief	leitender Ingenieur
Drillwasser	Wasser zum Spülen der Bohrung
1. Offizier	Stellvertreter des Kapitäns
Fishing-job	eine abgebrochene oder verklemmte Bohrspitze aus dem Bohrloch bergen
Gangway	Zugangsbrücke zum Schiff
Gesundheits-karte	Nachweis über die Fahrtauglichkeit in der Seefahrt, Bestandteil des Seefahrtsbuches
Glocke	Gabel- oder Bügelseilhülsen zum Verbinden zweier Schlepptrossen
Heuer	Lohn eines Seemanns
Heuerbass	Arbeitsvermittler für Seeleute
Heuerstall	Büro zur Vermittlung von Seeleuten für Deck und Maschine an die Reedereien
IVO-Öler	mechanischer Automat zur Schmierölversorgung der Zylinder
Jack up rig	schwimmfähige Bohrinsel mit selbst hebender Plattform
Job	Arbeitsbereich
Joint	einzelne Bohrstange
Kajüte	Wohn- und Schlafraum an Bord
Koje	Bett auf einem Schiff
Kolben ziehen	einen Kolben aus dem Zylinder ziehen, reinigen und Kolbenringe erneuern
Kombüse	Schiffsküche
Ladebaum	Kranarm zum Heben von Lasten auf Frachtern
Linienfrachter	Frachter, der rglm. Verbindungsstrecken fährt
Location	Position einer Bohrinsel

löschen	ein Schiff entladen
Messe	Kantine auf einem Schiff
Monkey-board	»Affenbrett«, in der Spitze des Bohrturms befindliche Arbeitsbühne
Mud	Bohrschlamm
Offshore	küstennahe Schelfgebiete, in denen nach Öl bzw. Gas gebohrt wird
Peildeck	Deck über der Brücke, auf dem sich navigatorische und sicherheitsrelevante Hilfsmittel befinden
Pelikan-haken	spezieller Haken zum Halten der Trosse für Bojen, Anker u.Ä.
Pier	Anleger für Schiffe
Poopdeck	Deck über dem Hauptdeck
auf Reede liegen	außerhalb des Hafens vor Anker liegen
Rig	Bohrinsel
Rig Move	Verschleppung einer Bohrinsel an eine andere Location
Rohrleger	Schiff, von dem aus Rohrleitungen auf den Meeresgrund verlegt werden
Rotary-table	Drehtisch, hier wird die Motorkraft in Drehbewegung zum Bohren umgesetzt
Schanzkleid	auch Verschanzung, wandartige Fortsetzung der Bordwand über das Deck hinaus
Schlagseite	Schräglage des Schiffs
Schott	1. Tür auf einem Schiff, 2. Trennwand zwischen den Unterteilungen eines Schiffs
Separator	Zentrifuge zum Reinigen von Schmieröl und Brennstoff
snatchen	Löschen an der Bohrinsel bei rauer See, ohne dabei festzumachen
Steven	vordere nach oben gezogene Verlängerung des Schiffkiels zum Bug
Storekeeper	Lagerhalter für den technischen Bereich, teilt Reinigern und Schmierern Arbeit zu
String	einzelne Bohrstange
Süll	Schwelle unterhalb der Eingangstür zur Vermeidung eindringenden Seewassers
Supply	Versorgung
Tender	Arbeitsschiff
Toolpusher	Bohrmeister
Zutörnen	1. Überstunden machen 2. Arbeit nach den Seewachen

Register

Orte

Länder

Geografische Punkte

Zum Autor

Klaus Peter May, Jahrgang 1942, wuchs in der ehemaligen DDR auf. Nach seiner Flucht in den Westen schloss er seine Lehre als Dreher ab. Zwischen 1962 und 1974 war May - zunächst als Reiniger und später als Leitender Maschinist - für unterschiedliche Reedereien tätig. Nach Beendigung seiner Dienstzeit auf See arbeite er als Techniker, zuletzt als Abteilungsleiter beim Eigenbetrieb Gebäude- und Technik Management Bremen. Als Ruheständler begann May seine auf Tatsachen beruhenden Erlebnisse aus der Zeit als Seefahrer niederzuschreiben.

Die Deutsche Bibliothek verzeichnet diese Publikation in
der Deutschen Nationalbibliografie; detaillierte bibliografische Daten sind
im Internet über http://dnb.ddb.de abrufbar.

Hohenlohestraße 21 - 28209 Bremen
Tel. 0421-34843-0 - Fax 0421-348094
info@edition-temmen.de - www.edition-temmen.de

Herstellung: Edition Temmen
ISBN 978-3-8378-4037-7